Hébert

Thèse de Doctorat.

De la personnalité des
cités.

DE LA PERSONNALITÉ DES CITÉS
EN DROIT ROMAIN

ET DES COMMUNES
EN DROIT FRANÇAIS.

—

THÈSE POUR LE DOCTORAT.

L'acte public sur les matières ci-après sera soutenu,
le mercredi 25 août 1858, à neuf heures,

Par ÉMILE HÉBERT,
AVOCAT A LA COUR IMPÉRIALE.

Président : M. PERREYVE, Professeur.

Suffragants :
{ MM. ROYER-COLLARD,
PELLAT,
DE VALROGER,
BATBIE,
} Professeurs.

Suppléant.

*Le Candidat répondra en outre aux questions qui lui seront faites
sur les autres matières de l'enseignement.*

PARIS.

CHARLES DE MOURGUES FRÈRES, SUCCESSEURS DE VINCHON,
Imprimeurs de la Faculté de Droit,
RUE J.-J. ROUSSEAU, 8.

—

1858.

DE LA PERSONNALITÉ DES CITÉS

EN DROIT ROMAIN,

ET DES COMMUNES

EN DROIT FRANÇAIS.

La race humaine a, de tout temps, rompu son unité pour se fractionner et se former en groupes. Les nations, les peuples, les Etats, quel que soit le nom que l'on veuille donner aux grandes réunions d'hommes appartenant, sous une dénomination commune et sous de communes lois, à un même territoire, sont les plus considérables de ces agglomérations; mais elles ne sont elles-mêmes que le résultat de plus petites agglomérations combinées. Si l'on analyse la population d'un Etat, on y découvre forcément un système complexe d'agrégations, dont chacune a pour raison d'être quelque rapport commun entre ses membres, et qui, toutes, rattachées les unes aux autres par un lien plus général, constituent, depuis l'individu jusqu'à la masse, un ensemble hiérarchiquement divisé.

Si la société a présenté, à toutes les époques historiques, une telle série de démembrements rentrant les uns dans les autres, c'est qu'il y a là un fait nécessaire qui dérive d'un principe supérieur, la tendance naturelle de l'homme vers l'association. Ne faut-il pas reconnaître, en effet, que la grande société ne s'est formée que peu à peu, par l'accroissement successif des petites sociétés et par leur adjonction; par le passage de la famille à la tribu, et de celle-ci à des agrégations plus étendues? Or, ce besoin impérieux de rapprochement, qui a formé les nations, subsiste encore après leur formation et les suit dans leur existence. L'homme isolé, au sein d'un grand peuple, cherche des liens plus étroits, et il les trouve en se créant une petite patrie dans la grande. Il restreint son cercle d'intérêts et d'affections, et il y gagne des affections plus vives et des intérêts plus chers? Il est d'abord de sa famille, ensuite de sa cité, puis de sa province, sans cesser pour cela d'être de son pays.

Ce sont là des exigences instinctives de la nature humaine, que la loi positive ne saurait méconnaître et qu'elle a mission de sanctionner; mais elle doit aller plus loin. Non contente de régulariser les communautés d'habitants par la circonscription du territoire, elle doit leur donner une organisation telle que leur existence devienne un secours et non une entrave pour la bonne administration du pays. Pour cela, elle doit, dans la réglementation de leurs droits, donner un certain essor, laisser une certaine liberté au patriotisme local, plus ardent et mieux éclairé, parce que sa sphère est moins étendue; mais elle doit en même temps le diriger et le contenir, de peur que l'esprit de localité, emporté et aveuglé par un étroit égoïsme, ne sacrifie, en le perdant de vue, l'intérêt général de l'État. Tel est le juste milieu que semblent indiquer les données rationnelles.

Mais ce grand problème de centralisation ou de décentralisation est appelé à recevoir des solutions différentes, suivant les idées et les temps. Depuis la république fédérative jusqu'au pouvoir despotique, il y a place pour bien des théories et pour bien des pratiques de gouvernement; et l'influence de chacune d'elles doit se faire diversement sentir sur les droits des communautés d'habitants. Allons plus loin : parmi les gouvernements fondés sur les mêmes principes, la situation faite aux associations territoriales peut encore varier. L'idée de centralisation, en effet, n'est point indivisible, et la centralisation administrative n'est point, en théorie pure, inséparablement liée à la centralisation politique. Il n'y a rien d'absolument incohérent à ce qu'un gouvernement fondé sur des principes républicains laisse peu d'étendue à la liberté d'administration locale; comme aussi on peut concevoir qu'un pouvoir absolu lui tolère quelque initiative. De même que les gouvernements, qui dénient le plus complétement aux citoyens la jouissance libre des droits politiques, peuvent cependant laisser à chacun, sans trop d'entraves, l'administration de sa personne et de ses biens, c'est-à-dire la jouissance de ses droits civils; de même, et au même titre, ils peuvent respecter chez les communautés d'habitants le droit de s'administrer elles-mêmes et de gérer librement le patrimoine commun. Exclues, comme les citoyens eux-mêmes, du gouvernement du pays, et réduites, à cet égard, à une condition purement passive, les localités conservent cependant alors une activité qu'elles exercent chez elles et pour elles. Elles ont, en d'autres termes, des franchises administratives, bien différentes des franchises politiques, et qui sont pour elles ce que seraient pour les particuliers les libertés civiles.

Cette analogie entre les communautés et les particuliers se poursuit jusque dans les mots. Du moment, en effet, que l'on reconnaît à une réunion quelconque d'individus, rapprochés par un intérêt commun, un ensemble de droits à exercer et de devoirs à remplir, distincts des droits et des devoirs de chacun des membres qui la composent, on arrive à lui constituer une *personnalité* collective. Le mot *personne* (*persona*), ceci est élémentaire, reçoit, dans la langue du droit, une large extension. Comme le droit envisage les personnes au point de vue du rôle qu'elles ont dans la société, ce n'est plus seulement l'individu, qui peut revendiquer ce titre, mais tout corps légalement constitué, ayant un rôle juridique à remplir. S'il est animé de la vie politique, sa personnalité sera politique; à s'en tenir à l'ordre purement privé, ce corps constituera une personne civile. Le droit romain, dans ses textes, nous montre l'existence de ces personnalités fictives que caractérisait le nom de : *universitas*. La règle fondamentale était que l'*universitas* ne pouvait être établie que dans les cas qu'autorisaient les lois; mais, cette condition remplie, les corporations pouvaient avoir un patrimoine commun, une caisse commune et un agent pour représenter les intérêts communs. Les corporations d'industrie, les sociétés formées pour la perception des impôts et la ferme des revenus publics, les associations religieuses, la curie, et, au-dessus de toutes, la cité, paraissent, dans les lois des Pandectes, dotées des attributs de l'*universitas*, c'est-à-dire la faculté d'avoir une existence et des droits indépendants de l'existence et des droits de leurs membres (1). Dans notre droit français, les sociétés, au moins les sociétés commerciales, les établissements publics, les départements et les communes ont ce même caractère ; et, chez nous comme chez les Romains, la personnalité de ces communautés reçoit une certaine limitation par la haute surveillance que l'État exerce sur leur création et leur administration intérieure.

Quelle a été, dans ses détails, l'application de cette idée de person-nalité aux associations territoriales dans le droit romain, et quelle est-elle aujourd'hui dans nos lois? Telle est la question que nous nous proposons de traiter, en la réduisant, autant que possible, aux limites d'une question de droit privé. Après quelques préliminaires sur la for-mation du régime municipal romain, nous tracerons l'organisation des cités romaines, en marquant les ressorts de leur administration propre. Quand nous connaîtrons ainsi la personne et ses moyens d'action, nous examinerons les objets sur lesquels s'exerçait son activité juri-dique et la mise en œuvre de cette activité : par là, nous constituerons sa fortune et ses droits actifs et passifs. Ensuite, prenant dans notre droit actuel la communauté d'habitants qui, de toutes, est la mieux ca-ractérisée, à savoir, la commune, nous la soumettrons à une analyse semblable, et peut-être ressortira-t-il, de cette double étude, une cer-taine analogie, un certain lien de génération, conservés, au travers des temps et des bouleversements, entre le régime municipal de Rome et le régime communal de la France.

---

(1) L. 1, 2 et 7, § 1 et 2, ff., *quod cujusc.*; addo L. 1, § 15, ff., *ad sen. cons. Trebell.*

DROIT ROMAIN.

CHAPITRE PRÉLIMINAIRE.

DE LA FORMATION DU RÉGIME MUNICIPAL ROMAIN.

Rome ne fut d'abord qu'une ville. La conquête en fit un État en lui donnant des territoires et des sujets. Sa politique à l'égard de ceux-ci fut, dès l'origine, intelligente et habile. Egalement éloignée, soit de confondre tous les vaincus dans une même abjection, soit de les élever tous au rang de ses citoyens, Rome sut, au moyen de degrés sagement ménagés dans l'étendue de ses concessions, créer, pour ceux qu'elle avait soumis par les armes, un encouragement à la fidélité et un intérêt au dévouement. Le droit de cité, le *plenum jus civitatis*, était la récompense suprême : tous ne l'obtenaient pas dans son intégralité, car le prodiguer eût été en amoindrir la valeur ; mais beaucoup, individus ou villes, étaient investis de quelques-uns de ses démembrements. L'histoire de la république romaine montre de ces concessions partielles dans l'ordre politique ou privé, sous le nom de *jus suffragii, honorum, jus connubii, commercii*. Les personnes ou les villes gratifiées de ces droits, étaient, quant à l'objet de la concession, assimilées à la cité et aux citoyens romains. C'était la même fierté, orgueilleuse sans aveuglement, économe sans avarice, qui domine l'histoire du progrès des plébéiens, et qui se retrouve dans la politique romaine à l'égard des vaincus. A l'extérieur comme à l'intérieur, c'est tout un peuple inférieur, qui sort du néant par la grâce du peuple souverain et dont les aspirations vers l'égalité sont contenues sans être comprimées. Pour nous en tenir aux grands traits d'ensemble, nous voyons d'abord la confédération latine obtenir une somme de concessions exprimée par le nom de *jus Latii* et dont le caractère particulier est d'être un acheminement au droit de cité romaine. Ce *jus Latii* devient un type de situation politique et juridique, destiné à passer des cités du Latium à d'autres peuples, à mesure qu'ils entrent sous la domination de Rome. Puis, la progression continuant, ceux-là même, pour lesquels il avait été créé, montent plus haut et obtiennent par leur fidélité, dès le début de la guerre sociale (1), le droit complet de cité. Et le jour n'est pas loin où les autres Italiens vont se voir accorder ce titre envié de citoyens, pour lequel ils se sont armés (2). La voie ainsi tracée, les progrès devaient être rapides; et les provinces purent espérer parvenir à leur tour à l'assimilation. Après quelques concessions spéciales faites à des provinces (ainsi que l'attestent la *lex Galliæ Cisalpinæ* pour la Gaule Cisalpine, le senatus-consulte de Claude pour la Gaule (3), une constitution de Caracalla étendit à toutes le droit de cité. Dès lors l'œuvre fut accomplie et, sauf quelques priviléges particuliers, comme ceux du *jus Italicum*, l'unité régna dans le monde romain.

Cette politique dont l'idée était grande, dont les effets furent longtemps salutaires, doit nous occuper au point de vue du régime municipal. Nous avons à voir quelle organisation intérieure Rome donna ou laissa prendre aux cités qu'elle ajoutait chaque jour à sa domination, et, mettant de côté la part que pouvaient prendre les citoyens de

---

(1) Ce fut une loi *Julia* qui, sous le consulat de César, accorda le droit de cité à tous les habitants des villes latines restées fidèles, qui viendraient à Rome, dans le délai de 60 jours, déclarer devant le préteur qu'ils acceptaient les droits et les charges du *jus civitatis*.

(2) Ce fut une loi Plautia-Papiria qui étendit à tous les habitants des villes ayant déjà le titre de fédérées, le privilége de la loi Julia et aux mêmes conditions.

(3) Tacite, Annal., lib. xi, 24 et 25.

ces villes aux affaires publiques, nous devons nous attacher à étudier quel pouvoir leur était accordé, dans les limites de leur territoire, sur les affaires de leur cité.

Le droit laissé aux cités de s'administrer elles-mêmes est, en effet, un des traits spéciaux, et ne fut pas sans doute un des moyens les moins efficaces, de ce régime complexe par lequel Rome chercha à s'attacher ses sujets. L'esprit d'indépendance a trop souvent agité l'Italie pour qu'il ne faille pas croire qu'inné, en quelque sorte, chez les Italiens, il fût dès lors vivace et impérissable dans leurs mœurs. Or, de toutes les natures d'indépendance, l'indépendance municipale est celle dont le maintien doit être le plus cher. C'est un culte qui attire davantage les âmes, parce que son objet est plus proche et plus saisissable; une cause qui rallie tout le monde à son drapeau, parce que chacun, grand ou petit, défend sa propre importance et ses propres affections. Rome sut le comprendre. A l'origine, d'ailleurs, elle avait eu à combattre et à régir plutôt des villes que des peuples. En tenant à l'écart du gouvernement d'un grand État les ennemis qu'elle avait vaincus, elle ne les privait pas d'un droit, elle leur refusait seulement un privilége qu'ils n'avaient point connu. Mais elle eût blessé leurs susceptibilités et brisé leurs habitudes, si elle leur avait ravi l'administration de leur ville. Elle fit donc acte de prudence en laissant, du moins le plus souvent, à ces petits États la vie municipale, qui avait été à peu près toute leur vie politique, et qu'elle n'aurait pu essayer d'éteindre, sans provoquer la révolte et risquer de compromettre sa conquête.

Toutefois, si cette règle fut générale, il n'en faut pas conclure qu'elle ait été appliquée uniformément et sans distinction à toutes les villes. Pour ne parler que de l'Italie, jusqu'au moment où une concession à peu près universelle du droit de cité vint y faire régner l'unité, les villes furent, par leur situation municipale, comme par leur dénomination, placées sur une série d'échelons distincts.

Au degré le plus bas se cachaient les villes *deditices*. Punies d'une résistance opiniâtre par un traitement rigoureux, elles gardaient le signe de la conquête et offraient le triste spectacle de leurs murailles détruites et de leurs institutions anéanties. Au degré le plus élevé planait la grande image de la ville modèle, de Rome, dont la forte organisation intérieure fut d'abord plus municipale que politique. Mais ni

l'une ni l'autre de ces deux situations ne nous doit occuper d'une manière approfondie. L'état des villes *dedítices* échappe à l'analyse par sa
nullité; en sens inverse, Rome occupe un rang trop exceptionnel,
pour entrer, avec détail, dans une étude d'ensemble. C'est entre ces
deux points extrêmes qu'il faut chercher le régime municipal.

Nous mentionnerons d'abord les villes que les textes latins nomment
PRÆFECTURÆ. Ce nom leur venait de ce qu'elles avaient à la tête de
leur administration un magistrat appelé *Præfectus*. Celui-ci était
nommé à Rome par le préteur, et c'était même là son caractère dis-
tinctif (1). La présence seule de cet agent du pouvoir central suffirait
pour justifier l'opinion qui refuse aux préfectures la même indépendance qu'avaient les villes qui nommaient leurs magistrats. Vainement
dirait-on que, sauf la présence du *præfectus*, ces villes avaient une
organisation propre, un sénat et des magistrats de leur choix. En eût-
il été ainsi, l'entrave aurait déjà été telle qu'elle n'aurait laissé que
bien peu de place à la liberté locale. Mais Festus (v° *præfectura*)
semble même leur refuser le droit de nommer leurs magistrats. « Neque
« suos magistratus habent », dit-il (2). En outre, il paraît certain que
c'étaient des villes insurgées ou agitées par des troubles intérieurs
qui devenaient préfectures; et il est naturel de penser, qu'à raison de
ces circonstances, et pour que sa mission fût efficace, l'envoyé de Rome
devait concentrer entre ses mains un pouvoir étendu, restreignant
beaucoup l'effet des délibérations d'une assemblée libre et laissant peu
de portée à l'initiative des autres magistrats, si tant est qu'il en existât
à côté de lui. Il nous semble donc que les préfectures d'Italie ne doivent être placées, au point de vue de la liberté municipale, que dans
un rang inférieur. Du reste, elles n'étaient qu'une exception au droit
commun et leur organisation n'était souvent que transitoire.

Plus indépendantes étaient les CIVITATES FOEDERATÆ. Ici nous re-

---

(1) V. sur ce point M. Zumpt, Comment. épigraph., p. 53-54.
(2) Il est vrai que M. de Savigny, dont l'autorité appuie l'opinion que nous repoussons,
explique *magistratus* comme synonyme de *duumvirs*. Mais si l'importance des *duumvirs*
est telle qu'ils soient les magistrats par excellence, comment soutenir que leur absence
et leur remplacement par un fonctionnaire nommé par le gouvernement ne constituât pas
les préfectures en état d'infériorité ?

trouvons le vrai droit public de Rome. Emmener les vaincus dans l'enceinte de la ville conquérante, était un procédé qui ne pouvait durer longtemps. Les emprisonner dans leur ville, sous l'autorité sévère d'un administrateur romain, était une mesure de sûreté, commandée quelquefois par des situations telles que celles que nous venons d'indiquer, mais qui répugnait, en général, à la politique de Rome. Au lieu de ces rigueurs, c'était ordinairement par des traités d'alliance que le peuple vainqueur consacrait sa conquête. Les conditions des traités étaient diverses. On y rencontrait souvent une concession plus ou moins large des droits composant le droit de cité. A côté, on y voyait le choix donné au nouvel allié entre le maintien de ses propres lois et l'adoption de celles de Rome. S'il optait pour celles-ci, il était *legi fundus factus* (1); mais toujours il conservait son administration propre, soit que, dans le premier cas, il gardât ses traditions, soit que, dans le second, il empruntât à Rome ses formes d'administration intérieure.

Venaient enfin les COLONIES. Après la soumission d'un pays, Rome envoyait souvent des citoyens occuper certains points dont la situation, habilement choisie, en faisait des sortes de garnisons placées pour surveiller les nouveaux sujets. Ces colonies portaient dans la localité qui leur était affectée, non-seulement le droit privé, mais encore la constitution de la métropole. « Coloniæ quasi effigies parvæ simulacraque « populi romani quædam esse videntur », dit Aulu-Gelle. (Nuits att., XVI-13) (2).

Jusqu'ici nous n'avons point parlé des MUNICIPES. Ce nom, qui est devenu l'emblème de l'indépendance des communautés d'habitants, ne prit en effet ce sens que plus tard. A l'origine, il a un sens plus conforme à son étymologie. « Municipes dici quod munera civilia « capiant », porte la loi 18, ff., *de verb. signif*. Le *municeps* est donc la personne qui participe aux charges romaines. La loi 1, ff., *ad municipal.*, exprime la même idée : « Proprie quidam municipes ap-

---

(1) Roth, de re municipali Romanorum, p. 12 et note 23; Aulu-Gelle, Nuits att. XVI, — 13.

(2) « Colonia est autem pars civium missa *ubi rempublicam habeant* ex consensu suæ civitatis. » Servius Fuld. ad Æn., 1, 12; Niebuhr, Hist. romaine, III, note 80.

« pellantur muneris participes, recepti in civitate ut munera nobiscum
« facerent ». Mais cette identification, à l'égard des charges, eût créé
une situation assez peu enviable, si des avantages correspondants n'y
eussent été attachés. Pour mieux dire, les charges n'étaient que la
contre-partie des concessions qui étaient faites. De sorte qu'il n'est pas
inexact de dire que les *municipes* étaient ceux qui participaient, dans
une certaine mesure, aux droits, aux honneurs de la cité romaine (1).

C'est même en se plaçant à ce point de vue que l'on a distingué
plusieurs espèces de *municipes*. La participation à la cité romaine
étant plus ou moins largement accordée, on en a tiré un classement
fondé sur ces inégalités de situation (2). Sans insister sur ce point
assez obscur, nous remarquerons seulement qu'il y avait une ligne de
démarcation profondément tracée entre ceux des *municipes*, qui avaient
tous les droits et toutes les aptitudes des citoyens romains, y compris
le droit de suffrage, et ceux qui, manquant particulièrement de ce
droit, n'avaient que partiellement les privilèges de la cité romaine.

Les concessions que faisait Rome, s'appliquant soit aux individus,
soit aux cités, les villes, dont les habitants avaient reçu collectivement
ce qu'on pourrait appeler le *jus munera capiendi*, furent appelées
municipia. Mais le sens de ce mot, à l'origine, intimement lié à l'idée
d'une participation quelconque au *jus civitatis*, finit par s'altérer.
L'extension générale du droit de cité à l'Italie dut rendre inutile un
titre qui n'était fondé que sur des situations particulières. Le mot
resta cependant; car les mots ne disparaissent pas toujours avec les

---

(1) La définition que donne Aulu-Gelle (loc. cit.) : « Sunt cives romani legibus suis et
« suo jure utentes, *muneris* tantum cum populo romano *honorarii* participes », présente
une singulière association des deux idées de charges et d'honneurs : celle de charges paraît
même détruite, surtout si l'on se réfère à ce que le même auteur dit de la condition des
Cærites : « Concessum est ut honorem caperent, sed oneribus vacarent. » Faut-il en conclure que des traités pouvaient faire à des alliés, devenus citoyens romains, une condition
meilleure que n'était celle des habitants de Rome ? Ce serait inadmissible (Niebuhr, Hist.
rom., III, note 106). Peut-être ne faut-il voir dans ce passage qu'une certaine exagération
de termes par laquelle Aulu-Gelle insiste sur l'opposition qu'il établit entre les municipes
et les colonies. L'obligation de suivre les formes d'administration de Rome est à ses yeux
une charge véritable, une chaîne que doivent subir ces dernières, et qui est épargnée aux
premiers.

(2) Festus, v° Municipium ; Niebuhr, III, p. 79 et suiv.

institutions auxquelles ils répondent. Mais il devint, par un abus de langage, que fait remarquer Ulpien, une expression générique applicable à toutes les cités. Ce qui subsista encore, dans ce nouvel état de choses, ce fut le droit laissé aux villes de se gouverner elles-mêmes ; et c'est de cette idée, accessoire dans l'origine, mais seule définitivement survivante, qu'est tirée la signification donnée dans les temps modernes aux dérivés des mots *municeps* et *municipium*.

Il nous reste à voir comment ces divers centres, préfectures, colonies et villes alliées gratifiées, sous le nom de municipes, de tout ou partie du droit de cité, vinrent à acquérir une organisation d'ensemble. Au commencement, non-seulement les villes alliées durent différer des préfectures et des colonies, mais elles durent différer les unes des autres. En effet, la liberté laissée aux cités de s'administrer selon leur gré devait être destructive de toute homogénéité. L'Italie alors présenta sans doute le spectacle d'une réunion de petites républiques fédérées, plutôt que l'aspect des diverses villes d'une même république. Mais cet état ne dura pas longtemps. La faculté accordée aux cités de se régir par leurs lois et leurs usages ne tarda pas à devenir le droit de modeler leur administration sur celle de Rome. Plusieurs causes concoururent à cette transformation. D'abord les colonies étaient jetées sur toute l'étendue de l'Italie où elles reflétaient l'image de la métropole. « Non veniunt extrinsecus in civitatem, nec suis radicibus nituntur, sed ex civitate quasi propagatæ sunt et jura institutaque omnia populi romani non sui arbitrii habent (1). » Et Aulu-Gelle qui, par ces derniers mots, cherche à distinguer les colonies des municipes, opposant la liberté des derniers à la situation subordonnée des premières, ne peut s'empêcher d'ajouter que, malgré cette espèce de servitude, les colonies ont un prestige qui les rehausse, celui de la grandeur et de la majesté de Rome dont elles offrent l'image. Or, ce prestige eut son effet, et l'organisation des colonies dut trouver chez les

(1) Aulu-Gelle, xvi, — 13. Nous invoquons ce chapitre d'Aulu-Gelle malgré les dédains de Niebuhr (iii, note 121) et de Roth (de re munic. rom., p. 9, note 20 et p. 20). Peu conformes sans doute aux idées du temps d'Adrien, les observations qui y sont présentées sur les municipes et les colonies ne sont peut-être point hors de propos au temps de leur origine.

alliés des imitateurs. D'un autre côté, les usages romains ne régnaient pas dans les seules colonies. Les centres qui les avaient librement adoptés dès l'origine et qui portaient le nom de *fundi*, en présentaient une nouvelle et frappante application. Enfin, ces alliés eux-mêmes qui avaient reçu, dès le jour de leur soumission, ou qui recevaient postérieurement le droit de cité en tout ou en partie, voyaient leurs rapports se resserrer avec Rome. Ils étaient appelés dans son sein pour donner leurs suffrages ou pour exercer des charges; ils servaient dans les légions; ils devenaient chaque jour de plus en plus Romains. Faut-il donc s'étonner que ces *civitates fœderatæ*, si avides d'obtenir le droit de cité, tout en gardant leurs usages, se soient trouvées, en l'obtenant, entraînées par une pente rapide vers une plus complète assimilation? Ce fut d'abord, sans doute, une satisfaction pour les vaincus de conserver leurs formes d'administration. Mais les peuples se laissent aisément aller à abdiquer d'eux-mêmes les prérogatives dont la brusque et violente confiscation les pousserait à la révolte. D'ailleurs, en subissant cette influence irrésistible du nom romain, les municipes s'identifiaient, il est vrai, chaque jour davantage avec leur vainqueur, mais ils ne perdaient pas toute leur indépendance. Avec des titres empruntés à Rome, leurs magistrats, leurs corps délibérants restaient toujours leurs représentants libres et ne devenaient pas des préposés du pouvoir central. C'était beaucoup; et les municipes, lorsqu'ils retenaient ainsi le fond des institutions, en faisant bon marché de la forme, cédaient à un entraînement plus rare et moins dangereux que celui auquel s'abandonna le peuple romain tout entier, lorsqu'il laissa succomber la puissance et la réalité de ses franchises pour n'en garder que l'apparence et le nom. En résumé, la révolution par laquelle les divers municipes de l'Italie parvinrent à une constitution uniforme, nous paraît s'être opérée sans secousse, mais par une progression rapide et nécessaire. Enveloppés dans le réseau des colonies, excités par l'exemple des villes qui avaient, dès l'origine, adopté l'organisation romaine, travaillés de tous côtés par les influences de Rome, les municipes italiens durent, en peu de temps, se conformer au type qui leur était proposé. Au surplus, une loi qui semble être intervenue au temps de Jules César, vint tracer à l'Italie, investie alors d'une manière plus générale du droit de cité, une condition municipale à peu près uniforme. Plus de distinctions fondamentales dans l'administration des divers municipes, plus de distinctions non plus entre ceux-ci et les colonies, entre les colonies et les préfectures : toutes les villes auront désormais une règle commune d'administration ; voilà le principe officiellement proclamé par la loi *Julia municipalis*. Mais il est permis de croire qu'il n'y avait là que la consécration, la régularisation et surtout l'extension d'un état de choses préexistant.

Nous n'avons encore parlé que des villes d'Italie. Il importe de dire quelques mots des villes des provinces. Rome, dès avant la guerre sociale, avait formé son immense empire. La Sicile, la Corse, la Sardaigne avaient été, au dehors, ses premières conquêtes. Puis, moins d'un siècle et demi lui avait suffi pour ranger sous ses lois l'Afrique, l'Espagne, la Gaule cisalpine, la Grèce, l'Asie mineure. Quelques années encore, et sa domination, déjà assise sur une partie de la Gaule méridionale, allait s'étendre sur la Gaule tout entière. Ces vastes territoires vaincus (*provinciæ*) étaient maintenus dans l'obéissance par un pouvoir à la fois civil et militaire, émané de Rome et concentré dans les mains d'un gouverneur qui relevait du sénat. Quant aux lois d'administration des provinces, on ne trouve pas de règles fixes. Certaines provinces, comme la Sicile, avaient reçu, lors de leur soumission, une *formula* qui réglait leur organisation ; d'autres étaient à la discrétion du général vainqueur. La diversité qui régnait dans la condition des provinces comparées les unes aux autres, se retrouvait au sein de chaque province, dans la condition des villes. Là encore, des concessions particulières à certains territoires, mais point de mesures générales. Certaines villes sont des colonies ; d'autres sont des *civitates* ou *liberæ* ou *fœderatæ*, différentes en ce que celles-ci sont soumises à un tribut dont celles-là sont exemptes, mais semblables en ce qu'elles gardent leur gouvernement propre (1). D'autres au contraire semblent destituées de toute autonomie ; les préfectures reparaissent. On rencontre là, en un mot, toutes les variétés de situation qui avaient d'abord régné en Italie. Mais rien n'indique qu'à l'exemple des villes italiennes, celles des provinces aient été, un jour, législativement soumises à un

_____

(1) Roth, de re mun. rom., p. 8 et 9.

droit municipal uniforme. Il paraît bien qu'à diverses époques des lois furent rendues pour réglementer l'administration propre de certaines villes, où même d'un ensemble de villes appartenant à une même région. La *lex Galliæ cisalpinæ*, les tables de Malaga et de Salpensa constatant l'organisation municipale donnée à ces deux villes d'Espagne, une loi *Pompeia*, dont il est question souvent dans Pline, pour la Bithynie (1), attestent ce fait. Mais nulle part on ne trouve l'indice d'une loi générale qui aurait étendu à tout l'*orbis romanus* le régime municipal des villes d'Italie. Nous sommes loin d'en conclure que l'état des cités provinciales soit demeuré distinct de celui des cités italiennes. Nous pensons au contraire qu'indépendamment des lois qui réglèrent le gouvernement municipal de certaines villes, à l'image du droit de l'Italie, il y eût une extension progressive de ce droit qui gagna tout le monde romain et ne laissa subsister que des différences secondaires de cité à cité. La généralisation du *jus civitatis* dut puissamment favoriser cette œuvre d'assimilation, et nous ne croyons pas qu'il soit nécessaire d'invoquer à son aide la concession des privilèges particuliers compris sous le nom de *jus italicum* auquel l'administration municipale était, à notre sens, étrangère (2).

Une dernière question se présente, celle de savoir quels étaient précisément, soit dans l'Italie, soit dans les provinces, les centres animés de la vie municipale. Remarquons que le terme de cité ou ville dont nous nous sommes servi doit être entendu comme synonyme du mot latin *civitas*. Or, la *civitas* comprenait non-seulement les habitations agglomérées, mais encore un certain territoire à l'entour; sur ce territoire pouvaient se trouver de plus petites réunions d'habitants, des villages que les Romains appelaient *vici*; quelle était leur condition juridique, administrative? En général les *vici* se rattachaient à la cité sur le territoire de laquelle ils se trouvaient (3), et étaient soumis à son admi-

---

(1) Plin., epist., lib. x, l. 83, 113, 115 ; V. aussi, pour la Sicile, Cicéron *in Verr.*, où il fait mention de la *lex Rupilia*.

(2) M. de Savigny, dans son histoire du droit romain, au moyen-âge, t. i, ch. II, § 18, a cherché, dans cette concession du *jus italicum*, une cause du progrès du régime municipal dans les provinces.

(3) L. 30, ff., *ad municipalem*.

nistration. Dans cette situation, ils avaient cependant à leur tête des magistrats, mais l'autorité de ceux-ci prenait sa source dans une délégation de la cité. Il se passait pour eux quelque chose d'analogue à ce qui se produisait lors de l'envoi d'un *præfectus* dans une ville. Dans les deux cas, le corps qui n'avait pas sa vie propre était dirigé par le corps animé. M. Zumpt (1), qui fait ressortir cette analogie, indique même que le magistrat préposé ainsi aux *oppidula* par les *oppida*, était quelquefois nommé préfet. Toutefois il ne faut pas conclure de là que tout centre de population, autre que les cités proprement dites, ait été privé de personnalité juridique. La table d'Héraclée, que nous aurons souvent l'occasion de consulter, place sans cesse à côté des *municipia* et des *coloniæ*, les *fora*, les *conciliabula;* la loi de la Gaule cisalpine mentionne aussi des *castella*; et ces petites réunions d'habitans paraissent, dans ces textes, avec leurs magistrats, leur sénat, et tous les attributs de l'administration libre (2). Il suit donc de là que quelquefois l'agglomération, probablement à raison de l'importance qu'elle avait acquise, recevait une existence propre. Mais, ce point reconnu, il n'y a pas à chercher dans les campagnes les traces d'un système général d'administration municipale. Sous l'empire romain rien ne faisait encore présager l'établissement régulier de ce qu'on appela au moyen-âge, dans un sens spécial, *communautés d'habitants*, et de ce qu'on appelle aujourd'hui *communes rurales*.

Avant de passer à l'exposition des principaux traits de la personnalité des cités romaines, il importe de faire observer que le régime municipal de Rome ne se peut bien comprendre qu'à la condition de distinguer les époques. Le sort des libertés locales y fut étroitement lié à celui des libertés politiques, et l'histoire des unes est, pour ainsi dire, l'histoire des autres. Au début, le peuple est, à Rome, le pouvoir supérieur. Dans ses assemblées de curies, de centuries, de tribus, il a l'autorité législative et il élit ses magistrats. Le sénat est un grand corps délibérant placé à la tête de l'administration. Viennent ensuite, toujours dans la sphère du pouvoir exécutif, les diverses magistratures.

---

(1) Comment. epig., p. 55.
(2) Adde la loi 73, § 1, *de legatis* 1°, qui mentionne la capacité reconnue aux *vici* de recevoir des legs.

2

Mais, à mesure que le peuple augmente, son influence s'éteint et celle du sénat la remplace au premier rang. Avec l'empire, les sénatus-consultes deviennent une source importante de la législation, et, sous Tibère, le pouvoir électif passe du peuple au sénat. Puis, à son tour le rôle effectif du sénat s'efface; et, sur les débris des institutions républicaines s'élève de plus en plus l'omnipotence impériale. Le sénat finit par n'être plus qu'un docile instrument au service d'une volonté souveraine. Il consacre encore les choix faits par l'empereur, et décore de son adhésion les actes législatifs; mais les constitutions des princes n'auraient déjà plus besoin, pour être valables, de cette formalité. Les magistratures suivent la même voie de décadence. La seule vraie et sérieuse magistrature, absorbant toutes les autres, est celle de l'empereur. Quant aux autres: la censure, le tribunat disparaissent; le consulat, l'édilité, la questure demeurent, mais, grandes naguères et honorées sous la république, ces charges s'avilissent à mesure que le pouvoir réel se concentre ailleurs. Il n'en reste bientôt plus que les anciens noms, conservés pour satisfaire la vanité, seule nature d'ambition que permissent ces temps d'indifférence publique.

Or, ce qui se passait ainsi dans le gouvernement politique eut son retentissement dans les petits gouvernements locaux. Là aussi les divers pouvoirs dont, à leur point de départ, nous verrons l'analogie avec ceux de Rome, eurent leurs alternatives d'éclat et d'effacement. Là, successivement, la prépondérance et le premier rang furent conquis et perdus par les uns et par les autres; là enfin, un anéantissement commun vint les confondre dans un nivellement absolu. Mais, chose remarquable, ce fut au moment où la vie politique commença à languir, que la vie municipale prit son plus large essor. Il semble qu'il y ait eu, comme le fait observer M. Guizot, dans cette satisfaction laissée « à des habitudes de liberté que le despotisme n'avait eu encore ni le temps ni le besoin de détruire», une compensation à la perte des droits politiques (1). Mais cette satisfaction et cette compensation n'eurent pas une longue durée; simples haltes du despotisme, elles ne furent qu'une transition vers une compression plus générale.

_____

(1) Essais sur l'hist. de France, 1er Essai, p. 10.

Il est assez difficile de déterminer, par des dates bien précises, les phases diverses des institutions municipales. Florissantes aux premiers siècles de l'empire et jusqu'à la fin de la période des Antonins, elles n'étaient parvenues à cet état de grandeur que progressivement; de même que, ruinées sous les successeurs de Constantin, elles ne le furent qu'avec le cours du temps et en suivant une pente de décadence. Or la décadence et le progrès sont des œuvres lentes pour détruire comme pour élever; leurs symptômes existent souvent longtemps avant d'être aperçus, et il est malaisé de fixer à leur marche un point de départ et un point d'arrêt. Mais si nous ne pouvons suivre pas à pas les vicissitudes de l'indépendance municipale romaine, au moins chercherons-nous à ne pas confondre le temps de sa prospérité et celui de sa ruine. L'examen de ce que fut le régime municipal à la fin de la république et au commencement de l'empire, c'est-à-dire à l'époque de son développement et de sa vitalité, nous occupera d'abord; puis, nous laisserons s'opérer le travail de dissolution et nous attendrons, pour le juger, que ses résultats soient pleinement produits. Ce coup-d'œil jeté sur les débris du régime municipal à la fin de l'empire, terminera notre étude sur les cités romaines.

PREMIÈRE ÉPOQUE.

Des cités romaines à la fin de la république et au commencement de l'empire.

Dans l'analyse de toute situation juridique, l'attention doit se porter d'abord sur la personne qui a cette situation ; en d'autres termes, sur le sujet du droit : les objets du droit et le droit lui-même se présentent ensuite à l'examen. Cette manière de procéder est surtout nécessaire quand il s'agit non d'un individu, mais d'un être moral, composé d'éléments multiples, tel que celui dont nous avons à nous occuper. Les droits, en effet, ne sont pas des avantages purement spéculatifs : ils sont destinés à produire des résultats perceptibles et saisissables. Or, si toute personne est, par elle-même et en principe, capable d'une certaine somme de droits, elle n'est pas au même degré capable de les exercer. Sans parler des restrictions de la loi positive, il y a quelquefois, dans l'ordre matériel, des obstacles invincibles qui s'y opposent; c'est ce qui a lieu pour toutes les corporations. L'abstraction qui les érige en personnes suffit pour leur attribuer la jouissance des droits ; mais lorsqu'il s'agit de faire passer le droit dans l'ordre des faits, elle est impuissante. Pour exercer des droits, c'est-à-dire pour les faire naître et pour les faire valoir, il faut penser, agir et parler. Composée d'une réunion d'intelligences et de forces, la personne morale par elle-même est inerte et muette. Sous peine de voir sa puissance de droit demeurer stérile, il faut donc qu'elle emprunte un secours étranger et qu'elle demande à des intermédiaires la force d'action qui lui manque. Mais si ce n'est qu'à cette condition que l'être de raison acquiert l'activité nécessaire aux manifestations extérieures de ces droits, le choix de ceux qui agissent pour lui et la répartition entre eux des diverses branches de la gestion sont des élé-ments essentiels à connaître, afin de compléter la notion de la personne morale par la notion de ses représentants.

Appliquant aux cités romaines cette remarque générale, nous commencerons par examiner leur constitution intérieure.

CHAPITRE Ier.

CONSTITUTION DES CITÉS.

La table d'Héraclée (1), qui, dans l'ordre des dates, est le premier monument que nous ayons des institutions municipales, fait très-nettement apercevoir trois sources d'action différentes : le peuple, le sénat, les magistrats. Qu'était le peuple ? qu'était le sénat ? qu'étaient les magistrats ?

SECTION 1re.

Le Peuple.

§ 1er. — Composition du peuple des cités.

Le peuple se composait de deux classes : les *municipes originarii* et les *incolæ*. Les premiers, que l'on appelait aussi *cives*, tenaient à la cité par un lien d'origine, indélébile en principe; les seconds, par la relation qui constitue le domicile et qui change avec lui.

----

(1) Elle paraît se rapporter à la fin de la guerre sociale. Des auteurs pensent même qu'elle n'est autre que la loi *Julia municipalis*.

I. L'origine ne devait pas s'entendre de la naissance naturelle seulement, mais aussi de certains liens civils qui en tenaient lieu (1).

1° Etait membre du municipe par la naissance, l'homme libre qui était né de parents de ce municipe. On appliquait du reste les règles ordinaires de la filiation, à savoir : que, dans les justes noces, l'enfant suit la condition de son père ; en dehors des justes noces, celle de sa mère (2). Dans le premier cas, on prenait la condition du père au jour de la conception ; dans le second, celle de la mère au jour de l'accouchement (3). Toutefois, des privilèges spéciaux à certaines cités faisaient passer, même lorsqu'il y avait eu union légitime, l'origine de la mère avant celle du père (4).

2° L'affranchissement produisait pour l'esclave le même effet que produit la naissance pour l'homme libre ; de même qu'il lui donnait une famille, de même il lui donnait une patrie. L'affranchi devenait *municeps* de la cité de son patron et transmettait ce titre à sa descendance (5) ; cela sans distinguer quel était le mode de manumission employé. Toutefois, lorsque la liberté était donnée par testament, il fallait distinguer si elle l'était directement par legs, ou indirectement par fidéicommis. Dans le premier cas, l'*Orcinus* acquérait la patrie du défunt ; dans le second cas, le *libertus* se rattachait à la cité de celui qui avait été chargé de l'affranchir (6).

3° Un autre lieu d'origine purement civil était celui qui attachait l'adopté à la cité de l'adoptant. Cependant, si l'adoption imitait la nature à cet égard, elle ne l'effaçait pas ; elle n'enlevait pas le *jus originis* proprement dit. L'adopté, et ses enfants comme lui, étaient alors réputés originaires de deux villes. Mais l'effet de l'adoption pouvait disparaître par l'émancipation, et la qualité de citoyen de la ville de l'adoptant se perdait avec celle de fils adoptif (7).

---

(1) L. 1, ff., *ad municipalem.*
(2) Ulp., reg. 5, § 8 ; L. 24, ff., *de stat. hom.*
(3) Ulp., reg. 5, § 10.
(4) V. sur ces points les lois 1, § 2, et 9, ff., *ad munic.*
(5) L. 6, § 3 ; — 22, pr. et 27, pr., ff., *ad munic.*
(6) L. 17, § 3, ff., *ad munic.*
(7) L. 15, § 3 ; L. 16 et 17, § 9, cod.

4° Une sorte particulière d'adoption sur laquelle le Digeste ne donne point de renseignements, mais dont l'existence est révélée par la loi 7, au Code, *de incolis* était l'*allectio*. L'adoptant était, dans ce cas, non plus un seul membre de la corporation, mais la corporation tout entière. Il y avait là une imitation de ce que faisait Rome elle-même quand elle s'aggrégeait de nouveaux citoyens par la concession individuelle du droit de cité. Les lettres de Pline (x, 115) montrent qu'il en était ainsi dans les villes de Bithynie.

II. Le peuple des municipes se composait, en second lieu, de ceux qui y avaient établi leur domicile. C'était, avant tout, la volonté qui rendait *incola* (1). D'où la conséquence que le domicile pouvait être transporté d'une cité à une autre. Mais il fallait que la volonté fût manifestée extérieurement par des actes significatifs. De nombreuses lois romaines développent cette idée, qui a passé dans le droit français, que le domicile est au lieu où l'on a son principal établissement (2) ; qu'une simple résidence (3), ou un simple intérêt (4) dans une localité, ne suffirait pas pour l'y établir.

L'affranchi recevait de la loi le domicile de son patron, mais il pouvait le changer et s'en créer un autre. De même, le fils de famille n'était pas lié au domicile de son père, il pouvait avoir le sien propre (5). Au contraire, la femme, le mariage une fois contracté, pourvu qu'elle fût mariée légitimement, suivait le domicile de son mari ; mais elle ne le gardait que tant que durait le mariage. Devenue veuve, elle recouvrait sa liberté de domicile (6).

III. Les titres de *civis* et d'*incola* d'une ville donnaient le droit d'y remplir les charges dont nous aurons plus tard à nous occuper. D'un autre côté, l'accomplissement de ces charges était considéré comme une obligation. Par ce double motif, ces titres ne pouvaient être pris

---

(1) L. 31, *ad munic.*
(2) V. notamment : L. 20 et 27, § 1, ff., *ad munic.*; L. 7, C. *de incolis.*
(3) L. 35, ff., *ad munic.*; et 2, C. *de incolis.*
(4) L. 17, § 5 et 13, ff., *ad munic.*; et 4, C. *de incolis.*
(5) L. 3, 4 et 6, § 1, ff., *ad munic.*
(6) L. 32 et 37, § 2; L. 38, § 8, et 22, § 1, eod.

ni répudiés sans droit. Un rescrit d'Adrien déférait aux gouverneurs de provinces la connaissance des prétentions qui s'élevaient sur ces points, et un rescrit de Marc-Aurèle montre que l'examen en devait être sérieux (1).

Ce qu'il est intéressant de remarquer, c'est le cumul des titres, droits et charges d'*incola* et de *civis*. Le domicile n'effaçant pas l'origine municipale, il devait arriver souvent qu'un même individu appartînt à deux cités par des liens différents ; mais il pouvait arriver aussi qu'il appartînt à plusieurs cités par la même nature de liens, c'est-à-dire qu'il fût ou citoyen municipal, ou domicilié dans plusieurs cités. Au premier point de vue, l'adoption pouvait donner une seconde ville d'origine aux ingénus ; et, pour les affranchis, une origine multiple pouvait résulter de la manumission faite, soit par plusieurs maîtres, soit par un seul maître citoyen municipal de deux villes (2). Sous le second rapport, les jurisconsultes romains n'avaient pas admis sans discussion qu'une personne pût avoir plusieurs domiciles. Labéon soutenait que, lorsque plusieurs établissements existaient d'importance égale, l'égalité excluant la prééminence, il n'y avait point de domicile. Mais les décisions d'Ulpien, de Paul et même de Celsus, quoique ce dernier garde plus d'hésitation (3), montrent que l'opinion contraire avait prévalu.

§ 2. — Rôle du peuple.

Le peuple des cités, composé des deux éléments que nous venons d'indiquer, était la masse investie de droits ; son universalité formait la personne morale. Incapable, avons-nous dit, de gérer par elle-même, la masse ne restait pas cependant étrangère à la gestion de ses intérêts. Elle y participait de deux manières : la première, par l'action même des délégués qui, sortis de son sein, représentaient ses droits ;

---

(1) L. 37 et 38, § 5, *ad munic.*
(2) L. 7 et 27, eod.
(3) L. 5, 6, § 2 et 27, § 2, eod. Cette dernière loi résout aussi affirmativement la question de savoir s'il peut se faire qu'une personne n'ait pas de domicile.

la seconde, par le droit de suffrage et d'élection : c'est celle qui va trouver ici son développement.

Il est constant qu'à l'image de Rome, les cités, dans les premiers temps, eurent leur *forum*. Là était la manifestation la plus complète de la volonté collective ; là l'intervention réelle, autant qu'elle est possible, de la personne fictive. Mais, comme il est dans la nature des choses que ce qu'on appelle administrer soit le fait d'un seul, et que l'œuvre de la multitude soit, au contraire, de délibérer, le rôle du peuple était nécessairement limité à des délibérations et à des votes. Les assemblées populaires des cités avaient deux buts : le premier était de faire des lois d'intérêt local, le second de nommer les magistrats.

I. On doit croire que le pouvoir du peuple de faire des lois, fut grandement développé, au moins dans certaines villes, avant qu'une organisation d'ensemble eût été donnée au régime municipal, et lorsque chaque petite république avait sa loi. Mais du jour où les cités furent réglées sur un type à peu près uniforme, le pouvoir législatif populaire dut y diminuer. Il n'est pas démontré que les *leges municipales* dont font mention, en de nombreux passages, les jurisconsultes du Digeste (1), lois qui gardaient leur application particulière dans un régime à peu près général, aient été l'œuvre des peuples des cités. Sous Domitien, les tables de Malaga et Salpensa (2) tendraient à prouver le contraire. Toutefois, comme les lois ne peuvent entrer dans toutes leurs applications secondaires, et qu'il reste, après elles, une législation de détail à formuler, le peuple des cités dut, croyons-nous, conserver une certaine partie du pouvoir législatif. M. de Savigny lui reconnaît, en effet, le pouvoir de faire des lois et des décrets, et, à l'appui de son opinion, il cite quelques autorités (3). Ajoutons, cepen-

(1) V. L. 25, ff., *ad munic.* ; L. 1, ff., *de albo scrib.* ; L. 11, § 1, ff., *de muner.* ; L. 6, ff., *quod cujusc.* et *passim*. Roth. (note 26) donne une longue énumération des passages où il y est fait allusion.

(2) Ces tables de bronze ont été découvertes en 1851 à Malaga. Publiées en 1853 par M. de Berlanga, avocat de cette ville, elles ont été depuis lors l'objet d'un travail de M. Mommsen, en Allemagne.

(3) Hist. du droit romain au moyen-âge, ch. II, § 6.

dant, que ce rôle du peuple dut, suivant la marche générale des institutions municipales, passer au sénat des villes pour parvenir définitivement aux gouverneurs de provinces.

II. Dans les élections apparaît plus clairement l'intervention du
peuple des municipes. La table d'Héraclée signale l'existence de comices locaux, et montre le suffrage de ceux qui font partie de la cité
décernant les magistratures (1). La table de Malaga va plus loin, et
trace le tableau du vote des comices. Les citoyens étaient appelés par circonscriptions électorales nommées *curies*. Chaque curie, réunie dans
des *consœpta* distincts, votait *per tabellam*, c'est-à-dire par le scrutin
secret. L'urne, appelée *cista*, était confiée, dans chaque curie, à la
garde de trois personnes d'une autre curie, chargées, sous la foi du
serment, de recevoir et de dépouiller les votes. Chaque candidat pouvait aussi préposer son surveillant. Telles étaient les garanties qui en-
touraient le vote dans chaque curie (2). En cas d'égalité de voix entre
plusieurs personnes dans la même curie, on suivait des règles de préférence fondées sur l'idée des lois *Julia* et *Pappia-Poppœa*, et, en dernier lieu, on s'en remettait au sort (3). La lutte s'engageait alors entre
les élus des diverses curies. Le magistrat présidant les comices tirait
au sort les curies, et, à mesure du tirage, il proclamait chaque résultat
partiel : celui qui réunissait le premier la majorité des curies était
élu (4).

Ce monument témoigne que, dans les cités, ou, si l'on veut, dans
certaines cités, le pouvoir électif du peuple, encore conservé sous
Domitien, fut plus persistant qu'à Rome, où, dès l'époque de Tibère,
il avait passé au sénat. Mais, sauf une différence d'époque, la révolution fut la même à Rome et dans les cités. La loi 12, ff., *de appella-
tionibus* fait voir clairement que le suffrage du peuple cessa d'être la
voie légale pour la nomination aux magistratures. Ce fut alors le sénat

---

(1) V. aussi M. de Savigny, loc. cit., et note c.
(2) Table de Malaga, LV.
(3) Ibid., LVI.
(4) Ibid., LVII.

qui fut investi du pouvoir électif, et ce qu'en garda le peuple fut, ou très-exceptionnel, ou très-peu sérieux.

Toutefois, ne nous hâtons pas de conclure de cet effacement du peuple à une décadence immédiate.

SECTION II.

Le sénat.

C'est dans le sénat des villes (*senatus, ordo, curia*) qu'il faut chercher les éléments vrais de la vie municipale. A l'époque où fleurissent le plus les cités, c'est lui qui tient le premier rang. Assurément une population ne peut se dire destituée de son autonomie lorsqu'elle a, pour veiller sur ses intérêts et pour la représenter, l'élite de ses membres conservant leur liberté d'action. Tel était encore, sous les Antonins, le sénat municipal. Les hommes principaux des municipes, que n'attirait plus à Rome l'espoir de participer au gouvernement du monde, se renfermaient dans leurs cités (1). Là, à l'abri de l'oppression, ils pouvaient encore espérer être utiles. Ils le furent aussi longtemps que le despotisme impérial n'envahit pas ces derniers refuges de la liberté, et laissa au titre de *décurion* quelque valeur.

§ 1er. — Composition du sénat.

Le sénat des municipes, communément nommé *curie* (2), était une *universitas* (3); le nombre de ses membres était limité. La table d'Héraclée défend de nommer de nouveaux membres, si ce n'est

---

(1) M. Guizot, *Essais sur l'hist. de France*, 1er Essai, 2e époque.
(2) La table d'Héraclée se sert du mot *senatus*. Le nom de *curia* ne vint que plus tard.
(3) V. L. 7, § 2, ff., *quod cujusc.*

en remplacement de sénateurs morts ou exclus pour indignité. Cependant, une autorisation de l'empereur permettait quelquefois à certaines villes d'excéder le chiffre légal (1). Ce chiffre paraît avoir été de cent (2).

Les membres du sénat s'appelaient *décurions*. L'étymologie de ce mot doit être cherchée, selon les uns, dans la création des premières colonies, alors que l'on prenait la dixième partie (*decima pars*) de ceux qui étaient envoyés de Rome, et que l'on en formait un *consilium publicum* (3); d'autres le font dériver du mot *curia* (4). Quoiqu'il en soit, le nom de *curiales* tendit, avec le temps, à se substituer à celui de *décurions*.

Les noms de ces décurions ou curiales étaient inscrits sur une liste appelée *album*. L'ordre qui devait être suivi dans l'inscription était ordinairement indiqué par la *lex municipalis*. En cas de silence de la loi municipale, on suivait l'ordre des dignités. Le premier rang appartenait à ceux qui avaient rempli des charges dans l'état; ensuite venaient ceux qui n'avaient rempli que des charges municipales; parmi ceux-ci, on avait encore égard à l'importance des charges remplies. Enfin, à défaut de tout antécédent honorifique, on s'en tenait à l'ancienneté (5).

Quel était le mode de recrutement de la curie? Ce point est important; car, le plus ou le moins d'indépendance d'un corps délibérant dépend du système qui préside à sa formation. A Rome, ce furent les censeurs qui désignèrent les sénateurs jusqu'au jour où il n'y eut plus d'autre censeur qu'Auguste. Ils les choisissaient parmi les magistrats, et, comme c'était alors le peuple qui nommait les magistrats, le sénat relevait indirectement du choix du peuple. En fut-il de même dans les municipes? Les Pandectes renferment une loi qui résoudrait négativement, et d'une manière bien catégorique, cette question si nous ne

---

(1) V. Pline le jeune, liv. x, lettre 113.
(2) M. de Savigny, Hist. du droit rom. au moyen-âge, ch. ii, § 24.
(3) L. 239, § 5, *de verb. signif.*
(4) V. sur ce point Roth. (de re mun. rom.), p. 65 et 66, n. 27.
(5) L. 1 et 2, ff., *de albo scribendo.*

savions qu'il y eut de fréquentes variations dans les institutions municipales. Paul, en effet, formule cette règle : que celui qui n'est pas
décurion ne peut aspirer aux magistratures (1). Ce sont donc les magistrats qui se recrutent parmi les décurions, et non les décurions
parmi les magistrats. Mais des documents, qui se réfèrent à des époques antérieures, font voir en vigueur, dans les municipes, le système
inverse, celui-là même qui avait été suivi à Rome. Il nous suffira d'indiquer la table d'Héraclée, qui tranche la question, pour les premiers
temps du régime municipal d'Italie, par ces mots : « Ne quis duum
« viratum... aliamve quam μ .estatem ex quo honore in ordinem
« perveniat, petito (2) ; » et la lettre 83 du livre X de Pline le Jeune
qui, à une époque plus avancée, s'exprime ainsi : « Lege Pompeia com-
« prehensum est ut qui ceperint magistratum sint in senatu (3). »

On peut donc conclure, sans témérité, qu'il y eut deux règles différentes usitées successivement, quant à l'antériorité relative des magistratures et du décurionnat; c'est à l'époque d'Antonin-le-Pieux que le
changement paraît s'être opéré.

Mais quelle était l'autorité qui choisissait les décurions? L'analogie
conduirait à décider que le magistrat qui, dans les municipes, remplis-
sait les fonctions de censeur devait composer la liste des membres de
la curie. Les lettres 83, 113 et 115 du livre x des lettres de Pline le
Jeune, peuvent fournir un argument en ce sens. On y voit, en effet,
des magistrats appelés *censores* choisir et exclure les sénateurs dans les
villes de Bithynie. Mais, s'il en fut ainsi d'abord (4), il est douteux
que ce système se soit conservé toujours. La loi 6, § ult., ff., *de Decurionibus*, indique clairement que c'était par des suffrages que les
décurions étaient nommés, et, comme à l'époque de Papinien il ne
saurait être question d'assemblées du peuple, il faut arriver à l'élec-

---

(1) L. 7, § 2, ff., *de decurionibus*.
(2) V. aussi M. de Savigny, loc. cit., § 7, n. e.
(3) Si l'on trouvait dans ces mots quelque ambiguïté, la suite de la lettre la ferait disparaître aisément.
(4) M. Zumpt., Comment. epig., p. 119 et s., fait très-positivement de la désignation des
décurions une des fonctions du *quinquennalis*. Il est au moins bien acquis qu'il en dressait
la liste. (Fabretti, Insc. c. ix, p. 598.)

tion par la curie elle-même, c'est-à-dire la cooptation (1). Peut-être
ce changement correspond-il, par la date, à celui que nous venons
d'attribuer au règne d'Antonin-le-Pieux.

Voyons sur quelles personnes le choix pouvait s'arrêter. La table
d'Héraclée contient une assez longue énumération de ceux qui ne
pouvaient entrer dans la curie. La première condition d'admission
était une condition d'âge ; avant trente ans (2), on ne pouvait être
nommé décurion. Certaines professions, telles que celles de crieur
public, d'entrepreneur de funérailles, écartaient de la curie. Les
lanistæ (3), les comédiens, ceux qui se livraient à d'infâmes trafics,
en étaient réputés indignes. D'autres causes d'indignité étaient : certaines condamnations ou transactions emportant infamie (4); le fait,
puni par la loi *Platoria*, d'avoir abusé de l'inexpérience des mineurs
de vingt-cinq ans ; le faux serment *in jure* ; l'infidélité aux engagements civils ; la faillite suivie d'envoi en possession et de vente en
masse des biens ; une accusation entachée de *calumnia* ou de *prævari-
catio* ; les dénonciations à prix d'argent ; enfin, la dégradation du militaire. Entre ces situations et la dignité de décurion l'incompatibilité
était absolue. Ceux qui enfreignaient cette interdiction étaient punis
d'une amende, laquelle atteignait le moindre empiétement sur les
honneurs réservés aux décurions (5).

C'en est assez pour montrer qu'à cette première époque, le titre de
décurion était un honneur. Le mérite seul dictait-il alors les choix? La

---

(1) *Ipsi decuriones a decurionibus creantur*, dit Roth (loc. cit), p. 76; Pothier
(Pandectes, liv. 50, tit. 2), admet aussi la cooptation.

(2) Sauf quelques causes de faveur, comme d'avoir fait trois années de service à cheval,
ou six à pied dans les légions, en passant la plus grande partie de chaque année dans les
camps ou les provinces (Tab. Herac.).

(3) On appelait ainsi ceux qui faisaient le commerce des gladiateurs et le métier de les
dresser.

(4) « Qui furti quod ipse fecit, fecerit, condemnatùs, pactusve est, erit, quive judicio
« fiduciæ, pro socio, tutelæ, mandati, injuriarum, sive dolo malo condemnatus est,
« erit......... » (Tab. Herac.).

(5) C'est ainsi que la table d'Héraclée punit d'amende les personnes incapables d'entrer
au sénat, qui, aux spectacles, aux jeux, dans les repas publics, se présentent aux places
des sénateurs.

table d'Héraclée ne mentionne aucune exigence de fortune. Mais, dès l'époque des premiers Antonins, l'on voit établie la nécessité d'un cens de cent mille sesterces pour faire partie de la curie (1). Quant aux autres conditions d'admissibilité, elles durent également se modifier avec le temps. Relativement à l'âge, le Digeste n'exige plus que celui de vingt-cinq ans (2). Des changements, des additions, indiquées par les mœurs et par l'expérience purent de même se produire parmi les causes d'exclusion tirées des professions ou des condamnations. Toutefois, en elle-même, la règle demeura. La curie dut toujours inspirer le respect et n'être pas accessible aux personnes viles (3). Ceux qui étaient frappés d'infamie, soit par une condamnation privée, soit par un *judicium publicum* (4) en furent tenus à l'écart. Les ingénus seuls purent y parvenir. La loi Visellia punit ceux des affranchis qui osaient en forcer l'entrée. En même temps, on ne voit point encore la dispense du service de la curie, érigée en privilége. Tout au plus aperçoit-on, mais sous Alexandre Sévère, les premiers symptômes d'une tendance des décurions à déserter leurs cités et leurs fonctions (5).

§ 2. — Rôle du sénat.

Les décurions réunis (6), quelles étaient leurs fonctions? Nous avons déjà dit que le sénat des villes arriva à concentrer en lui les

---

(1) Pline, epist. i, 1. 19.

(2) L. 8, ff., *de muneribus*; L. 6, § 1, ff. *de decur.*; L. 11, eod. Cette dernière loi fixe en même temps, pour limite extrême, l'âge de 55 ans; mais la loi 2, § 8, eod., montre que la vieillesse n'est ici qu'une cause d'excuse toute volontaire, et nullement un motif d'exclusion.

(3) L. 12, ff., *de decur.*

(4) L. 40, ff., *de injuriis*; L. 5 et 6, § 3, ff., *de decur.*; L. 13 pr., et § 1, ff., eod.

(5) L. 1, ff., *de decur.* V. aussi Pline (epist. x, 1. 114), qui mentionne déjà des *decuriones inviti.*

(6) Les lettres de Pline montrent que, dans certains cas et certains lieux, les décurions récemment nommés devaient payer un droit d'entrée, que Trajan appelle *honorarium decurionatus* (epist. x, 1. 113 et 114; Roth, loc. cit., p. 85.)

pouvoirs qui originairement avaient appartenu au peuple. Mais, au temps même de la souveraineté populaire, il avait eu un rôle; ce rôle, il le garda, après l'avoir augmenté de nouvelles attributions.

La curie, en effet, était le centre des délibérations sur l'administration intérieure de la cité. Par elle étaient votées les dépenses ; par elle étaient décidées les mesures à prendre pour l'emploi des ressources communes, comme aussi pour la conservation des édifices (*ne urbs ruinis deformetur.*) (1); d'elle, en un mot, partait l'initiative. Dans la personne civile du municipe, c'était la curie qui délibérait et décrétait, laissant l'exécution de détail aux magistrats qui obéissaient à l'impulsion qu'ils avaient reçues.

Cependant, si le champ des délibérations de la curie était vaste, il n'était pas illimité. En général, les actes qui auraient appauvri la cité, sans dédommagement, ou porté atteinte aux droits des citoyens, n'étaient point valables, encore qu'ils eussent été autorisés par un décret de la curie. Ce décret était annulé *ut ambitiosum* (2). Mais, sauf cette restriction, les décrets de la curie avaient une force propre, et nulle confirmation n'était requise; c'est ce qu'exprimait Adrien, en posant comme règle que les décrets de la curie ne devaient être cassés que dans un intérêt public (3). Disons, pour achever ce qui concerne ces décrets, qu'ils n'avaient d'existence que lorsqu'ils étaient rendus par les deux tiers au moins des voix (4). On suivait, pour le vote, l'ordre d'inscription sur l'*album*. En cas d'égalité de rang, la priorité appartenait à ceux qui avaient obtenu le plus grand nombre de suffrages pour entrer au sénat et à ceux qui avaient le plus d'enfants (5).

Les mêmes personnes qui, dans l'enceinte de la curie, exerçaient un pouvoir collectif, exerçaient souvent, en dehors, un pouvoir individuel. Nous sommes ainsi conduit à nous occuper des magistrats et autres fonctionnaires de la cité.

---

(1) L. 2, § 1, ff., *ad munic.*; tab. de Malaga, LXII et LXIII.

(2) L. 4, ff., *de decretis*; L. 3, § 1, ff., *de lege Jul.*, *de ann.*; L. 10 pr., ff., *de publ.* — V. aussi Roth., p. 74.

(3) L. 5, ff., *de decretis.*

(4) L. 2 et 3 eod.; L. 19, ff., *ad munic.*; L. 3 et 4, ff., *quod cujusc.*

(5) L. 1, § 1, ff., *de albo scribendo*; L. 6, § 5, ff., *de decur.*

SECTION III.

Les Magistrats.

§ 1er. — Division des charges municipales.

Les diverses charges qui se présentaient à remplir dans l'administration de la cité étaient désignées, en droit romain, par deux mots : *honores* et *munera*. Ces deux termes étaient loin d'être synonymes. Les *honores* formaient une classe supérieure ; au-dessous d'eux, les *munera* se subdivisaient en plusieurs classes. La loi 14 ff. (de *muneribus* et *honoribus*) donne le principe de la première distinction : « *honor municipalis est administratio reipublicæ cum dignitatis gradu* ». *Munus* en diffère par l'absence du *titulus dignitatis*. Ulpien (1), faisant également la distinction des *honores* et des *munera*, ajoute que ces derniers sont de deux espèces : 1° *personæ ;* 2° *patrimoniorum* (2). Les *munera personalia* étaient les charges qui exigeaient un travail individuel du corps ou de la pensée, mais qui n'engageaient pas la fortune. Elles étaient, à peu près, à la personne civile de la cité ce qu'étaient à la personne naturelle des pupilles et des mineurs, la tutelle et la curatelle. Les *munera patrimoniorum* étaient les charges qui s'attaquaient seulement à la fortune et entraînaient des dépenses. Enfin, lorsqu'aux soins personnels se joignaient les risques du patrimoine, la charge présentait un caractère mixte qui avait fait admettre un troisième terme de division : *munera mixta* (3). Nous laissons de côté, comme n'ayant pas trait à la matière qui nous occupe, les charges du patrimoine, c'est-à-dire les diverses contributions et prestations ordinaires ou extraordinaires, pour ne parler que des fonctions dites *honores* et *munera personalia*.

---

(1) L. 6, § 3, ff., *de muneribus*.

(2) Cette division, ainsi que l'explique la loi 1, *eod.*, ne s'applique qu'aux *munera civilia* ou *publica*, les seuls dont nous ayons à parler ; les *munera privata*, comme la tutelle et la curatelle sont toujours *personalia*.

(3) V. sur ces divisions la loi 18, ff., *de muneribus*.

I. *Honores.* Une fois écartées les fonctions de décurion, que les lois romaines qualifient aussi du nom de *honos* et dont nous avons cru devoir traiter séparément, ce terme peut être traduit par *magistratures.*

Parmi les magistratures municipales, celles qui paraissent toujours en première ligne sont le *duumvirat* et le *quatuorvirat.* La table d'Héraclée ne mentionne même que les duumvirs et les quatuorvirs, bien qu'elle suppose d'autres magistrats (1) ; par là, comme par les attributions qu'elle leur donne, elle montre bien qu'ils occupent la magistrature suprême. Les duumvirs avaient dans les municipes une importance et une situation analogues à celles des consuls à Rome. Nommés, comme eux, pour un an; comme eux, ils présidaient l'assemblée du peuple et le sénat, et concentraient entre leurs mains l'administration supérieure de la cité; comme eux aussi, ils étaient deux et de rang égal. Il est vrai que le nom de *quatuorvir* semble se refuser à cette assimilation ; mais il ne faut pas chercher, dans les *quatuorviri,* quatre magistrats égaux ; il faut y voir plutôt la réunion des magistrats de la cité, composés de deux magistrats supérieurs ou duumvirs *juridicundo,* et de deux autres magistrats d'un ordre moins élevé, dont les fonctions correspondaient à celles des édiles (2).

L'édilité détachée du duumvirat est la reproduction de ce qui eut lieu à Rome pour le consulat; mais, à d'autres égards, les attributions des duumvirs n'eurent pas à subir les démembrements qui atteignirent celles des consuls. A Rome, la juridiction passa de ceux-ci aux préteurs. Dans les municipes, bien que quelques inscriptions nous aient transmis le nom de *prætor* (3), il n'y a pas de traces d'une magistrature spéciale qui ait répondu à la préture; au contraire, le titre de duumvir a son complément ordinaire dans le mot *juridicundo,* ce qui montre que c'est au duumvirat que demeura attachée la *jurisdictio.* L'étendue de la juridiction municipale varia, du reste, suivant

---

(1) Tab. Herac. : « ..... allove quo nomine magistratum habebunt,..... neve quem alium magistratum petito,..... quive ibi alium magistratum habeat..... », etc.

(2) Cette explication est due à M. Zumpt. (Comment. epig., p. 165 et suiv.).

(3) On trouve même ceux de *consules* et de *dictator.* V. Roth, loc. cit., p. 86, n. 102; M. de Savigny, loc. cit., ch. ii, § 9, n. (g.).

les temps et les lieux. Ce qu'en laisse voir le Digeste diffère à plusieurs égards de ce qu'expose la loi de la Gaule Cisalpine. En effet, d'après ce dernier monument, les magistrats municipaux ont non-seulement la *jurisdictio*, mais encore une certaine portion de l'*imperium*. Ils peuvent enjoindre de fournir la *cautio damni infecti*, et, à son défaut, organiser une action fondée sur la fiction que cette caution a été fournie. Dans un certain cas même, celui d'une dette de somme d'argent, ils peuvent ordonner des voies d'exécution sur la personne. Au contraire, les lois du Digeste refusent l'*imperium* aux magistrats municipaux: la *restitutio in integrum*, l'envoi en possession, les diverses cautions prétoriennes excèdent leurs pouvoirs ; ils peuvent seulement, en cas d'urgence, recevoir quelquefois des magistrats supérieurs délégation d'exiger la caution ou de prononcer l'envoi en possession provisoire. Mais l'envoi en possession *ex secundo decreto*, de même que l'abandon de la possession, qui ne doivent être prononcées qu'en connaissance de cause, ne sont jamais de leur compétence. Quant aux voies d'exécution, la loi 29, § 7, ff., *ad leg. Aquil.*, semble indiquer qu'ils pouvaient ordonner une prise de gage, et il faut bien croire, en effet, qu'ils avaient une portion de l'*imperium mixtum* pour soutenir leur *jurisdictio* (1).

La juridiction municipale était limitée à un autre point de vue. Dans les affaires même dont pouvaient connaître les duumvirs, leur compétence ne dépassait pas une certaine somme. La loi de la Gaule Cisalpine avait fixé un *maximum* de quinze mille sesterces pour le cas particulier de prêt de somme d'argent, tout en paraissant reconnaître d'autres cas où la compétence était illimitée (2). Le principe du Digeste était une limitation de compétence quant à l'intérêt du litige; mais le chiffre de cette limitation n'apparaît pas. Nous voyons seulement que la volonté des parties pouvait l'élever (3).

Les duumvirs eurent aussi quelques attributions dans l'ordre de la

---

(1) V. sur tous ces points : *Lex Gall. Cis.*, xx-xxi; D., L. 26, *ad munic.*, — 4, *de jurisdictione*,—1, 4, § 3 et 4 *de damno. inf.*; M. de Savigny, loc. cit., ch. ii, § 12 et 13.

(2) *Lex Gall. Cis.*, xxi-xxii.

(3) Paul. *Sent.*, Lib. V, tit. vᵃ, 1; L. 28, ff., *ad munic.*; Roth, p. 91-92; M. de Savigny, loc. cit.

juridiction volontaire. Toutefois, comme les principaux actes qui ressortissaient à cette branche de juridiction, l'émancipation, la manumission, l'adoption, étaient dérivés des actions de la loi; il fallait, pour que les magistrats municipaux pussent y présider, que ce droit leur eût été expressément accordé. Autrement le formalisme rigoureux des *legis actiones* gardait son empire (1). Quant à la nomination des tuteurs qui, d'après Ulpien (2), ne rentrait ni dans la *jurisdictio*, ni dans l'*imperium*, mais qui appartenait seulement aux autorités qui en étaient chargées par un acte législatif, nous la voyons formellement attribuée aux duumvirs par la table de Salpensa (3); et ce droit se généralisa, puisque Ulpien pouvait dire : « *Jus dandi tutores datum est* « *omnibus magistratibus municipalibus* ». (L. 3, ff. de tutorib.).

Les décisions des duumvirs n'eurent d'abord d'autre contrôle que le droit d'*intercessio* donné aux magistrats sur les actes les uns des autres (4). Plus tard, la théorie de l'appel se précisa, et la juridiction des duumvirs, statuant en premier ressort, prit place au dernier rang dans la hiérarchie judiciaire de l'empire (5). Mais elle resta toujours éminemment municipale. En effet, elle n'empruntait rien au dehors; renfermée dans les limites du territoire de la cité (6), elle était exercée par des membres du municipe que nommaient leurs propres concitoyens, ou, du moins, les principaux d'entre eux. C'était encore, à beaucoup d'égards, l'administration judiciaire d'une petite république qui se perpétuait dans chaque ville.

La qualification de *juridicundo* appliquée, dans des inscriptions, aux quatuorvirs et même aux édiles, doit conduire à penser que ceux-ci avaient, sur les matières soumises à leur surveillance, une cer-

---

(1) Paul. Sent., II. xxv-4; tab. de Salpens., xxviii.
(2) L. 6, § 2, ff., *de tutelis*.
(3) Tab. Salpens., xxix.
(4) Ibid., xxvii.
(5) Les magistrats municipaux manquaient de quelques prérogatives accordées aux autres. Ainsi : « Nec tribunal, insigne imperii datum; nec jurisdictionem suam pœnali judicio defendere..... possunt », dit Roth, p. 94. En outre, d'après la loi 32, ff., *de injuriis*, ils ne jouissaient pas de la faveur qu'avaient les consuls, préteurs, etc., de ne pouvoir être cités en justice, pendant la durée de leurs fonctions.
(6) L. 20, ff., *de jurisd.*; L. 239, § 8, ff., *de verb. signif.*

taine juridiction de police. Il est certain qu'ils pouvaient prononcer des amendes et même des peines corporelles. Toutefois, la règle était que les magistratures municipales, dans l'application des châtiments, devaient user de modération (1).

Un démembrement du consulat, qui avait précédé la création du préteur, était la censure. Dans les municipes, la table d'Héracléo (alin. pénult.) montre que les fonctions de censeur ne furent pas, à l'origine, attribuées à un magistrat spécial. C'était le magistrat investi du pouvoir suprême qui procédait aux opérations du cens. Plus tard (2), apparaît, outre le nom de *censor*, que nous avons signalé plus haut, un autre nom qui rappelle l'idée du lustre et porte la pensée sur quelque chose d'analogue à la censure. De l'apparition du nom de *quinquennalis* faut-il conclure l'établissement d'une magistrature nouvelle, distincte du duumvirat et répondant au pouvoir censorial? M. de Savigny l'avait pensé. M. Zumpt a cherché depuis à démontrer que le titre de *quinquennalis* devait s'entendre d'une dignité accidentelle qui venait, tout les cinq ans seulement, se joindre à celle des duumvirs, alors en charge, et ajouter à leurs fonctions habituelles celles qui caractérisaient la censure (3).

Les tables de Malaga et de Salpensa placent à côté des duumvirs et des édiles, des *quæstores*. Leur administration devait sans doute se rapprocher de l'administration financière des questeurs de Rome, mais on manque de détails sur ce point. Le Digeste mentionne aussi la *quæstura*, dont il fait, pour quelques localités, une charge équivalente à ce qu'était ailleurs la *calendarii curatio*, c'est-à-dire le maniement des fonds de la cité; mais il la met en dehors des *honores* et la relègue parmi les *munera* (4). Il faut conclure que la questure des municipes, si elle fut quelquefois élevée au rang d'une magistrature, ne le fut pas du moins d'une manière générale et durable, et que son existence même fut subordonnée à des diversités locales.

---

(1) L. 12, ff., *de jurisd.* — Le droit donné aux magistrats municipaux, duumvirs ou édiles, de prononcer des amendes résulte clairement, tant de la table de Malaga, LXVI, que de la loi un. § 1 et 2, ff., *de via publica et si quid*. V. aussi Roth., p. 92, n. 139.

(2) M. Zumpt place sous Auguste les premiers *quinquennales*.

(3) M. de Savigny, ch. II, § 15; M. Zumpt, Comment. epig., p. 92, 93 et s..

(4) L. 18, § 2, ff. *de muner.*

Ce ne serait qu'avec de grandes réserves que nous appliquerions au *præfectus* le titre de magistrat municipal. La présence des *præfecti*, proprement dits, qui excluait celle des duumvirs, devait exclure aussi, selon nous, le pouvoir d'administration propre de la cité. Allons plus loin : indépendamment des fonctionnaires de ce nom, qui étaient chargés par le pouvoir central de faire succéder, dans les villes, à une indépendance tumultueuse une paisible obéissance, il y a des traces de préfets d'une autre nature. Quelquefois, en effet, les municipes défé-raient les magistratures supérieures à l'empereur (1), et celui-ci ne pouvant gérer lui-même, se faisait alors remplacer par un *præfectus*. En second lieu, on trouve dans la table de Salpensa l'indication d'un préfet qui aurait rempli les fonctions de duumvir, durant l'absence momentanée de l'un des titulaires (2). Mais, dans le premier cas, ce n'est que très-indirectement que la magistrature confiée au préfet éma-nait du vœu des municipes ; et, dans la seconde hypothèse, il est diffi-cile de voir autre chose qu'une autorité intérimaire déléguée à un fondé de pouvoirs par le véritable magistrat.

Nous arrivons ainsi, en écartant ce qui était exceptionnel et transi-toire, à reconnaître que, dans l'état habituel du régime municipal, c'était entre les mains des duumvirs *juridicundo* et des duumvirs *ædilitiæ potestatis* que se concentrait à peu près toute la puissance de gestion active et de juridiction que réclamait la cité.

Mais ces magistrats, ne pouvant entrer dans tous les détails d'une administration étendue, étaient secondés par des fonctionnaires infé-rieurs. Au-dessous des *honores* étaient les *munera*.

II. *Munera.* Les charges ainsi nommées se divisaient à l'infini. Chaque partie de la fortune de la cité avait son gérant ; chaque nature de choses destinées à l'usage commun avait son surveillant. Les titres des fonctions qui naissaient de là apparaissent à profusion dans le Di-geste. Nous n'entreprendrons point de suivre l'énumération qu'en font les jurisconsultes. L'un d'eux prend soin de nous avertir que les lois de chaque cité et les usages locaux sont les guides souverains en cette

---

(1) V. Zumpt., p. 56, où ce point est établi. V. aussi Tab. de Salpens., xxiv.
(2) Tab. de Salpens., xxv.

matière. Et, d'ailleurs, une liste empruntée à des jurisconsultes de la
fin de l'empire (1) et appliquée aux temps de la république et de la
première période impériale courrait risque de contenir des anachro-
nismes. Nous remarquerons seulement que le nom qui paraît avoir le
plus communément désigné ces fonctions est celui de *cura* ou *curatio*,
d'où le titre de *curator* au fonctionnaire qui en était investi. C'est ainsi
que nous trouvons mentionnées la *curatio calendarii*, qui consiste à
administrer les valeurs pécuniaires de la cité (2); la *cura prædiorum*,
c'est-à-dire l'administration des fonds de terre ou plus généralement
des héritages qui lui appartenaient(3); puis les *cura emendi frumenti*,
olei, cura annonæ, cura aquæductus, qui attestent les précautions
prises pour l'approvisionnement en tout genre de la ville; enfin les
travaux publics sont dirigés par un *curator operum* (4).

Dans l'exercice de leur juridiction, les magistrats avaient aussi besoin d'auxiliaires. Sans parler du *judex*, qui était le plus indispensable de tous (5), le concours de certaines personnes leur était assuré
pour la transcription des actes. Le nom générique de ces fonctionnaires était *scribæ*. On trouve aussi, dans un sens particulier, des
censuales (6).

Une institution qui paraît remonter aux premiers temps du régime
municipal est celle des *legati*. La table d'Héraclée parle de députés
nommés par la majorité des décurions et chargés de porter au censeur
de Rome les résultats des recensements locaux. L'envoi de *legati* par
les municipes devint d'un usage fréquent, sous l'empire, et se réfère à
l'idée de tutelle administrative. Nous aurons à y revenir à ce point de

---

(1) En effet, les lois 1, § 2 et 18, ff., *de muner.*, présentent un certain nombre de déno-
minations grecques et appartiennent à des jurisconsultes postérieurs, selon toute apparence, à la translation du siége de l'empire à Constantinople. V. sur Hermogenianus et
Arcadius Charisius, auteurs des fragments ci-dessus, Pothier dans sa préface des Pandectes.

(2) L. 18, § 2, ff., *de muner.*—Il en est question dès le temps de Marc-Aurèle, comme
le montre la loi 9, § 7, ff., *de adm. rer. ad civ.*

(3) L. 1, § 2, ff., *de muner.* On trouve aussi des *curatores ad colligendos civitatum
publicos reditus* (L. 18, § 9).

(4) L. 1, ff., *de operib. publ.*

(5) L. 18, § 14, ff., *de muner.*; L. 13, § 2, ff., *de vacat. et exc. mun.*

(6) L. 18, § 16, ff., *de muner.*

vue : nous nous bornons ici à classer les *legationes* parmi les *munera* (1), et à remarquer qu'un édit de Vespasien avait défendu aux villes d'envoyer plus de trois députés à la fois (2).

Après avoir signalé l'*actor civitatis*, chargé de représenter la cité dans les actions judiciaires, et appelé aussi *defensor* et *syndicus* (3), il ne nous reste plus, pour achever l'indication des fonctionnaires les plus importants de la cité, qu'à mentionner ceux qui étaient employés à la perception des impôts : ils étaient *exactores tributorum, pecuniæ pro capitibus* ou *annonæ*, suivant la nature de l'impôt (4) ; et, comme ils en garantissaient, sur leur propre patrimoine, le recouvrement, ils remplissaient, au sens de certains jurisconsultes, un *munus mixtum* (5).

§ 2. — Nomination et aptitude aux charges de la cité.

Nommés d'abord par le peuple, les magistrats le furent ensuite par la curie. Aux deux époques et dans les deux systèmes, c'était l'un des duumvirs, qui dirigeait les opérations. Au temps de l'élection dans l'assemblée du peuple, d'après la table de Malaga (LI), le candidat se présentait lui-même (*professio*). A défaut de *professio*, il y avait une présentation d'office par le président des comices (*proscriptio*). La personne ainsi présentée ne pouvait pas refuser ; elle avait seulement le droit de désigner une autre personne, de même condition, dont le nom était, avec le sien, proposé aux suffrages. L'élection se faisait ensuite, suivant le mode que nous avons précédemment indiqué. La dernière formalité était la *renuntiatio* ou proclamation du candidat élu.

Lorsque le pouvoir électif eut passé à la curie, il y eut également

---

(1) L. 18, § 19, ff., *de mun.*
(2) L. 4, § 6, ff., *de legationibus.*
(3) L. 1, § 2 ; — 18, § 13, *de muner.*
(4) L. 3, § 11, — 18, § 8, eod.
(5) L. 18, §§ 26 et 27, ff., eod.
(6) D'après la table de Malaga, LII, c'était ordinairement le plus âgé.

une présentation ; mais, au lieu d'être faite par le président de l'assemblée électorale, elle fut faite le plus souvent par le magistrat sortant de charge, qu'il s'agissait de remplacer. C'était la *nominatio*, après laquelle venait la *creatio*, c'est-à-dire, l'élection proprement dite par le vote à la majorité des voix, les deux tiers au moins des décurions étant présents (1).

Contre la *nominatio* il n'y avait pas de recours, car, ne liant en aucune façon la curie, elle n'entraînait pas un résultat certain ; mais, contre la *creatio*, la ressource de l'appel était ouverte à celui qui avait été élu, comme aussi contre lui : elle était même donnée à celui qui n'avait pas été élu (2). Cet appel était porté devant le gouverneur de la province. Tant que l'affaire restait pendante, il y avait lieu de prendre des mesures provisoires pour la gestion de la charge. L'appel était d'ailleurs, quant aux dommages, aux risques de l'élu appelant qui avait succombé. Dans le cas contraire, le gouverneur ou le prince appréciait sur qui devaient tomber ces dommages. L'appel devait être renouvelé chaque fois que la fonction était déférée, encore que la cause d'excuse invoquée fût celle-là même qui avait triomphé les premières fois ; seulement, lorsqu'il y avait de la part d'une personne parti pris de présenter toujours le même candidat, quoiqu'elle le sût protégé par une cause d'excuse perpétuelle, les frais retombaient sur l'auteur de cette vexation (3).

Telles sont, en résumé, les indications que donnent les Pandectes sur l'élection des magistrats. Ces règles étaient strictes et rigoureuses. La nomination faite sans les formes légales était nulle et il n'était pas besoin d'appel pour la faire tomber (4).

Quant aux *munera*, les règles de nomination paraissent avoir été moins fixes. A côté des textes qui donnent au sénat la désignation de ceux qui doivent remplir les offices divers de l'administration de la

---

(1) Sur la distinction entre la *creatio* et la *nominatio*, V. Roth, p. 76, notes 70 et 71 ; M. de Savigny, ch. II, § 7.

(2) L. 12 et 21, § 2, ff., *de appell.* ; L. 7, § 1, ff., *de muner.*

(3) L. 1, § 3, ff., *quando appell.*; L. 1 ff., *si tutor vel curator*; L. 1, § 1, ff., *de vacat.*

(4) L. 12, ff., *de appell.*

ville (1), se placent d'autres dispositions qui supposent des choix faits, par les magistrats (2). Nous croyons bien, avec Roth (p. 76), qu'en principe, la nomination aux *munera* appartenait à la curie ; mais il dut arriver que la curie délégua souvent ce soin aux magistrats. C'est ce que montre, d'une manière positive, la loi 6, § 1, ff., *quod cujusc.* pour l'*actor civitatis*, que les duumvirs pouvaient être, par un décret de la curie, autorisés à choisir. D'autres fois, sans doute pour des offices moins importants, un décret ne fut point nécessaire et la délégation put être tacite. Cela devait arriver surtout lorsqu'il s'agissait pour les magistrats de se constituer des auxiliaires.

Enfin, on trouve, dès l'époque qui nous occupe, des traces de nominations faites par le président de la province (3). C'est un premier symptôme d'un état de choses que nous retrouverons plus loin.

Ces notions données sur les électeurs et l'élection, nous avons à nous occuper des éligibles. A toute époque, la première condition, pour parvenir aux honneurs ou remplir des charges, fut d'être membre de la cité, *municeps* ou *incola*. Une exigence moins ancienne et plus particulièrement spéciale aux magistratures, fut celle de la dignité préalable de décurion (4). Dans ces limites, quelles étaient les personnes auxquelles devaient être déférées les fonctions municipales ? Paul, dans la loi 7, ff, *de decur.*, formule la règle suivante : « Honores « et munera non ordinationi sed potioribus quibusque injun- « genda ». Ce n'était donc pas le rang d'ancienneté dans la curie, mais la distinction personnelle qui devait dicter le choix. Pour déterminer quels étaient les *potiores*, on s'attachait à la personne même, à

---

(1) L. 30, ff., *de neg. gest.* ; L. 3, ff., *quod cujusc.* ; L. 2, C. *de decur.*

(2) L. 21, ff., *ad munic.* ; L. 26, *de neg. gest.* ; L. 40, § 1, ff., *de adm. et per tut.*

(3) L. 9, § 7, ff., *de adm. rer.*

(4) C'est au règne d'Antonin le Pieux que semble se rapporter cette innovation ; au moins, est-ce la conséquence de la règle posée par cet empereur : *A minoribus ad majores (honores) perveniatur* (L. 11 pr. ff., *de muner.*) ; tandis que nous avons vu que, sous Trajan, les magistratures (*majores honores*) étaient encore la pépinière du sénat. Mais l'injonction d'Antonin n'est relative qu'aux magistratures, et, bien que ce fussent les membres de la curie qui étaient appelés aux *munera* de quelque importance, comme les *legationes* (L. 4, § 5, *de legationibus*), il n'en faut pas conclure que tous les *munera* aient été concentrés dans le cercle des décurions : cela est si vrai, que certains offices dits *sordides* ne pouvaient leur être imposés.

sa valeur propre, à son origine, à ses ressources pécuniaires (1). Ce n'était qu'après cet examen que l'ancienneté devenait un titre à l'élection (2). A côté de ces considérations, la loi municipale gardait une certaine latitude pour poser des règles de préférence (3). Mais, le choix devant s'exercer dans un espace restreint, il y avait lieu de craindre qu'il ne se fixât trop souvent sur les mêmes personnes. Aussi, voyons-nous s'établir une sorte de roulement ; chacun dut à son tour, *per vices*, remplir les diverses fonctions. Ce roulement, toutefois, ne s'opérait pas indistinctement entre tous. On avait égard à l'âge et aux dignités, probablement pour n'attribuer aux plus jeunes et aux moins titrés que certaines charges, les fonctions plus élevées restant réservées aux autres (4). A l'égard des *honores* en particulier, la nécessité d'une gradation avait même été admise : on n'arrivait aux magistratures supérieures qu'après avoir passé par les inférieures (5).

Il y avait, pour l'exercice des charges de la cité, des causes d'incapacité, d'indignité et d'exemption. Nous allons les parcourir rapidement, en distinguant les magistratures des autres charges.

1° Relativement aux premières, la règle était simple. Les causes qui écartaient de la curie écartaient par cela même des *honores* ; car, outre que le décurionat était lui-même un *honor*, il était devenu la condition fondamentale de l'admission aux magistratures. Comme conséquence de ce principe, l'incapacité atteignait les impubères et les mineurs de vingt-cinq ans ; l'indignité, les personnes infâmes et les affranchis. Cependant, il y avait quelques règles spéciales. Ainsi, ceux qui étaient sous le coup d'une accusation capitale, quoique maintenus dans la curie, ne pouvaient cependant aspirer aux magistratures municipales (6). De même celui qui, temporairement, avait été écarté de la

---

(1) L. 14, § 3, ff., *de muner.*
(2) L. 6 pr. ff., *cod.*
(3) L. 11, § 1, *eod.*
(4) L. 3, § 15, ff., *cod.*
(5) L. 14, § 5 ; L. 11 pr., *cod.*
(6) L. 17, § 12, ff., *ad munic.* Néanmoins, lorsqu'une année s'était écoulée depuis l'accusation, et que, sans le fait de l'accusé, mais par celui de l'accusateur, la sentence n'avait pas été rendue, la prohibition cessait (L. 7, ff., *de mun.* ; L. 21, § 5, ff., *ad munic.*)

curie (*ordine motus*) ou exilé (*relegatus*), reprenait, à son retour, son titre de décurion, pourvu que l'infamie ne fût pas attachée à la sentence (1). Cependant, il lui était défendu de prétendre aux magistratures pendant un espace de temps égal à celui de son exil ou de son éloignement du sénat (2). Enfin, une cause particulière d'indignité est développée dans la loi 6, § 1, ff. *de mun.* Le magistrat resté reliquataire envers la cité, à la suite d'une première gestion, ne pouvait de nouveau être promu aux honneurs, tant qu'il n'acquittait pas sa dette ou ne donnait pas de sûretés.

Parmi les causes d'exemption, les textes citent certaines infirmités caractérisées, comme celles qui affligent le sourd et le muet; une juste cause d'absence, comme un appel à Rome; certains commerces d'utilité publique, comme celui des *negotiatores frumentarii*, même certaines dignités, comme celles de *comites præsidum, proconsulum, procuratorum Cæsaris* (3).

2° En passant aux *munera*, nous trouvons, à l'inverse des *honores*, peu de développements sur les causes d'incapacité et une longue liste d'exemptions : c'est la conséquence naturelle de leur moindre dignité et de leur plus faible importance.

Même exclusion des impubères et des mineurs de vingt-cinq ans, quoique, pour ces derniers, on usât de quelque tolérance. Une constitution d'Adrien avait admis, en effet, un tempérament que la loi 74, § 1 *in fine*, ff., ad *S. C. Trebell.* rapporte en ces termes : « Quantum « ad munera municipalia eum annum quem quis ingressus esset pro « impleto numeræri. » D'après cela, il suffisait de la vingt-cinquième année commencée, pour rendre admissible aux emplois. Cette interprétation favorable avait été étendue aussi aux *honores*, mais avec quelque réserve (4). Il est constant que certaines condamnations infamantes excluaient des charges inférieures comme des honneurs supérieurs,

---

(1) Il fallait aussi qu'il n'eût pas été remplacé, ou qu'une place nouvelle fût devenue vacante. Quant à son ancien rang, il le reprenait, s'il avait été *ordine motus*; mais non, s'il avait été *relegatus* (L. 2, pr. et § 1, ff., *de decur.*

(2) L. 15, pr. ff., *ad munic.*

(3) L. 7, § 1, ff., *de decur.*; L. 8, § 5, ff., *de vacat. et excus.*; L. 9, § 1, ff., eod.; L. 12, § 1, ff., eod.

(4) L. 2, § 1, ff., *de jure immun.*; L. 8, ff., *de muner.*

tant qu'il n'y avait pas *restitutio in integrum* (1). Mais, à part ces points de ressemblance, il n'y a pas d'indice que les causes d'inaptitude aux magistratures doivent être étendues à toutes les autres fonctions municipales. Tout au contraire, pour celles-ci, le titre de décurion n'était pas toujours exigé, (2) non plus que l'ingénuité, (3) et l'exclusion temporaire, résultant d'un reliquat de compte envers la cité, ne se réfère qu'aux *honores* (4).

Quant aux excuses et immunités des *munera*, deux titres entiers leur sont consacrés au Digeste. Les diverses causes d'exemption qui y sont énumérées, et qui, d'après le principe de la loi 12 (*de mun.*), ne doivent pas, à défaut de texte spécial, être étendues aux honneurs municipaux, peuvent se rattacher aux six ordres d'idées suivants :

I. L'Age. — A la différence de ce qui avait lieu pour les magistratures (5), l'âge de soixante-dix ans accomplis dispensait des fonctions inférieures de la cité.

II. La maladie. — Pour donner la *vacatio*, il fallait qu'elle fût telle qu'elle s'opposât à l'accomplissement des charges.

III. L'absence. — On exigeait ici, comme pour la dispense des magistratures, qu'elle fût justifiée. Le motif le plus légitime était l'intérêt de l'Etat ou de la cité. A l'absence *reipublicæ causa* se rapporte l'immunité des *navicularii*, qui, à l'aide de leurs navires, assuraient l'approvisionnement de la ville.

IV. Le nombre d'enfants. — Le nombre devait être de cinq pour fournir une excuse valable. Peu importait d'ailleurs que les enfants fussent ou non *in potestate*; mais les enfants adoptifs ne comptaient pas, non plus que les enfants morts, à moins que ceux-ci n'eussent péri à la guerre. C'était, du reste, une excuse à *suspiciendis*, mais non à *susceptis muneribus*.

V. Le service militaire. — L'immunité s'appliquait non-seulement aux militaires en activité de service, mais encore aux vétérans.

---

(1) L. 3, § 2, ff., *de mun.*
(2) V. ci-dessus, p. 42, n. 4.
(3) L. 17 pr., ff., *ad munic.*
(4) L. 6, § 1, ff., *de muner.*
(5) L. 2, § 8, ff., *de decur.*

VI. L'exercice de certaines professions et dignités et de certains métiers : — 1° Les professeurs d'études libérales (mais non les professeurs d'éléments), les grammairiens, rhéteurs et aussi les médecins, étaient exemptés des *munera civilia*, à condition, toutefois, qu'ils fussent autorisés par la curie, qui fixait leur nombre, par ses décrets (1) et d'après des bases que l'on trouve dans un rescrit d'Antonin-le-Pieux, rapporté sous la loi 6, § 2 (*de excusat.*). Les philosophes n'avaient qu'une immunité restreinte. 2° La dignité sénatoriale avait cet effet remarquable de soustraire aux charges inférieures de la cité, tout en laissant subsister l'habileté aux honneurs (2). 3° L'agrégation à certains corps de métiers, autorisés par la loi, fournissait une excuse à leurs membres, pourvu, toutefois, que ceux-ci exerçassent effectivement leur métier. 4° Enfin, les fermiers des impôts, ceux des domaines de l'État et du prince étaient affranchis des soins de la cité pour rester dévoués tout entiers aux intérêts du fisc. (3).

Sur les immunités, il nous reste à faire quelques remarques générales. D'abord, en cette matière, comme en beaucoup d'autres, la *lex municipalis* était souveraine et pouvait, dans ses modifications, ajouter ou retrancher aux exemptions. En second lieu, les *vacationes* étaient des faveurs essentiellement personnelles, dont le lien le plus étroit de parenté ne pouvait justifier l'extension. Il fallait, pour que l'immunité pût passer à la descendance, que le caractère de transmissibilité lui eût été donné expressément lors de sa concession; encore ne passait-elle qu'à la descendance par les mâles (4). Enfin la sanction de l'immunité était le droit d'appeler contre la nomination faite à son mépris. La réclamation devait être élevée dans un bref délai, passé lequel elle n'était plus reçue (5). Cependant les causes d'exemption pouvaient, par exception, être impunément méconnues et les excuses repoussées :

---

(1) L. 1, ff., *de decretis ab ordine.*

(2) L. 23, ff., *ad munic.*

(3) Sur ces immunités et causes d'excuses, V. les deux titres v et vi du liv. 50 du Digeste, et *passim.*

(4) L. 1, §§ 1 et 2; L. 4, ff., *de jure immun.*

(5) L. 1 pr. ff., *de vacat.*; L. 13, § 3, ff., *de decur.*

c'était lorsque, dans la cité, il y avait pénurie de magistrats. L'intérêt général faisait céder les faveurs particulières.

A la matière des dispenses se rattache le principe admis en droit
romain du non cumul des magistratures. La question pouvait se présenter sous deux points de vue : 1° Dans la même cité, l'exercice d'une
charge donnait, pendant sa durée, la dispense d'en exercer d'autres.
Cette règle n'admettait d'exception, en matière d'*honores*, que pour les
fonctions de la curie (1) ; et nombre de textes prouvent qu'elle recevait
son application aux simples *munera* (2). Quant à l'influence respective des *munera et des honores*, les uns sur les autres, elle n'était
pas égale : « Honorem sustinenti munus imponi non potest, munus
« sustinenti honor deferri potest, » dit Modestin. Cependant quelques
munera avaient, sur ce point, la même force que les *honores : la defensio reipublicæ* était du nombre (3). 2° Dans des cités différentes,
l'exercice de magistratures par la même personne ne pouvait pas être
simultané. En cas de conflit, c'était la cité d'origine qui l'emportait (4).

De même que le cumul de plusieurs fonctions, le renouvellement
de la même fonction (*iteratio* ou *continuatio munerum*) était interdit.
L'annalité des magistratures avait passé de Rome dans les municipes.
La conséquence était que les pouvoirs du magistrat n'étaient pas re-
nouvelables à leur expiration. On alla même plus loin, et l'on admit
qu'un magistrat, sortant de charge, ne pourrait être forcé de remplir,
soit les mêmes fonctions, soit d'autres, avant un certain délai. Les Pandectes parlent d'un délai de deux ans pour les *legationes*. On trouve
aussi, dans le Code, des intervalles de trois et cinq ans (5). Quelques
fonctions même, comme la *defensio reipublicæ*, ne pouvaient être rem-

---

(1) L. 5, ff., *de vacat.*
(2) L. 14, § 1, eod.; L. 4, ff., *de muner.*; L. 1, § 1, ff., *de operib. publ.*
(3) L. 10, ff., *de muner.*; L. 10, § 4, ff., *de vacat.* A la règle : « Honorem sustinenti
munus imponi non potest », il était fait exception pour les décurions qui pouvaient être
nommés aux *munera*. Ils ne pouvaient refuser que les *sordida munera* (L. 17, § 7,
ff., *ad munic.*
(4) L. 17, § 4, ff., *ad munic.*
(5) L. 17, § 3, ff., eod.; L. 8, § 1, ff., *de legat.*; L. 2, C. *de muner. et honor.*

plies qu'une fois (1); mais toutes ces règles étaient susceptibles de restriction, en cas de pénurie de fonctionnaires (2).

§ 8. — Rôle, gestion et responsabilité des magistrats et fonctionnaires de la cité.

Nommés conformément aux règles qui viennent d'être exposées, les fonctionnaires étaient obligés d'accepter et de gérer les charges qui leur étaient déférées. C'était une dette dont la cité réclamait l'exact accomplissement et dont on ne pouvait se libérer par des équivalents (3). Chacun se renfermait dans la spécialité qui lui était confiée. Les duumvirs seuls, comme magistrats suprêmes et présidents de la curie, avaient une administration d'ensemble, par suite, des attributions plus générales et moins strictement définies.

En principe, les magistrats, comme les *curatores*, n'étaient chargés que de l'exécution des mesures ordonnées, au nom et dans l'intérêt de la cité, par les décrets du sénat local ; mais, sans qu'il fût nécessaire de faire intervenir à chaque instant l'autorité de la curie, la marche des choses était, pour les affaires courantes, tracée, soit par la loi municipale, soit par la coutume locale. Les fonctionnaires avaient donc, dans cette limite, une certaine initiative.

Qui dit initiative, dit responsabilité. Celle des administrateurs de la cité était étendue : « Magistratus reipublicæ, non dolum solum modo « sed et latam negligentiam et hoc amplius etiam diligentiam de- « bent », enseigne Ulpien (L. 6, *de adm. rerum*); et cette idée est appliquée dans maint passage des Pandectes. Ainsi, les curateurs procédant à une vente de biens sont punis de leur négligence *in simplum*, de leur dol *in duplum* (4). De même, un placement de fonds inconsidéré, le défaut de poursuites contre un débiteur devenu, par suite,

---

(1) L. 16, § 3, ff., *de muner.*
(2) Ibid. et L. 14, § 6, eod.
(3) Par exemple, en donnant de l'argent. L. 16 pr. ff., *de muner.*
(4) Il s'agit ici, ainsi que l'indique le mot *distrahere*, d'une vente de biens d'un débiteur, c'est-à-dire d'une exécution forcée; nous verrons, en effet, que l'aliénation des biens des cités excédait le mandat des magistrats.

peu solvable, lo retard à faire les rentrées; la location des biens de la cité, la concession d'une entreprise de travaux, faites sans les garanties légales, demeurent aux risques des agents municipaux (1).

A la fin de leur gestion, les administrateurs étaient tenus à rendre leurs comptes. Ils devaient justifier du capital des sommes qu'ils avaient ou à faire valoir, ainsi que des intérêts qu'elles avaient produits ou dû produire. Les comptes apurés, s'ils étaient reliquataires de quelque somme, ils en devaient les intérêts jusqu'au jour du payement, à moins qu'ils n'apportassent une excuse plausible de leur retard, ou que ce retard fût peu considérable. Toutefois, *humanitatis causa*, les sommes, auxquelles ils étaient condamnés pour dommages résultant de leur fait, ne portaient pas intérêt contre eux, si ce n'est au cas d'une collusion frauduleuse. Les comptes, d'après la table de Malaga, étaient rendus aux décurions ou à ceux à qui ils avaient commis, par décret, le soin de les recevoir (2). Le compte de gestion, une fois vérifié et apuré, ne pouvait être réformé contre le comptable que pendant vingt ans. Passé ce temps, il devenait inattaquable, sauf les erreurs de calcul pour lesquelles il n'y avait pas de prescription. Le délai était même réduit à dix ans lorsque, l'administrateur étant mort, ses héritiers succédaient à sa dette (3). L'obligation de rendre compte et la responsabilité de la gestion n'étaient point, en effet, attachées à la seule personne du magistrat; conformément aux principes ordinaires, elles frappaient ses héritiers après lui, sauf les peines, lesquelles étaient personnelles au coupable (4).

Un autre caractère de la responsabilité des magistrats et autres fonctionnaires, est qu'elle n'atteignait pas seulement celui qui avait la gestion; mais qu'elle s'étendait encore à d'autres personnes qui, soit expressément, soit tacitement, étaient tenues comme ses cautions. L'analogie avec la tutelle dont nous avons déjà rencontré quelques traces, se continue ici. Les tuteurs, en effet, au moins quand ils

---

(1) L. 9, §§ 1, 3, 4, 9; L. 3, § 1, ff., *de adm. rer.*; L. 38, § 2, ff., *ad munic.*

(2) Sur cette reddition de compte, L. 9 pr. et § 10, ff., *de adm. rer.*; L. 11 et 17, § 7, ff., *de usuris*; L. 21, § 1 et 21, ff., *ad munic.*, et la table de Malaga, LXVII.

(3) L. 13, § 1, ff., *de div. tempor. præscr.*; L. 8, ff., *de adm. rer.*

(4) L. 38, § 2, ff., *ad munic.*; L. 9, §§ 1 et 4, ff., *de adm. rer.*

étaient nommés sans enquête, étaient tenus à la *satisdatio*, et nous voyons que, de même, la nécessité du cautionnement était la règle générale pour les fonctionnaires municipaux (1).

Outre les fidéjusseurs qui promettaient expressément *salvam rempublicam fore*, on rencontre d'autres personnes qui étaient tenues par un cautionnement tacite. C'était, d'abord, le magistrat sortant de fonctions qui avait présenté son successeur aux suffrages de la curie. Mais le *nominator* n'obligeait par cette présentation que lui-même, et non les cautions de sa propre administration (2).

En second lieu, il y avait pour les magistrats une responsabilité collective qu'exprime la loi 25, ff., *ad municip.*, par ces mots : « Magis- « tratus municipales, cum unum magistratum administrent, etiam « unius hominis vicem sustinent », et la loi 11 (eod.) par ceux-ci : « Magistratuum officium individuum ac periculum esse commune. »

Entre ces diverses obligations accessoires, fondées sur l'idée d'un cautionnement exprès ou tacite, quel était l'ordre et l'étendue des responsabilités ? Voici, sur ce point, les règles que trace le Digeste. Chacun des magistrats répondait d'abord de son administration personnelle, ou bien ses fidéjusseurs exprès répondaient pour lui. Si l'administrateur et ses cautions étaient insolvables, le *nominator* devait être discuté, et ce n'était qu'à la dernière extrémité que l'on pouvait inquiéter le collègue. La raison que donne Papinien de cet ordre à suivre, c'est que du *nominator* et du *collega*, le premier est appelé à tenir sa parole, le second simplement à subir la peine de sa négligence (3).

Du reste, les magistrats soumis, à l'égard de la république, à cette garantie mutuelle, restaient, dans leurs rapports entre eux, responsables chacun de ses actes. Celui qui avait fait l'avance avait contre l'autre une action utile de gestion d'affaires (4).

---

(1) L. 38, § 6, ff., *ad munic.*; adde L. 9, § 7, *de adm. rer.*, qui reproduit pour la nomination des curateurs de la cité la distinction admise pour la tutelle (et la curatelle) entre la nomination *cum* ou *sine inquisitione*.

(2) L. 15, § 1, 17, §§ 14 et 15, ff., *ad munic.*

(3) L. 11 et 13, ff., *ad munic.*

(4) L. 2, §§ 9 et 10, ff., *de adm. rerum.*

La responsabilité collective n'était pas spéciale aux magistrats : les simples préposés à une même branche d'administration y étaient également soumis. Chacun des *curatores communis officii* était tenu pour le tout, sauf recours contre son codébiteur (1). Seulement il fallait distinguer si les fonctions leur avaient été confiées divisément ou conjointement. Si elles avaient été divisées entre eux, lors de leur nomination, il y avait, en quelque sorte, autant de petites administrations différentes que de personnes, et il semble que chacun dût être responsable uniquement de ses actes. Toutefois, dans ce cas encore, un *curator* pouvait être tenu du fait de son collègue, par une sorte de complicité, lorsqu'ayant eu les moyens d'empêcher l'acte qui était devenu la cause d'une réparation, il ne l'avait pas fait (2). Si maintenant la charge avait été confiée à plusieurs, conjointement, alors même que par une convention postérieure les préposés auraient réparti la gestion entre eux, leur responsabilité demeurait commune (3). C'était la même situation que celle qui était faite aux tuteurs, lorsque la tutelle était déférée à plusieurs en commun; avec une restriction cependant, car la loi 46, § 1, ff., *de adm. et peric. tut.*, nous avertit que la situation des tuteurs et de ceux qui administrent les affaires de la cité n'est pas identique. Voici quelle était, selon nous, la différence. Nous avons vu que, pour les *honores*, le *nominator* devait être discuté avant le *collega* : de même, lorsqu'un simple *munus* était confié à plusieurs, et que l'un d'eux était hors d'état d'acquitter la dette contractée par lui, dans sa gestion, à l'égard de la cité, la part de l'insolvable retombait d'abord sur celui qui l'avait investi de la charge et n'atteignait qu'en dernière ligne les cogérants. Au contraire, pour la tutelle, la règle était que les tuteurs devaient être discutés un à un avant d'arriver au magistrat qui avait déféré la tutelle (4). Aussi l'action contre le magistrat était-elle dite subsidiaire.

Nous devons reconnaître, cependant, que cette manière de voir s'écarte de celle de Cujas et de Pothier. L'un et l'autre sont d'accord

---

(1) L. 30, ff., *de neg. gest.*
(2) L. 9, § 8, ff., *de adm. rerum.*
(3) L. 3, cod. — V. aussi au Code le titre *Quo quisque ordine.*
(4) L. 5, ff., *de mag. conv.*

pour trouver une différence entre les *honores* et les *munera*, quant à
la responsabilité commune (1). Selon eux, lorsqu'il est question de
magistratures, le *nominator* doit être actionné avant le *collega* dans
tous les cas; au contraire, lorsqu'il s'agit d'une simple *curatio*, le
nominator ne doit être recherché avant le *collega*, que si la fonction a
été divisée par l'autorité qui en fait l'attribution. Si la charge a été
donnée conjointement, les curateurs doivent répondre l'un pour
l'autre avant que le *nominator* puisse être inquiété. Ils fondent cette
décision sur un texte du Code, la Constitution *quo quisque ordin.* de
Gordien, dans laquelle il est dit que lorsqu'un *munus* est imposé à
deux personnes *pro indiviso*, et que l'une se trouve insolvable : « manus
« ad nominatorem, priusquam utrique fuerint excussi, nulla ratione
« porrigi possunt; » et ils l'expliquent par cette raison, que les *cura-*
tores ejusdem officii sont des *correi debendi*, tandis que les magistrats,
les deux duumvirs, par exemple, ne sont pas *correi*. En effet, dit
Cujas, les magistrats ne sont pas soumis à une véritable solidarité ;
car, aux termes bien formels de la L. 45, ff., *de adm. et peric. tut.*,
s'ils sont solvables, *electio locum non habet*, et chacun doit répondre
de ses actes. Les *curatores*, au contraire, sont dans la situation des
tuteurs.

Mais il nous semble d'abord que l'exercice d'une véritable action
solidaire avec *electio*, n'est guère plus possible contre les *concuratores*
que contre les magistrats collègues : « Prior conveniendus est qui ges-
« sit », porte la loi 3, ff., *de adm. rer.*; et la loi 1, C. (*quo quisque*
ordine) n'est pas moins formelle : « Prius ejus bona qui admi-
« nistravit conveniuntur. »

En outre, le système de Cujas, qui tend à assimiler les *curatores*
ejusdem officii et les tuteurs, est combattu par la loi 46, § 1, ff., *de*
adm. et peric. tut., qui dit en propres termes : « Alia est causa tuto-
« rum, alia eorum qui reipublicæ negotia administrant ». Or, la
loi 46 s'occupe des curateurs et non des magistrats. Dans cette loi,
trois curateurs ont été chargés, par des magistrats, d'administrer des

---

(1) Cujas, in lib. II, *Quæstionum*, et lib. I, *Respons. Papiniani*; Pothier, Pandectes,
lib. L, tit. 8, tom. 3, p. 542.

biens entrés dans le domaine de la cité par un envoi en possession, à la suite du décès d'un débiteur. Nommés conjointement, ces curateurs, par un arrangement fait entre eux, se sont divisé l'administration. Puis, le fils impubère du débiteur ayant perdu, par l'envoi en possession, le droit de revenir sur son abstention, obtient cependant de la faveur impériale la restitution des biens paternels; mais l'un des curateurs est insolvable. Qui va souffrir de cette insolvabilité? Seront-ce les curateurs restés solvables, ou les magistrats qui les ont nommés? La raison de douter, c'est qu'à ces curateurs *individuum officium curæ a magistratibus injunctum est*. Cependant, Paul décide que les magistrats devront être préalablement actionnés pour la part de l'insolvable, parce que les *curatores* n'ont pas agi comme tuteurs de l'impubère, mais comme administrateurs de la cité, et que la position, dit-il, n'est pas la même pour les uns et pour les autres (1).

Il est vrai que, pour échapper à cette difficulté, Pothier présente l'explication suivante (2) : le jurisconsulte romain, selon lui, en opposant la situation des tuteurs à celle des administrateurs, aurait eu en vue, non les administrateurs municipaux en général, mais seulement les administrateurs municipaux dans l'espèce. Ceux-ci, croyant agir pour la cité, et ayant agi en réalité pour le compte d'un autre, n'auraient été que de simples gérants d'affaires, soumis, par conséquent, chacun à une responsabilité individuelle vis-à-vis du pupille, et nullement à la responsabilité solidaire qui les atteindrait, s'ils avaient à rendre compte à la cité. Mais il faut convenir que les termes de la loi ne se prêtent guère, par leur généralité, à cette restriction ingénieuse; car alors il eût suffi de dire : *Alia est causa tutorum, alia negotiorum gestorum.* En outre l'application, à ce cas, des règles de la gestion d'affaires peut souffrir quelque difficulté à cause de la loi 26, ff., *de negot. gest.*, où Modestin, invoquant expressément les principes de l'action *negotiorum gestorum*, décide, dans une espèce à peu près semblable à celle de la loi 46. ff., *de adm. et per. tut.*, que ni les cocurateurs,

---

(1) Cujas lui-même, in lib. ix, *Respons. Pauli*, le reconnaît et établit la différence de responsabilité entre les cocurateurs et cotuteurs des mineurs et pupilles et les cocurateurs des choses publiques.

(2) Pothier (Pandectes, lib. xxvii, tit. 8, tom. II, p. 242, n. 5).

ni le magistrat qui les a nommés, ne peuvent être atteints par l'insolvabilité de l'un des curateurs, et que c'est l'ayant droit à la restitution
qui seul doit en souffrir. Il semble qu'aux yeux de Modestin, tout ce
qui s'est passé entre la cité les magistrats et les curateurs soit *res
inter alios acta*, par rapport au maître de l'affaire, et que celui-ci n'ait
en face de lui, pour être actionnés, que trois gérants de fait responsables chacun pour sa part de gestion. Nous voilà bien loin de la responsabilité que la loi 46 impose au *nominator !*

Nous croyons, quant à nous, que si, pour l'explication de la loi 46,
il faut invoquer une gestion d'affaires, ce n'est qu'à la condition de
considérer comme gérante la cité elle-même, et non ceux qui n'ont
été que ses mandataires. La cité, en cette qualité, devra céder ses
actions contre ses préposés au maître de l'affaire, c'est-à-dire à l'impubère ; et celui-ci venant exercer les actions de la cité, il sera logique
de les lui donner telles que la cité elle-même eût pu les avoir . Voilà,
selon nous, le sens de la remarque : *alia est causa*, etc., difficilement
explicable, nous le répétons, dans le système de Cujas et de Pothier.

Reste toujours la loi 2 au Code *quo quisque ordine*, point de départ
de l'opinion que nous contestons ; mais elle ne contrarie point notre système, si on remarque l'hypothèse dans laquelle se place la constitution
de Gordien : « Quoties duobus pro indiviso munus injungitur *et ita ut*
« unusquisque eorum periculo *soliditatis* videatur obstrictus. » Ne peut-
on pas voir là une stipulation expresse de solidarité qui rendrait très-
logique la solution de Gordien ? Ce qui confirmerait encore, à notre
sens , cette explication, c'est la loi 3 (*eod. tit.*), qui vient immédiatement reproduire cette hypothèse pour le cas du magistrat collègue.
Elle suppose, en effet, des duumvirs nommés à la condition expresse
que *mutuo periculo teneantur*, et elle décide que, par dérogation à la
règle ordinaire, le *nominator* ne pourra être actionné qu'en dernier
lieu. Il y a, entre ces lois du Code, un rapprochement qui nous paraît
jeter une certaine lumière sur la question, si, du moins, on ne corrige
pas leur texte, comme Cujas est d'avis de le faire, en supprimant dans
la loi 3 les mots *hoc expresso* comme inutiles, et en substituant dans
la loi 2 *sodalitatis* à *soliditatis* (1).

_____

(1) Cujas, ad lib. xı *Codicis*.

Une sorte particulière de fidéjussion que les Pandectes développent longuement, est celle du père pour le fils (1). Le consentement donné par le père à l'exercice par son fils du décurionnat, d'une magistrature et généralement d'une charge de la cité, valait cautionnement. Le consentement s'induisait de ce que, présent à la nomination, le père n'avait pas contredit (2). D'un autre côté, il n'était pas besoin que l'opposition fût manifestée par un appel en règle ; il suffisait que le défaut de consentement fût établi par une déclaration consignée aux archives de la curie ou du président de la province, ou rendue certain d'une manière quelconque (3).

Quant à son étendue, l'engagement du père était modelé sur celui du fils. Toute dette, toute responsabilité encourue par celui-ci dans son administration, avait, de droit, la garantie du père. Ce dernier, en un mot, était réputé avoir promis, lui aussi, *rempublicam salvam fore* (4). Mais, bien que l'obligation accessoire du père fût assimilée ainsi à celle d'un fidéjusseur, elle nous paraît avoir été, en un point, traitée plus favorablement. En effet, la règle du droit romain que nous révèle, entre autres textes, une constitution d'Antonin (5), était que le créancier pouvait intenter son action d'abord contre le fidéjusseur sans avoir poursuivi le débiteur principal. Au contraire la loi 17, § 2, ff., *ad municip.*, montre que la cité doit commencer par agir contre le fils avant de poursuivre le père ; et un texte du Code met encore plus en relief cette différence avec la fidéjussion (6). A part ce point, les règles qui régissent ordinairement les *fidejussores* avaient leur application. C'est ainsi que l'obligation du père passait à ses héritiers ; mais elle ne leur était transmise, bien entendu, qu'avec l'étendue qu'elle avait lors de la mort du père. Ils ne succédaient pas à l'obligation d'être fidé-

---

(1) L. 7, *de adm. rerum.*
(2) L. 2, pr. ff., *ad munic.*
(3) L. 6, § 4, ff.; L. 7, § 3, ff., *de decur.*
(4) L. 2, §§ 1, 2, 3, 4 et 5, ff., *ad munic.*
(5) « Jure nostro, est potestas creditori, relicto reo, eligendi fidéjussores. » (L. 5, C., *de fidejuss.*).
(6) « ..... Tenentur quidem etiam heredes ejus reipublicæ, nam, in hac parte, vice fidéjussoris pater accipitur; sed *non ante, nisi tuis propriis rebus excussis.* » (L. 1, C. *de decur.*)

jusseurs du fils dans tous les degrés de la carrière des honneurs ou des charges où il était entré; ils cautionnaient ce que le père avait cautionné de son vivant; non ce qu'il eût cautionné s'il eût vécu. Peu importaient donc les charges dont le fils avait été investi postérieurement à la mort de son père : les héritiers de celui-ci n'étaient point garants (1).

C'était en effet contre le père seul qu'était créée cette présomption de garantie; les autres parents ou alliés, si proches qu'ils fussent, n'y étaient point soumis (2). Le père lui-même ne l'était qu'autant que le fils était *in potestate*, soit par un lien naturel et civil, soit par le lien purement civil de l'adoption. L'émancipation, en détruisant la puissance paternelle, faisait tomber la présomption, à moins qu'elle n'eût eu lieu précisément dans ce but et par fraude. Toutefois, il n'était pas rigoureusement nécessaire que le père fût *paterfamilias :* eût-il été lui-même en puissance, il était, quant à la garantie qu'il devait de la gestion de son fils, réputé investi de la puissance paternelle (3).

Ainsi étendue et multipliée, la responsabilité des fonctionnaires devait assurer la bonne administration de la cité. En outre, les magistrats paraissent avoir été tenus de lui donner un autre gage, celui-là non plus matériel, mais consistant dans un lien de conscience. Lors de leur entrée en fonctions, ils devaient prêter le serment solennel de prendre pour règle de leur administration les lois du municipe et l'intérêt commun de leurs concitoyens. Ce serment, dont la teneur nous est conservée par les tables de Malaga et de Salpensa (4), était limité aux devoirs des magistrats à l'égard de leur ville. Le nom de l'empereur n'y était prononcé que comme formule d'invocation religieuse. Pour ces magistrats municipaux, la ville était l'État tout entier.

Après avoir vu le rôle des autorités de la cité, nous avons à examiner son patrimoine.

(1) L. 21, § 2, ff., *ad munic.*; L. 15, ff., *de muner.*
(2) L. 3, §§ 7 et 8; L. 16, § 2, ff., *de muner.*
(3) L. 17, § 1, eod.; L. 21, § 3, ff., *ad munic.*; L. 38, § 4, eod.; L. 2, ff., *de muner.*
(4) Tab. de Salpensa, xxvi; Tab. de Malaga, lix.—Les deux documents ne diffèrent qu'en un point. Selon la table de Malaga, c'était avant même la proclamation du candidat que le serment devait être prêté. Selon celle de Salpensa, c'était seulement dans les cinq jours qui suivaient l'entrée en fonctions, et avant la première réunion des décurions.

CHAPITRE DEUXIÈME.

FORTUNE ET DROITS DES CITÉS.

La capacité pour la cité romaine d'avoir des droits, dans l'ordre privé, résulterait, à défaut de règles particulières, du principe contenu dans la L. 1, § 1, ff., *quod cujuscunque*, où nous lisons que toute corporation, fondée conformément aux lois, devient habile à se constituer un patrimoine. Mais, en outre, ce même titre des Pandectes contient des dispositions spéciales aux cités, desquelles résulte incontestablement, pour celles-ci, une existence juridique tout à fait indépendante de celle de leurs habitants (1) considérés *ut singuli*. D'ailleurs, les textes que nous rencontrerons, dans la suite de cette étude, ne peuvent laisser aucun doute. Nous ne croyons donc pas utile d'entreprendre une démonstration *a priori* sur ce point.

Comme les individus, la cité avait dans son patrimoine des droits de deux natures, droits réels et droits personnels. Nous suivrons cette division.

SECTION 1re.

Droits réels de la cité.

§ 1er. — Propriété.

Le patrimoine des cités, dans le sens le plus général, les *res universitatis* formaient deux classes : l'une, destinée à l'usage public des membres de la communauté et même des étrangers ; ainsi, les théâtres, les stades, à quoi l'on peut ajouter le *forum*, les rues, les aqueducs, etc. C'est à elle que s'applique le § 1er de la loi 6, ff., *de divis.*

---

(1) V. notamment L. 2, et L. 7, § 1, ff., *quod cujusc.*

rerum, reproduit aux Intitutes (1). Il y avait là une destination publique dont l'usage ne devait jamais être entravé, et, à cette fin, les magistrats des municipes exerçaient une surveillance active. Il s'y joignait même une protection d'un ordre plus élevé, relativement aux portes et aux murs des villes, tenus pour *res sanctæ* et régis par le droit applicable aux choses *divini juris* (2). Mais tout ce patrimoine de la cité a un caractère *sui generis* (3) ; renfermé dans l'enceinte, approprié et entretenu avec les ressources, soumis à la surveillance des magistrats de la cité, il semblerait que personne ne pût y prétendre un droit plus effectif que le sien ; et, cependant, le droit de la cité s'efface devant l'usage individuel auquel est impérieusement affecté ce patrimoine. Forcément laissé à la disposition de chacun, il ne reste, au regard de la personne collective, que comme objet d'un droit imparfait, bien différent du *dominium* ordinaire et qui, au travers de la servitude d'utilité publique, laisse à peine entrevoir quelques caractères du droit de propriété.

A l'autre espèce de *res universitatis* s'applique plus justement le nom de *bona*, auquel s'ajoute quelquefois la qualification de *publica* par extension du sens de ce mot (4). De ces choses on peut dire qu'elles étaient réellement *in patrimonio civitatis* ; car la cité pouvait en user, en tirer des produits, en régler le mode de jouissance et en modifier l'état ; tandis que chacun des habitants, pris individuellement, n'avait aucun droit ni à la chose, ni à ses produits, ni à son usage. C'est cette propriété privée du municipe, dont l'existence est clairement démontrée par la loi 6, § 1, ff., *de divis. rerum* (5), que nous voulons examiner.

Le domaine des villes pouvait, comme celui des particuliers, comprendre toute espèce de choses. Des bâtiments, des fonds de terre, l'infinie variété des objets mobiliers animés ou inanimés, depuis la somme d'argent jusqu'à l'esclave, tout cela était susceptible de propriété et d'autres droits réels au profit de la cité. Mais le signe exté-

---

(1) Liv. ii, tit. 1er, § 6.
(2) L. 2 et 3, ff., *ne quid in loco sacro.*
(3) L'usucapion ne l'atteignait pas, comme le montre la loi 0, ff., *de usurpat.*
(4) V. L. 15 et 17, ff., *de verb. signif.*
(5) « Nec servus communis civitatis singulorum pro parte intelligitur, sed universitatis. » Adde L. 1, § 2, et L. 8, ff., *quod cujusc.*

rieur de la propriété et son fondement naturel est la possession, et cette possession paraît avoir été, par la subtilité de certains jurisconsultes, refusée aux municipes. « Municipes per se nihil possidere possunt », dit Paul. D'autres procédaient par distinctions et voulaient reconnaître à la cité au moins la possession de ce dont ses esclaves avaient grossi leur pécule; mais on leur répondait avec quelque logique que la cité ne possédait même pas ses esclaves. Et le motif de cette argumentation sévère était que le consentement d'une cité ne pouvait être unanime : *quia municipes uni consentire non possunt* (1). Toutefois ce raisonnement ne parut point invincible. On admit un consentement présumé et l'on dit avec Ulpien : « Hoc jure utimur ut possidere municipes possint (2). »

Reconnaître la possession comme un des fondements de la propriété des cités, c'était leur découvrir une source féconde de moyens d'acquérir. En première ligne se place celui qui repose sur une mise en possession, la tradition. Ulpien (loc. cit.) en indique deux modes : « *per servum et per liberam personam.* » Les esclaves de la cité représentaient celle-ci, comme ils représentaient tout autre maître, pour acquérir. La tradition faite aux esclaves de la cité faisait donc entrer la chose livrée dans son domaine. D'un autre côté, le représentant libre du municipe, le magistrat ou plus généralement le fonctionnaire, qui, dans la gestion de la partie du patrimoine commun à lui affectée, agissait au nom de la cité, pouvait lui acquérir la possession, et, par suite, la propriété par tradition.

En second lieu, la possession prolongée pendant le temps voulu et accompagnée des conditions exigées par la loi, conduisait la cité à la propriété par l'usucapion, et cela pouvait arriver encore soit par le fait d'un esclave, soit par le fait d'un mandataire libre (3).

La tradition est un mode d'acquérir du droit des gens; l'usucapion, un mode d'acquérir du droit civil. A l'époque qui nous occupe, cette

---

(1) L. 1, § 22, ff., *de adq. possess.* Junge L. un., § 1. ff., *de libert. univers.*

(2) L. 2, ff., *de adq. possess.* Junge L. 7, § 3, *ad exhib.*, dans laquelle Ulpien, généralisant sa décision, l'applique aux *collegia* contre lesquels la même objection aurait pu être soulevée.

(3) L. 2, ff., *de adq. possess.*

distinction existait encore dans le droit romain. Les autres modes d'acquisition du droit civil, la *mancipatio*, la c.*sio in jure*, l'*adjudicatio* et la *lex*, s'appliquaient-ils aux biens des cités? Pour la mancipation faite par les esclaves, le § 87 du commentaire II de Gaïus
doit faire admettre l'affirmative (1); mais la rigueur des principes
doit faire rejeter la mancipation opérée par le mandataire de la cité.
Pour décider ainsi, nous n'invoquons pas seulement la règle absolue
posée par Gaïus : « *per extraneam-personam nihil adquiri* », mais
encore la jurisprudence adoucie, admise *utilitatis causa*, qui n'avait
dérogé à la règle que pour les modes d'acquérir dérivés de la possession (2). Quant à la *cessio in jure* application d'une action de la loi,
le principe que « *nemo alieno nomine lege agere potest* » (3), empê-
chait les cités, qui ne pouvaient agir sans représentant, de l'exercer
et d'en profiter, et, à la différence de la mancipation, l'entremise de
l'esclave n'eût produit ici aucun effet valable (4).

Le mode d'acquérir qu'Ulpien exprime par le mot : *lege* (5), se
réfère particulièrement aux legs. Mais, suivant en cela les Institutes,
nous ne parlerons du legs qu'après nous être occupé de l'hérédité.

Remarquons d'abord qu'à l'égard des successions *ab intestat*, il
semble qu'il ne puisse, à proprement parler, en être question,
puisque la cité, en qualité d'être de raison, ne peut avoir aucun lien
de parenté naturelle ou civile. Toutefois, il est fait mention dans une
lettre de Pline (6) de prétentions élevées par une ville à la succession
de ceux de ses citoyens qui décédaient *intestati*; mais ce n'eût été,
ainsi que le montre la lettre elle-même, qu'un privilége spécial accordé par l'empereur.

Un point sur lequel il y a plus de lumière est le droit de succession
des villes sur les biens de leurs esclaves affranchis. On refusa longtemps aux cités le droit d'affranchir leurs esclaves; mais lorsque

---

(1) Adde Ulp. reg., xix, 18.
(2) M. Ortolan (Instit., tom. 1, liv. ii, tit. 9).
(3) L. 123, ff., *de reg. juris.*
(4) Gaïus, Comment. ii, § 96.
(5) Ulp. reg., xix, 2.
(6) Lib. x, epist. 88.

Marc-Aurèle eut donné à tous les *collegia* la liberté d'affranchissement, la cité, si elle ne l'avait pas déjà obtenue, dut participer à
cette faveur (1), et la conséquence, pour la cité, fut son assimilation
au patron. Elle put alors venir *ab intestat* à la succession de ses affranchis (2), dans les mêmes cas où tout patron y serait venu, et, comme
lui, elle put avoir, soit la possession de biens *unde legitimi*, dans le
cas où il n'y avait pas de testament, soit celle *cont. a tabulas*, s'il y
avait un testament qui ne lui attribuait pas la moitié des biens (et sauf
le cas où l'affranchi laissait des héritiers siens ou des descendants à
eux assimilés par l'édit du préteur). Cependant, on avait essayé de
renouveler pour la *bonorum possessio* l'objection que Paul nous a
déjà indiquée : *municipes possidere non possunt*, mais Ulpien répond
que les cités ont des représentants qui peuvent demander pour elles la
bonorum possessio et leur en acquérir le bénéfice (3).

Quant aux successions testamentaires, on décida longtemps que les
cités appartenaient à la catégorie des personnes dites *incertaines*, et
que, pour cette raison, elles ne pouvaient être instituées héritières.
Ulpien développe cette idée, en disant que la masse des habitants ne
peut ni *cernere hereditatem*, ni *pro herede agere* (4). Mais on se dépar-
tit de cette rigueur, en premier lieu, pour les hérédités fidéicommis-
saires. On sait, en effet, que l'origine des fidéicommis, avait été précisément le besoin d'éluder des exclusions trop sévères. A l'égard des
hérédités laissées aux cités par fidéicommis un sénatus-consulte Apronien vint expressément valider ces institutions. La cité fut, dès lors,
conformément au sénatus-consulte Trébellien, appelée et soumise aux
actions héréditaires, lesquelles durent être dirigées par et contre l'*actor* nommé par elle (5). Un autre sénatus-consulte alla plus loin, en
décidant que l'institution aurait son plein et entier effet à l'égard des
cités, quand l'instituant serait leur affranchi (6). Et, avec le temps,

---

(1) L. 1, ff., *de manumis. quæ servis.*
(2) L. 2, ff., *de manumis. quæ servis*; L. un. pr., *de libert. univers.*; L. 3, § 6,
ff., *de suis et legit.*
(3) L. un., § 1, ff., *de libert. univers.*
(4) Ulpien reg., xxii, 5.
(5) L. 26 et 27 pr., ff., *ad s. c. Trebell.*; L. 26, ff., *de neg. gest.*
(6) Ulpien, reg. xxii, 5 ; L. un., § 1, *de libert. univers.*

on finit par reconnaître aux cités le droit de succession testamentaire dans toute son étendue, ainsi que le montre la loi 12, au Code, *de hered. instit.*, dont les termes n'indiquent pas une innovation.

Nous avons déjà dit que la cité pouvait demander la possession de biens. Lorsqu'elle invoquait ainsi la succession prétorienne, elle devait, selon la règle ordinaire, le faire dans certain délai, lequel courait du jour où elle avait été mise à même de prendre un parti (1).

En passant du général au particulier, de l'hérédité au legs, nous trouvons la même prohibition à l'origine : « legatum, nisi ad certam « personam deferatur, nullius est momenti (2). » Voilà le principe; mais sur ce point aussi la législation changea : « civitatibus omnibus « quæ sub imperio P. R. sunt legari potest » dit Ulpien (3). Ce changement et ceux que nous avons observés pour l'hérédité, se rapportent, sans aucun doute, à l'époque des premiers Antonins; mais sous le règne desquels eurent-ils lieu? C'est ce qui n'est point clairement établi. A l'égard du sénatus-consulte Apronien, on hésite entre Trajan, Adrien et Marc-Aurèle (4). Quant au droit donné aux cités d'acquérir par legs, Ulpien (*loc. cit.*) semble en attribuer à Nerva l'introduction ; mais une lettre de Pline (lib. V. 7) montre que le droit n'était pas encore fixé en ce sens de son temps. Un sénatus-consulte, qu'Ulpien attribue au règne d'Adrien, aurait été plus formel. Toutefois, Cujas croit devoir le reporter au règne de Marc-Aurèle, à cause de la loi 20 ff., *de rebus dubiis*, qui mentionne une autorisation générale donnée sous ce prince aux *collegia* de recevoir des legs. Mais, quoi qu'il en soit, le fait est certain; les cités purent acquérir par legs, et le droit fut même accordé à des fractions de cités et à de simples *vici* (5).

Toutes choses dans le commerce pouvaient être léguées; mais la réduction de la loi Falcidie frappait les cités comme tout autre légataire (6). Le legs pouvait être fait de différentes manières : il pouvait

---

(1) L. un., § 2, ff., *de libert. univers.*
(2) Paul Sent., iii, 6, § 13.
(3) Reg., xxiv, 28.
(4) V. Cujas, *ad Ulp. fragm.*, xxii; Pothier, Pand., lib. xxxvi, tit. 1, p. 655 ; Roth, n. 52.
(5) L. 32, § ult.; L. 73, § 1, ff., *de legat.* 1°.
(6) L. 4, ff., *de adm. rer.*

s'appliquer à une somme une fois payée ou à une série de prestations périodiques, *annua pecunia*. Dans ce dernier cas, c'était le legs *in singulos annos* que les jurisconsultes décomposaient ordinairement en un legs pur et simple et une série de legs conditionnels. Seulement, ici, les legs exigibles après la première échéance étaient plutôt soumis à des termes successifs de versement qu'à de véritables conditions, puisque les personnes morales ne meurent point. Aussi les jurisconsultes disaient-ils de ce legs qu'il était perpétuel (1). Mais alors comment en estimer la valeur lorsqu'il y avait lieu à l'application de la loi Falcidie? Paul nous donne sur ce point l'opinion de Marcellus (2). La prestation annuelle était considérée comme l'intérêt à 4 p. % du capital cherché; il fallait donc, pour trouver le capital sur lequel devait se calculer la réduction, multiplier la somme annuellement léguée par vingt-cinq.

Les modalités, qui d'ordinaire affectent les legs, pouvaient affecter les legs faits aux cités. Nous venons de le voir pour le terme : la loi 38, § 5, *de legat.* 3°, et la loi 97, ff, *de condit.*, le prouvent pour la condition. Quant au MODE proprement dit, il était fréquemment appliqué aux legs faits aux villes (3). Habituellement, le testateur, en faisant à son municipe un legs d'argent, déterminait l'usage auquel serait employée la somme léguée : « Sive in distributionem relinquatur, sive in opus, sive in alimenta vel in eruditionem puerorum, sive in quid aliud », lisons-nous dans la loi 117, *de legat.* 1°; et la loi 122 (eod.) distingue des legs *ad ornatum civitatis* et *ad honorem*. Ad ornatum, par exemple, pour construire un théâtre, un stade; *ad honorem*, par exemple, pour donner des chasses, des repas, des jeux, des spectacles. A cette dernière classe se rapportaient encore les legs qui avaient pour but de subvenir aux personnes *infirmæ œtatis*, les vieillards, les enfants. La volonté du testateur faisant loi, si l'exécution textuelle de ce qui était imposé n'avait pas lieu, la cité, qui avait indûment perçu les produits de la chose ou de la somme, sans supporter la dépense, devait les restituer (4). Mais il pouvait arriver que la charge imposée

---

(1) L. 0, L. 23, L. 24, ff., *de annuis legat.*
(2) L. 3, § 2, ff., *ad leg. Falcid.*
(3) L. 17, ff., *de usu et usuf.*; L. 21, § 3, *de annuis*; L. 1, ff., *de adm. rer.*
(4) L. 17, ff., *de usu et usuf.*

fût une chose illicite. En général, les conditions illicites dans les testaments étaient réputées non écrites ; mais, d'une autre part, le testateur n'ayant légué qu'à la charge qu'il fût fait quelque chose pour
honorer sa mémoire, il eût été inique que la cité gardât le legs et ne
fît rien, sous prétexte que le mode indiqué était illicite. Aussi Modestin enseigne-t-il qu'il faudra réunir les héritiers et les décurions,
afin qu'ils avisent à ce qu'il convient de faire, pour que la mémoire du
défunt soit honorée d'une autre manière (1). C'était un sage moyen de
concilier et le vœu de la loi et celui du testateur.

La volonté du défunt paraît avoir été moins respectée dans d'autres
cas. Un sénatus-consulte défendit d'appliquer à des chasses et à des
spectacles les sommes léguées à cet effet, recommandant de les employer à des choses plus utiles (2). L'abus de ces sortes de legs et l'intérêt de la cité avaient sans doute motivé cette dérogation. La dernière
considération explique aussi un rescrit d'Antonin le Pieux, dans lequel
il décide que les sommes léguées pour subvenir à de nouveaux ou-
vrages doivent être employées de préférence à l'entretien et réparation
de ceux qui existent, si d'ailleurs la cité est riche de constructions et
pauvre d'argent (3). Enfin, la loi 4 (*de adm. rer.*), supposant que la
réduction de la loi Falcidie vient frapper la somme léguée in *opus
faciendum* et la rend insuffisante pour l'accomplissement du vœu du
défunt, nous dit que la cité peut être autorisée à employer ce qui reste
de la somme à quelque autre ouvrage utile; et la même loi pose en
règle que l'autorisation du prince peut toujours changer la destination du legs. Il résulte de ces lois que la règle : *Quod ad certam
speciem relinquitur in alios usus convertere non licet* (L. 1, ff., *de
adm. rer.*), ne doit être entendue, à une certaine époque, que sous
réserve des droits de l'empereur.

Du legs *in opus*, dans lequel l'ouvrage n'était qu'un mode, se distingue le legs *in opere faciendo*, où l'ouvrage était l'objet même du

---

(1) L. 16, ff., *de usu et usuf.*
(2) L. 4 (*in fine*), ff., *de adm. rer.*
(3) L. 7 pr. ff., *de oper. publ.* Mais Paul ne l'admet pas (L. 5, § 2, ff., *de adm. rer.*),
du moins quand le testateur a formellement exprimé la volonté qu'un *opus novum* fût
exécuté.

legs. Ceux qui étaient chargés du legs devaient alors exécuter le travail (1). Sur cette espèce de legs, il est à remarquer que les jurisconsultes romains lui avaient reconnu un caractère d'indivisibilité. Cela résulte de la loi 11, §§ 23 et 24, ff., *de legat.* 3°. Chaque héritier était tenu *in solidum.* Si donc l'un d'eux n'exécutait pas, après qu'il avait été mis en demeure de le faire dans un certain délai, c'était à son cohéritier d'exécuter pour le tout, sauf recours pour sa part de dépense. La loi 80, § 1, ff., *ad leg. Falcid.*, dit la même chose : *Individuum videtur legatum.* L'ouvrage n'existe qu'autant qu'il est achevé ; il n'y a d'*opus* qu'autant qu'il y a *opus perfectum.* La cité légataire ne pouvait donc pas être contrainte à le recevoir pour partie. Mais de là une difficulté, s'il y avait lieu à réduction par application de la loi Falcidie. Gaïus indique le moyen suivant pour la trancher : on estimera le legs et la cité payera la partie de l'estimation qu'atteint la loi Falcidie. De cette manière, la cité gardait le legs entier. Ce n'était, du reste, qu'une application particulière d'un mode de procéder qui embrasse tous les cas où la réduction de la Falcidie doit frapper des choses indivisibles (2).

Quelquefois, au lieu d'être fait directement à la cité, le legs était fait à une tierce personne, à la charge d'exécuter quelque travail pour le municipe ou de lui remettre l'objet même du legs en tout ou en partie. Dans le premier cas, c'était un legs *sub modo* (3). Dans le second cas, c'était un fidéicommis. De même, en effet, que le municipe pouvait recevoir un fidéicommis universel, de même aussi il pouvait recevoir un fidéicommis particulier. C'est ce que nous lisons dans la loi 12, ff., *ut in posses. legat.* La cité pourra exiger du fiduciaire qu'il fournisse caution de la restitution : faute par celui-ci de le faire, la cité sera envoyée en possession en la personne de son *actor.* La *satisdatio* dont il s'agit ici est la stipulation prétorienne *legatorum* appliquée aux fidéicommis.

Nous arrivons au dernier mode d'acquérir, l'adjudication. La ques-

---

(1) L. 11, § ult., ff., *de legat.* 3°. Ils ne pouvaient se libérer en donnant à la cité la somme nécessaire pour faire exécuter ce travail.

(2) L. 1, § 9 ; L. 7 et 26, § 1 ff., *ad leg. Falcid.* ; L. 76 pr. *de legat.* 2° ; L. 5, § 1, *de doli mali exceptione.*

(3) L. 17, § 4, ff., *de condit.*

tion de savoir si elle recevait son application au patrimoine des cités revient à savoir si la cité pouvait se trouver dans l'indivision avec quelqu'un; car c'est l'indivision qui est le fondement des actions *familiæ erciscundæ et communi dividundo*, dans lesquelles le juge a le pouvoir d'attribuer la propriété par *adjudicatio*. Mais, du moment que l'on admit que les cités pouvaient acquérir par succession et par legs, l'état d'indivision dut naturellement se produire, et, avec lui, la nécessité d'un partage. Aussi la loi 9, ff., *quod cujusc.*, supposant une hérédité commune à une cité et à un tiers, leur donne-t-elle l'action *familiæ erciscundæ*. Si, au lieu d'une hérédité, nous supposons une chose commune, ce sera l'action *communi dividundo*. Enfin, la troisième action dans laquelle le juge a le pouvoir d'adjuger, l'action *finium regundorum* est donnée par la même loi 9 à la cité et contre elle.

Les cités avaient dans leur patrimoine non-seulement des choses corporelles, selon la division romaine (1), mais encore des choses incorporelles. Nous avons parlé de l'hérédité; parlons des démembrements de la propriété.

§ 2. — Servitudes prédiales.

Les héritages appartenant aux municipes pouvaient, comme tous autres, être grevés de servitudes. La cité, lorsqu'elle acquérait *per universitatem* prenait les biens avec leurs charges. En outre ceux qui lui étaient légués pouvaient ne l'être que sous condition de servitude. Enfin elle pouvait n'acquérir, même entre vifs, un immeuble, que grevé de servitude. En sens inverse, la cité avait des servitudes actives établies au profit de ses héritages sur ceux des voisins, soit qu'elle les trouvât établies dans l'universalité des biens auxquels elle succédait, soit qu'elle en reçût directement le bénéfice par un legs. De plus, il n'est pas douteux que les esclaves pouvaient acquérir des servitudes aux propriétés municipales (2). Ainsi une servitude était léguée à l'es-

---

(1) L. 1, § 1, ff., *de divis. rer.*
(2) L. 12, ff., *de servit.*

clave de la cité pour un fonds de son pécule; ou bien cet esclave l'aché-
tait ou moyen de la mancipation, s'il s'agissait d'une servitude rurale
et de fonds italiques. Nous n'insisterons pas davantage sur cette matière à laquelle nous ne voyons pas qu'il ait été apporté de règles particulières, ou égard au caractère de la cité.

§ 3. — Usufruit.

L'usufruit, comme la pleine propriété, entrait dans la fortune municipale. Les moyens d'acquérir étaient ceux du droit commun en matière d'usufruit, combinés avec les règles de la représentation de la cité
par ses esclaves et ses magistrats, règles que nous avons indiquées pour
la propriété; mais le moyen le plus usité était vraisemblablement le
legs. C'est du moins celui que supposent ordinairement les Pandectes,
en matière d'usufruit appartenant aux cités.

L'usufruit établi, quelle durée lui donnera-t-on? Ses modes d'extinction ordinaires, la mort, la *capitis deminutio* font ici défaut. C'est ce
qu'exprime Gaïus : « Periculum esse videbatur ne perpetuus fieret; quia
neque morte, neque facile capitis deminutione periturus est (1). Gre-
vée d'un usufruit perpétuel, la propriété fût demeurée sans utilité.
Aussi hésitait-on à valider cet usufruit et à le protéger par une action.
Néanmoins Gaïus nous apprend qu'on s'était arrêté au terme de cent ans,
comme correspondant à la durée la plus longue de la vie humaine (2).

La loi 68, ff., *ad leg. Falcid.*, paraît, à première vue, peu d'accord
avec cette décision. Le jurisconsulte Æmilius Macer semble, en effet,
limiter à trente ans la durée de l'usufruit établi en faveur d'une cité.
Mais la contradiction n'est qu'apparente, si on remarque que la loi
68 prévoit une hypothèse toute particulière. Il s'agit d'appliquer la
réduction de la loi Falcidie à des droits viagers. On s'occupe d'abord
de legs d'aliments et on calcule la durée du droit d'après des pré-
somptions tirées de l'âge du créancier. Passant ensuite à l'usu-

---

(1) L. 56, ff., *de usuf. et quemadm.*
(2) Ibid. et L. 8, *de usu et usuf.*

fruit, on se place, en premier lieu, dans l'hypothèse d'une *persona singularis*, d'un individu investi d'un droit d'usufruit, et voici le calcul qui est établi. Depuis la première enfance jusqu'à la trentième année, l'usufruit sera compté pour une durée de trente ans ; depuis la trentième année, il sera compté pour autant d'années qu'il en manque pour atteindre la soixantième, et le jurisconsulte conclut que le maximum de la durée présumée de l'usufruit, pour le calcul de la Falcidie, sera toujours trente ans. Puis il passe à l'hypothèse de la personne morale, de la cité qui, elle, n'a pas d'âge, et il est tout naturellement amené à lui appliquer le même chiffre de trente ans qu'il vient de prendre pour maximum. En effet, la personne morale, qui ne vieillit pas, est toujours *in prima ætate*. Comme pour l'enfant qui vient de naître, le maximum de la durée de sa vie est, quant aux droits viagers, de cent ans. Mais pour l'application de la loi Falcidie, le maximum de vie ne saurait jamais être évalué au-dessus de trente ans pour personne : on ne fera donc pas une règle à part pour les personnes morales ; seulement leur droit restera invariablement fixé à ce qui est le maximum de la durée de la vie humaine, *secundum subjectam materiam*. Que l'on dise maintenant que c'est là un calcul peu favorable à l'héritier qui, sans avoir en présence d'une cité les mêmes chances d'extinction qu'en présence d'un individu, ne peut opérer cependant qu'une réduction égale ; il en résultera uniquement que la décision de la loi 68 n'est pas à l'abri de tout reproche et que son assimilation (*sic denique...*) n'est pas rigoureusement exacte ; mais il n'en ressortira pas, et c'est là seulement ce que nous voulons établir, que cette loi ait fixé à trente ans la durée de l'usufruit légué à une cité.

Outre l'expiration des cent ans, l'usufruit légué aux municipes finissait encore, en cas de destruction complète de la ville, *quum aratrum in eam inducitur*. C'était une sorte de mort pour elle (1). Enfin, le non usage produisait ici son effet ordinaire et entraînait l'extinction du droit (2).

Nous passons à un autre ordre de choses incorporelles, les obli-

---

(1) L. 21, ff., *quibus modis ususfructus*.
(2) L. 66, § 7, *de legat.* 2°.

gations. Par là, nous sommes amené à étudier les créances et les dettes de la cité.

Droits personnels des cités.

Les obligations, en général, ont deux sources principales, les contrats et les délits, de chacune desquelles se rapproche une source analogue que l'on exprime en disant que les obligations naissent *quasi ex contractu, quasi ex delicto* (1).

§ 1er. — Contrats.

Pour acquérir le bénéfice d'un contrat, les cités étaient représentées, comme pour l'acquisition de la propriété, soit par leurs esclaves, soit par les divers fonctionnaires que nous avons indiqués plus haut.

1° CONTRATS RÉELS. — Elles étaient admises d'abord aux contrats qui se forment *re*. Le *mutuum* était un des moyens qui leur étaient ouverts pour tirer parti de leurs valeurs pécuniaires. Ce prêt pouvait, en effet, être fait avec clause d'intérêts, et même, en faveur des cités, on avait dérogé à la règle ordinaire : « Usuras nisi in stipulationem « deductas non deberi (2) ». C'est que, ainsi que nous le verrons, la stipulation n'était pas facilement praticable aux cités. Aussi, pour elles, un simple pacte équivalait à la stipulation d'intérêts (3).

Le gage accédait souvent aux prêts faits par les cités. Nous voyons même que c'était une règle imposée au curateur chargé de placer les fonds, de ne pas les prêter sans une constitution de gage ou d'hypothèque valables (4). Lorsqu'à cette condition, les sommes étaient *bene collocatæ* et qu'elles produisaient intérêts, les magistrats

---

(1) Gaius, Comment. III, § 88, conf., *Instit. Just.*
(2) L. 24, ff., *de præscript. verb.*
(3) L. 30, ff., *de usuris.*
(4) L. 33, § 1, ff., *de usuris.*

de la cité devaient s'abstenir de poursuivre, sans motifs, le débiteur pour la rentrée du capital. En effet, les fonds retirés, il eût fallu les placer de nouveau et les conditions n'eussent pas été meilleures. Mais, si le prêt était fait sans intérêts, le président de la province avait un droit de tutelle dans l'intérêt de la cité, et pouvait exiger le retrait ; on lui recommandait seulement d'user d'une sage modération : il ne fallait pas qu'une ardeur immodérée imposât aux débiteurs des vexations sans utilité pour la cité (1). Le bon choix des emprunteurs et la persistance de leur solvabilité étaient d'ailleurs aux risques des magistrats municipaux ; en ce sens du moins que ces derniers étaient responsables de l'insolvabilité résultant du défaut de poursuites (2).

Les mêmes contrats de *mutuum* et de *pignus* pouvaient opérer en sens contraire et donner à la cité le rôle inverse. Dans le prêt, elle pouvait être débitrice au lieu d'être créancière ; dans le gage, créancière au lieu d'être débitrice. La loi 27, ff., *de rebus creditis*, prouve que la cité avait le droit d'emprunter, et, dans ce cas, le gage pouvait garantir son obligation, comme nous venons de voir que, dans le prêt, il garantissait sa créance. C'est ce qui résulte de la loi 11, ff., *de pignor*. La cité, après le remboursement, avait alors l'action *pigneritia directa*, pour se faire restituer son gage.

Mais la loi 27, ff., *de rebus creditis*, n'exprime pas simplement que la cité pouvait être obligée par *mutuum*, elle ajoute cette restriction importante : « Si ad utilitatem ejus pecuniæ versæ sint, alioquin « ipsi soli qui contraxerunt, tenebuntur ». La cité n'était obligée qu'autant qu'elle avait profité ; elle était tenue *quatenus locupletior*. L'explication de cette loi a été l'objet d'une dissertation étendue de Donneau (3). Il commence par mettre hors de doute que la loi 27 ne doit s'entendre que du cas où le *mutuum* a été fait à l'*actor municipum* agissant pour la cité, et non à la cité elle-même. Il pense, avec Barthole, que, si la cité avait agi elle-même, c'est-à-dire, si ses habitants s'étaient rassemblés pour décider qu'il serait fait tel emprunt, et

---

(1) L. 33, pr. ff., *de usuris*.
(2) L. 35, ff., *de rebus creditis*.
(3) Hugonis Donelli, Comment. *ad legem civitas*, ff., *de reb. cred.*

s'ils avaient donné mandat spécial à l'*actor* de le recevoir, elle serait soumise à toutes les conséquences du contrat. Et nous croyons qu'il faudrait décider de même si la curie réunie avait voté cet emprunt et chargé un magistrat d'y pourvoir ; car, au temps où le peuple ne se réunissait plus, les décisions de la curie durent sans doute être considérées comme émanant de lui. C'est en ce sens qu'on pourrait dire avec vérité : « Municipes intelliguntur scire quod sciant hi quibus « summa reipublicæ commissa est ». (1) Donneau ajoute que la cité ne pourrait même, dans cette hypothèse, se prévaloir de la *restitutio in integrum* qui lui est accordée dans quelques cas ; car cette faveur n'est concédée qu'aux incapables, et l'incapable est celui *qui regitur ab aliis*, et non celui *qui aliis legem imponit*. Puis, abordant l'espèce même de la loi 27, il démontre, par une assimilation avec les pupilles et les mineurs, que les emprunts faits par l'*actor* n'obligent en réalité la cité que jusqu'à concurrence de ce dont elle a profité; et que, si elle n'est pas tenue au delà, ce n'est pas par le bénéfice d'une *restitutio in integrum*, mais *ipso jure*, et par une conséquence de la nature du mandat donné à ses magistrats. Ceux-ci, en effet, ont reçu le pouvoir général d'agir pour le plus grand avantage de la cité, de l'enrichir, non de l'appauvrir. Tout acte de mauvaise gestion les soumet à une sévère responsabilité. Si donc, pour revenir à notre espèce, l'emprunt a été fait mal à propos, si les fonds en provenant ont été mal employés, si, en un mot, l'opération n'a pas été conduite de manière à profiter à la cité, l'administrateur aura excédé ses pouvoirs, et la cité ne saurait être tenue par ses actes. Les tiers n'auront d'autre ressource que celle d'agir contre celui qui a contracté avec eux.

Mais, se demande Donneau, à quel titre ce dernier sera-t-il tenu ? Sera-ce par la *condictio ex mutuo*, ou par une autre action ? Et il décide qu'ils ne peuvent être tenus *mutui datione* parce qu'ils n'ont pas contracté en leur nom, mais au nom de la cité. Celui qui leur a versé l'argent a voulu le verser à la cité, et pour l'usage de la cité. Si, par le fait de l'*actor*, la somme a été détournée de cet usage, le prêteur ne peut avoir contre cet *actor* d'autre ressource qu'une *condictio causa*

_____

(1) L. 14, ff., *ad munic.*

data, causa non secuta. C'est ainsi que, suivant Donneau, celui qui, se présentant comme magistrat municipal, aurait mensongèrement contracté un emprunt pour le compte de la cité, serait soumis à la *condictio causa data.* Mais d'autres commentateurs ne suivaient pas, sur la nature de l'action donnée contre celui qui avait contracté au nom de la cité, la même opinion. Et nous comprenons, pour notre compte, qu'en s'isolant de nos idées actuelles sur le mandat, et en se reportant aux principes romains, d'après lesquels l'action du tiers contre le mandant n'était admise que *utilitatis ratione,* et l'action directe, au contraire, donnée *ipso jure* aux tiers contre le mandataire contractant, on puisse penser que l'action à laquelle la loi 27 fait allusion par ces mots : « Alioquin ipsi soli qui contraxerunt tenebuntur. » était la *condictio directa* dérivant du *mutuum.* Il était en effet assez naturel, du moment que l'on admettait que l'action utile était refusée contre la cité, parce qu'il y avait eu de la part de ses représentants un excès de pouvoir, de s'en tenir aux principes vrais du mandat, qu'il n'y avait plus de motifs pour modifier, et de donner purement et simplement contre ces représentants l'action directe du contrat qu'ils avaient fait.

Quoi qu'il en soit, Donneau admet que pratiquement le créancier devra commencer par diriger son action contre le curateur qui a fait l'emprunt, et que, faute par celui-ci de prouver que la cité a tiré avantage du contrat, la condamnation devra le frapper.

Il faut admettre aussi que l'action, ainsi donnée contre les administrateurs, l'étant en vertu d'une obligation qui leur était personnelle, ne cessait pas de pouvoir les atteindre lorsqu'ils étaient sortis de charge.

Quant à la question de savoir dans quels cas la cité avait profité, il fallait suivre les règles ordinaires de l'action *de in rem verso.* Ce que voulait la loi, c'était que toutes diligences eussent été faites pour que la cité tirât avantage du contrat. Les cas, tout à fait fortuits, qui empêchaient l'avantage de se réaliser ou de se continuer ne pouvaient retomber sur les représentants de la cité. En un mot, toutes les fois que l'administrateur, s'il avait payé, eût pu recourir contre la cité, celle-ci pouvait, et jusqu'à concurrence de la même somme, être poursuivie útilement (1) par les tiers. Nous croyons du reste, avec Pothier, que l'avantage, pour la cité, de n'être tenue que *de in rem verso* est une règle qu'il faut étendre à tous les contrats faits par ses magistrats (2).

A l'égard des contrats formés re par les esclaves de la cité, on suivait la règle générale. La cité acquérait par son esclave le bénéfice du contrat. Si, au contraire, l'esclave avait contracté une obligation, la cité ne pouvait être atteinte que par les actions prétoriennes, *quod jussu, institoria, exercitoria, de peculio*; et même, comme ces actions étaient la conséquence d'un ordre donné, non par elle-même, mais par ses magistrats, la cité n'était encore tenue que *quatenus locupletior*. Pour tout ce qui ne lui avait pas profité, c'était le magistrat qui était obligé. C'est ce qu'on peut conclure tant de la nature du mandat des administrateurs de la cité, que de la loi 4, ff., *quod jussu*, qui prévoit précisément notre espèce et décide que c'est contre l'administrateur que sera donnée l'action *quod jussu*, « *cum eo agi posse.* » Seulement, si le prêt, en définitive, a profité à la cité, de manière que l'administrateur, s'il payait, aurait son recours contre elle, elle sera soumise à l'action *quod jussu*, jusqu'à concurrence de ce dont elle a profité. C'est ce que décide la loi 2, ff., *quod jussu* pour les conséquences, quant au pupille, de l'ordre donné à son esclave par le tuteur (3). Relativement à l'action tributoire, comme elle suppose un fait de dol, et que le dol doit rester personnel à son auteur, elle frappera l'administrateur et non la cité; mais celle-là sera encore tenue si elle a profité. Ainsi le décide la loi 3, § 1, ff., *de trib. act.* pour le pupille.

Une classe de contrats se rattachant aux contrats réels, parce qu'ils ne se forment que par la dation d'une chose, les contrats innommés qui donnaient lieu à l'action *præscriptis verbis*, pouvaient aussi, sans aucun doute, modifier la fortune des cités. L'échange, en première ligne, devait être pratiqué.

II. CONTRATS VERBIS.— Arrivons aux contrats *verbis*. Il y a quelque difficulté à reconnaître aux cités la pleine capacité de contracter *verbis*.

---

(1) L. 3, § 1, 2, 5, 7, 8, ff., *de in rem verso.*
(2) Pandect., lib. 1, tit. viii, t. 3, p. 539.
(3) Junge L. 20, § 1, *de in rem verso.*

C'était, en effet, à propos du contrat *verbis* et à cause de ses formes solennelles, qu'on avait admis le principe : « *Alii stipulari nemo potest.* » A la vérité, pour les stipulations des esclaves, on avait à opposer que l'esclave tirait sa capacité de son maître ; le maître, en quelque sorte, parlait par sa voix. Aussi voyons-nous les stipulations des esclaves de la cité formellement validées par la loi 3, ff., *de stipulat. serv.* La cité obtenait ainsi l'action résultant de la stipulation. Mais pour le représentant libre, administrateur de la cité, on ne pouvait rien dire de semblable. Cet administrateur était, par rapport à la cité, à peu près dans la situation du tuteur d'un pupille *infans ;* et ce tuteur, parfaitement habile à opérer pour le pupille dans les actes du droit des gens, ne l'était pas pour accomplir ceux qui exigeaient des solennités civiles. Or la stipulation était de ce nombre. Il est donc permis de croire qu'elle n'était pas ouverte aux administrateurs des cités. Quant au rôle passif de la stipulation, la cité ne pouvait y être admise, car la promesse sur stipulation des esclaves était toujours nulle, et les magistrats ne pouvaient pas plus l'engager par cette forme solennelle qu'ils ne pouvaient lui en acquérir le bénéfice.

III.—CONTRATS CONSENSUELS.—Quoique la vente n'eût pas, en droit romain, l'effet direct de transporter la propriété, et qu'elle n'entraînât même point l'obligation de le faire ; cependant, comme son résultat final était ordinairement cette translation, nous croyons que c'est ici le lieu de remarquer que les biens des cités étaient frappés d'inaliénabilité. Les Pandectes ne formulent pas cette règle ; mais leur silence suffit pour faire décider que les magistrats ne pouvaient avoir le droit d'aliéner, droit qui n'est point compris dans un mandat général. Il est vrai qu'il ne suit pas de là que la cité, par un décret de la curie, ne pût vendre ses biens. Toutefois, la constitution 3 au Code *de vend. reb. civit.*, permettant les ventes, à cette condition, pour l'avenir, semble indiquer une innovation, et de graves autorités se sont prononcées en ce sens (1). Mais remarquons qu'en admettant même la prohition d'aliéner, il ne faut pas l'étendre outre mesure. Il y a des ventes qui ne sont que des actes de pure administration, et qui, à ce titre, rentraient dans les pouvoirs des magistrats de la cité.

___

(1) Pothier, Pand., lib. L., tit. vIII, p. 537, n. 1; Roth., p. 134, n. 335.

La vente d'un fonds de terre, d'une maison, par un *curator prœ-diorum*, par exemple, n'étant point valable, il en résultait que, si elle avait été faite, les magistrats devaient s'appliquer à faire rentrer les objets vendus en la possession de la cité; et, comme ils exerçaient une action en revendication, ils pouvaient agir contre tout possesseur, même de bonne foi, sauf le recours de ce dernier contre son vendeur (1).

Mais si les magistrats de la cité ne pouvaient vendre les choses de son patrimoine, ils étaient, sans difficulté, admis à vendre, en cas de non payement, les objets qui lui étaient donnés en gage. A la différence de ce qui avait lieu pour les biens du fisc, on n'admettait pas de surenchère sur les ventes faites par les cités (2), sauf les priviléges accordés à quelques villes.

La cité achetait, par l'intermédiaire de ses administrateurs. L'action *empti* se donnait contre elle, et le contrat de vente avait ses effets à son égard comme à l'égard de tout autre acheteur. Lorsque la vente était parfaite, les risques étaient à sa charge (3).

Le louage demande quelques détails. Il était le moyen, pour les municipes, de tirer parti de leurs immeubles. Cependant il est question, surtout au Code, de terrains abandonnés en jouissance aux habitants, *de pascua publica*. En ce qui touche les locations, elles étaient faites quelquefois dans les conditions du droit commun, c'est-à-dire, pour un temps limité, pour cinq ans, par exemple (4). Ces locations devaient être garanties par des cautions.

Mais un autre usage, celui des baux perpétuels, se substitua à ces locations, et nous est attesté par le tit. iii du liv. vi du Digeste. Les

---

(1) L. 0, § 2, ff., *de adm. rer.* A la prohibition d'aliéner, nous savons qu'il fut fait dérogation pour l'affranchissement des esclaves. La loi 3 au Cod. *de servis reip.* attribue cette innovation à une loi *rectibulici* étendue de Rome aux provinces par un sénatus-consulte postérieur. Mais Cujas (Parat. in lib. vii, Cod., tit. 0) fait remarquer que cette loi compléta seulement le droit d'affranchir qu'avaient les villes. Auparavant elles ne pouvaient que mettre leurs esclaves *in libertate* ou en faire des Latins Juniens; désormais elles purent les faire citoyens romains.

(2) L. 1, Cod. *de vend. reb. civil.*, L. 21, § 7, ff., *ad munic.*

(3) L. 2, § 0, *de adm. rer.*

(4) L. 3, § 1, ff., *de adm. rer.*

fonds des cités étaient dits *vectigales* ou *non vectigales*, suivant la nature du bail. Les premiers étaient ceux qui étaient loués *in perpetuum*; les autres faisaient l'objet de locations ordinaires. A l'égard de la location *in perpetuum*, nous voyons signalé dans Gaïus (1) le caractère mixte de ce contrat, qui paraissait procéder de la vente et du louage. En effet, il obligeait le preneur à payer une redevance, dite *vectigal*, et c'était la loi du contrat qu'aussi longtemps que la redevance serait payée, le fonds ne pourrait lui être enlevé. Cette perpétuité était bien un caractère de la vente ; mais, d'un autre côté, le payement de la redevance était subordonné à la jouissance, ce qui mettait les risques à la charge du bailleur, comme dans le louage. Aussi disputait-on sur la nature de ce contrat. Sans doute la dernière considération l'avait emporté, car Gaïus nous apprend que, de son temps, on décidait préférablement dans le sens du louage. Ce qu'il y avait de mieux à dire, c'est que ce contrat était *sui generis*. Plus tard, on le reconnut, et, avant même que la législation eût érigé en contrat particulier la *locatio in perpetuum*, l'usage lui avait donné un nom, celui d'emphytéose. Il est possible que ce nom ne soit contemporain que de la translation de l'empire à Constantinople, et qu'il faille expliquer par une interpolation sa présence au Digeste. Mais, ce qui paraît bien certain, c'est que la *locatio in perpetuum*, appelée aussi dans d'autres textes *jus perpetuum et jus privatum salvo canone*, est l'origine de ce contrat, qui, sous le nom d'emphytéose, reçut de Zénon sa réglementation et sa place dans le droit (2).

Les preneurs des *agri vectigales* avaient plus qu'une créance de jouissance ; ils avaient un droit réel, « quamvis non efficiantur do-« mini, tamen placuit competere eis in rem actionem (3). » Sans recourir à la cité propriétaire, ils pouvaient défendre leur droit au moyen d'une action utile ; bien plus, ils pouvaient exercer cette action contre la cité elle-même, si elle était tentée de méconnaître leur droit. Celui-ci durait tant que le concessionnaire payait exactement la redevance ;

---

(1) Comment., III, 145.

(2) M. Troplong, *du Louage*, ch. 1er ; Pothier, Pand., lib., XIX, tit. 2, *append.*, c. 2, p. 600, n. 1.

(3) L. 1, § 1, ff. *si ager vectig.*; L. 12, § 2, *de publ. in rem.*

il ne s'éteignait pas avec lui, mais il passait à ses héritiers (1). L'étendue du droit du *conductor agri vectigalis* allait-elle jusqu'à lui permettre de le transférer entre vifs? Nous trouverons plus tard cette question agitée. Mais, dès l'époque qui nous occupe, nous voyons dans la loi 71, §§ 5 et 6 *de Legat.* 1°, que le concessionnaire pouvait léguer son droit. Deux hypothèses sont prévues. Dans la première, le *conductor* le lègue à la cité elle-même, et, quoique la cité soit demeurée propriétaire, Julien voit dans ce legs le retour au *dominium* d'un de ses démembrements, ce qui rend le legs utile; dans la seconde, la tenure vectigalienne est léguée à une personne autre que le municipe, et l'effet du legs est de lui transmettre la même étendue de droit qu'avait le testateur.

Enfin, ajoutons que l'*ager vectigalis* était valablement hypothéqué par le concessionnaire (2).

La *locatio in perpetuum* recevait son application, non-seulement aux héritages ruraux, mais encore aux héritages urbains. Il est fait mention d'*œdes vectigales*, notamment à l'occasion de la caution *damni infecti* (3). Les bâtiments appartenant aux municipes étaient, en effet, frappés par la mesure de sûreté générale qui avait fait établir cette garantie; mais il fallait distinguer, sur l'effet de l'envoi en possession, le cas où la caution *damni infecti* était demandée à la cité propriétaire, et celui où elle l'était au *conductor agri vectigalis*. Dans le premier cas, il n'était point dérogé aux règles ordinaires : le premier envoi en possession, sur le refus de fournir caution, était une mesure provisoire, tandis que le second envoi transportait la possession avec ses effets légaux. Mais, si la caution était demandée à celui qui n'avait que le droit vectigalien, le second envoi en possession ne pouvait avoir pour effet de transférer une propriété, même en germe; il ne donnait à l'envoyé que le droit appartenant au *conductor agri vectigalis*, et l'action *in rem* qui y était attachée.

Une dernière remarque à faire sur ce sujet, est que les décurions ne pouvaient prendre à ferme les biens de la cité, ni directement, ni par

---

(1) L. 1 pr. et L. 2, ff., *si ager vectig.*
(2) L. 31, ff., *de pign.*; L. 16, § 2, ff., *de pig. act.*
(3) L. 15, §§ 26 et 27, *de damn. inf.*

personnes interposées; mais, un décurion venait-il à succéder à un *conductor*, il lui était permis de continuer à exercer son droit (1).

Le contrat de louage pouvait faire de la cité un *conductor* au lieu d'un *locator*. C'est ce que prouve la loi 30, § 1, ff., *Locati*, qui montre un édile prenant en location des bains, pour le compte de la cité, afin que les habitants en aient l'usage gratuit. La même loi montre l'application faite à la cité de cette règle ordinaire du louage, que la *merces* est due proportionnellement au temps de la jouissance qui a été effectivement donnée.

Une autre face du contrat de louage est la *locatio operis*. La cité faisait exécuter des *opera publica*, pour lesquels elle traitait avec des entrepreneurs : c'était un *curator operum* qui servait d'intermédiaire entre la cité et ceux-ci; il était tenu d'exiger d'eux caution sous sa responsabilité (2).

IV. PACTES. — Parmi les pactes munis d'actions par le droit prétorien, on trouve l'application du pacte de constitut aux cités. La loi 5, ff., *de pecun. constit.*, § 7, 8 et 9, suppose un pacte *constitutæ pecuniæ* intervenu entre un débiteur de la cité ou son *intercessor* et l'*actor municipum*. Elle décide que le constituant sera tenu envers cet *actor* directement, mais qu'on donnera à la cité une action utile. Si nous avons admis une solution différente pour la stipulation, c'est que la stipulation était soumise aux règles rigoureuses du droit civil, tandis que le constitut, d'origine prétorienne, admettait les tempéraments du droit honoraire. Ce même pacte pouvait, sans difficulté, être fait par l'esclave de la cité, et alors l'action appartenait directement à celle-ci (§ 10, *eod.*).

Enfin, les simples pactes insérés dans les contrats produisaient leur effet ordinaire, comme le montre la loi 2, § 13, ff., *de adm. rer.* (3).

V. POLLICITATION. — Nous venons d'examiner quelle était l'application aux cités des règles du droit commun en matière d'obligations formées par contrats. Or, le contrat suppose l'accord de deux volontés.

---

(1) L. 2, § 1, ff., *de adm. rer.*; L. 4, ff., *de decur.*
(2) L. 2, § 1, ff., *de oper. publ.*; L. 9. § 3, ff., *de adm. rer.*
(3) Adde L. 58, § 2, ff., *locat. cond.*

Mais on avait admis, pour les cités, une disposition de faveur : la simple pollicitation obligeait envers elles. La pollicitation, c'est-à-dire, l'offre simple, sans qu'il fût besoin d'acceptation, avait cet effet lorsqu'il s'agissait d'un ouvrage promis et commencé « cœptum opus ». Quelquefois même, elle l'avait sans qu'il y eût commencement d'exécution ; mais il fallait au moins que la promesse eût une juste cause. La cause sur laquelle insistent le plus les fragments du titre de pollicitationibus, au Digeste, est exprimée par ces mots : ob honorem decretum vel decernendum, c'est-à-dire pour l'obtention d'une dignité. Mais ce n'est pas la seule. Un incendie, un tremblement de terre, un désastre en général, qui atteignait la cité, pouvait motiver une pollicitation et la rendre obligatoire. Il semble résulter de la loi 5, de pollicit., qu'il fallait que la pollicitation fût faite inter præsentes, et que, faite per epistolam, elle n'eût pas été valable (1). Pour le cas de cœptum opus, que nous avons indiqué le premier, on était moins sévère ; on ne recherchait pas si la promesse avait une cause : le seul point qui importât était celui-ci : y avait-il ou non commencement d'exécution ? On se montrait même assez facile dans l'interprétation : un acte préliminaire de l'exécution, de simples préparatifs suffisaient. La loi 1, § 4, de pollicit., va jusqu'à décider qu'un commencement d'exécution fait, non par le promettant, mais par la ville, en considération de la somme promise, rendrait obligatoire le versement de cette somme.

Dans ces divers cas, la conséquence de la force obligatoire reconnue à la pollicitation était que, si quelque objet avait été remis à la cité en exécution de la promesse, celle-ci ne pouvait être inquiétée par une revendication. Loin de là, elle était investie des actions réelles relatives à l'objet reçu.

L'exécution de la pollicitation était rigoureusement poursuivie ; c'était la chose promise qui devait être faite ou livrée : on n'admettait point d'équivalents. Cependant la loi 14 (dict. tit.) donnait aux héritiers de celui qui avait promis et commencé un travail la faculté de se décharger de l'exécution, en abandonnant une certaine part des biens trouvés dans la succession. Cette part, qui était du cinquième pour les

___

(1) Cujas, Observat., xxvi, 10.

héritiers externes, se réduisait au dixième si les héritiers étaient au nombre des enfants du promettant. En outre, le promettant lui-même, s'il était devenu pauvre, pouvait se libérer en faisant l'abandon du cinquième de ses biens. Mais ces dispositions favorables ne s'appliquaient jamais à la pollicitation faite *honoris causa.* C'était une dette sacrée qui devait être acquittée sans changement ni diminution.

Il fallait enfin que la pollicitation reçût sans retard son exécution ; la demeure faisait courir les intérêts (1).

Quant à l'obligation *quasi ex contractu,* comme l'obligation naît ici sans volonté exprimée de s'obliger, la nature abstraite de la personne morale n'est pas un obstacle à ce qu'elle soit dans la condition de toute autre personne. Ainsi, la cité pouvait se trouver obligée par une gestion d'affaires, par l'état d'indivision (2), par le payement de l'indû.

§ 2. — Délits.

Nous avons à examiner la seconde source d'obligations : les délits.

On s'obligeait envers les villes par délits. Le vol des deniers des cités avait un caractère particulier. Par une extension de la loi *Julia peculatûs,* on lui avait appliqué la qualification de péculat, d'où il suit qu'il y avait ouverture à une accusation publique contre les voleurs (3). Ce *judicium publicum* entraînait la mort contre les magistrats et leurs complices, la déportation contre les personnes étrangères aux magistratures ; mais sans préjudice de l'action *furti* dont l'objet était tout pécuniaire et que la loi 81, ff., *de furtis,* attribue expressément à la cité. Remarquons cependant que cette dernière loi, en lui donnant l'action *furti,* semble lui refuser le *crimen peculatus.* Mais l'autorité de quelques commentateurs permet de voir, dans la loi 81, une altération de texte (4).

---

(1) Sur tous ces points V. le tit. 12 du liv. L, au Digeste.
(2) L. 9, ff., *quod cujusc.*
(3) L. 4, § 7, ff., *ad leg. Jul. pec.*
(4) V. Pothier, Pand., lib. XLVIII, tit. 13; tom. III, p. 421, n. 6.

Quant aux obligations *quasi ex delicto*, soumises à une action *in factum*, il est vraisemblable qu'il en existait dont le bénéfice pouvait appartenir aux municipes, par exemple si le juge avait fait sien le procès de la cité. On peut aussi ajouter certaines actions populaires dont parlent les tables de Malaga et de Salpensa (1). Plus généralement, nous rapporterons à cet ordre d'idées la sanction des règlements des édiles. Ceux-ci, avons-nous dit en général, avaient la police de la ville : c'est ainsi que la voirie était dans leurs attributions, comme le montre la loi 2, § 24, ff., *ne quid in loco publ.* Le titre 10 du livre XLIII donne plus de détails. Il montre les édiles surveillant le nivellement des rues, l'écoulement des eaux, la solidité des murailles des maisons ; en un mot, protégeant la liberté et la sûreté de la circulation. En outre, ces magistrats avaient la police des marchés et la surveillance des poids et mesures (2). Sur tous ces objets de leurs attributions, les édiles faisaient respecter leurs règlements par des amendes.

La question devient plus intéressante, quand on se demande si la cité pouvait être obligée *ex delicto.* De nombreux textes nous montrent les magistrats responsables envers les tiers des méfaits qu'ils ont commis dans l'exercice de leurs fonctions (3). Mais ce qu'il importe de savoir, c'est si la cité elle-même était soumise à une responsabilité. Nous avons vu que la cité obéissait à la règle qu'on ne peut s'enrichir aux dépens d'autrui. Il n'est donc pas douteux qu'elle ne fût responsable des actes illicites de ses représentants, en tant qu'ils lui étaient profitables. Mais faut-il aller plus loin et la déclarer responsable du dommage dans toute son étendue, qu'elle en ait ou non tiré avantage ? Si nous supposons le dommage causé par ses esclaves ou par des animaux qui lui appartiennent, il faut décider affirmativement ; sa responsabilité n'est alors qu'une conséquence de sa propriété. Aussi, aura-t-elle la ressource de l'abandon noxal. Si, au contraire, le dommage est le fait de l'un de ses représentants libres, la cause de sa responsabilité ne peut être qu'une complicité présumée. Mais, pour

---

(1) Tab. de Salpens., xxvi; Tabl. de Mal., lviii, lxii.

(2) Roth., p. 90 et suiv.

(3) L. 15, § 39, L. 32, ff., *de injuriis*; L. 29, § 7, *ad leg. Aquil.*; L. 3, § 1, ff., *quod metus causa.*

supposer la cité complice, il faut la supposer *doli capax.* La question est donc ramenée à savoir quel était, sur ce dernier point, le sentiment des jurisconsultes romains. Or, nous trouvons, au titre *de dolo malo,* l'opinion d'Ulpien ainsi formulée : « An in municipes de dolo detur « actio dubitatur ? Et puto et suo quidem dolo non posse dari : quid « enim municipes dolo facere possunt ? Sed si quid ad eos pervenit « ex dolo eorum qui res eorum administrant puto dandam (1) ». Cela est bien clair ; les coupables, les seuls responsables, ce sont les représentants. Et la loi 4, ff., *de vi et de vi armata,* supposant une dépossession violente opérée au nom d'un municipe, décide aussi que l'interdit *unde vi* ne sera donné contre la cité que « si quid ad eam pervenit ». Cette décision est d'ailleurs conforme à celle admise pour le dol du tuteur et de tout mandataire : ni le pupille, ni le mandant n'en sont responsables, à moins qu'ils n'en aient profité (2). Mais si, au lieu de supposer un fait personnel à l'administrateur de la cité, nous supposons une intervention active de la corporation ; si la masse des habitants d'une cité exerce des violences sur des personnes ou des propriétés, ou même, sans aller si loin, si le peuple assemblé charge quelques-uns de ses membres de les accomplir, il faut bien reconnaître là un méfait qui lie la cité entière. Aussi, ne doit-on pas voir une contradiction entre les lois que nous avons citées et la loi 9, § 1, ff., *quod metus causa* où nous lisons : « Sive singularis sit persona quæ « motum intulit, vel populus, vel curia, vel collegium, vel corpus ». Ces textes se concilient par la remarque que la cité n'est responsable que lorsqu'elle est agent du délit. Le magistrat a-t-il agi de son chef ? Lui seul peut être actionné en réparation. La curie a-t-elle dicté au magistrat le méfait? Les décurions seront soumis, comme lui, à l'action qui en dérive (3). Enfin la masse, dans une de ces manifestations violentes, auxquelles se prête le caractère collectif des corporations « hominibus coactis » (4) a-t-elle machiné ou réalisé quelque entreprise illicite, les

---

(1) L. 15, § 1, ff., *de dolo malo.*
(2) Ibid. pr. et § 2 ; L. 3, ff., *quando ex facto tut.;* L. 3, § 1, ff., *de trib. act.*
(3) «De dolo autem decurionum in ipsos decuriones dabitur de dolo actio. » L. 15, ff., *de dolo malo.*
(4) L. 2, pr. ff., de vi bon. rapt.

conséquences en retomberont sur elle (1). C'est en ce sens seulement que les cités nous semblent avoir pu, en droit romain, s'obliger par délits.

Actions judiciaires.

Comme toute personne investie de droits, la cité avait à défendre les siens. Elle pouvait agir en justice et on pouvait agir contre elle. Mais elle ne pouvait être ainsi demanderesse ou défenderesse qu'à la condition d'être représentée. Son représentant devait tenir son pouvoir de la curie, ou tout au moins des duumvirs autorisés à faire la nomination. En principe il fallait une nomination pour chaque affaire, mais Paul nous apprend que l'usage des lieux pouvait autoriser la nomination d'un *syndicus* chargé généralement de tous les procès.

L'*actor* ou *syndicus* n'était pas tenu à donner la caution *de rato*, à moins qu'il n'y eût incertitude sur la validité du décret qui le nommait. L'action *judicati* se donnait pour et contre la cité représentée, à moins que l'*actor* n'eût été constitué *procurator in rem suam*.

Quant à certains actes de juridiction volontaire qui se faisaient devant le magistrat, comme la dénonciation de nouvel œuvre, les cautions *damni infecti, legatorum, judicatum solvi*, c'était ordinairement un esclave de la cité qui recevait la promesse; mais il était permis également de constituer un *actor* à cet effet; la cité avait alors une action utile.

A défaut d'*actor* ou *syndicus* légalement constitué, un tiers pouvait se constituer défenseur de la cité. Mais, simple *negotiorum gestor*, il devait donner la caution *de rato*.

Enfin si personne ne se présentait ou si la cité était condamnée, les voies d'exécution commençaient. Après un envoi en possession, la vente des biens de la cité était ordonnée. Si elle n'avait pas de biens corporels, ses créances servaient à désintéresser le demandeur (2).

---

(1) Sans préjudice, bien entendu, de l'application ordinaire de l'action *quod metus causa* dirigée contre toute personne qui a profité, même de bonne foi, de la violence.

(2) V. sur ces points le tit. *quod cujusc.*, au Dig.

La cité condamnée pouvait appeler par l'intermédiaire de son *actor* ou *defensor*. Le délai était de trois jours (1).

Les voies d'exécution au profit de la cité contre ses débiteurs étaient celles du droit commun. Les lettres 109 et 110 de Pline (livre x) nous montrent des prétentions élevées par des cités à une hypothèque sur les biens de leurs débiteurs. Quelques villes avaient en effet ce droit particulier; mais, en règle générale, elles n'avaient d'hypothèques que celles qui leur avaient été consenties, et le rang de celles-ci était soumis à la règle « *potior tempore, potior jure* ». Les priviléges du fisc à cet égard n'avaient pas été étendus aux cités (2), sauf les concessions expresses des empereurs (3).

SECTION IV.

Finances des cités.

En étudiant les droits réels et personnels qui pouvaient compéter aux cités, nous avons composé l'ensemble de leur patrimoine. Par là, nous avons indiqué la majeure partie de l'actif de ce que nous appellerions aujourd'hui leur budget.

Les produits des héritages urbains et ruraux (4), les travaux des esclaves, les intérêts des sommes d'argent placées, voilà les revenus ordinaires du municipe; les legs, les donations, les emprunts, voilà ses revenus extraordinaires. Mais ce n'était là qu'une branche des ressources municipales. Une autre branche dont il faut dire quelques mots était l'impôt.

L'existence de l'impôt comme ressource des villes nous est signalée par le titre *de publicanis* au Digeste. Il s'agit d'impôts indirects portant sur certaines marchandises qui se vendaient dans les marchés. Il

---

(1) L. 1, § 3, ff., *quando appell.*
(2) L. 10, ff., *ad municip.*
(3) L. 37, ff., *de reb. auct. jud.*
(4) Parmi les propriétés des cités productives de revenus, il faut placer les mines, les carrières, les salines, ordinairement données à ferme (L. 13 pr. ff., *de Publicanis*).

était d'usage de mettre en ferme la perception de ces droits. L'adjudication s'en faisait à la chaleur des enchères; l'adjudicataire devait
donner des garanties. Nul ne pouvait enchérir, s'il était débiteur de la
ville, ou s'il était resté reliquataire à la suite d'un premier bail. Les
curions étaient également exclus. Les *publicani* pouvaient se former
en sociétés dites *vectigalium* qui offraient quelques particularités.
Ainsi il était dérogé pour elles à la règle qui interdisait de convenir
d'avance que la société continuerait avec les héritiers de l'un des associés, et à celle qui n'attribuait à l'héritier que les droits déjà acquis à
la mort de son auteur (1). Les associés pouvaient d'ailleurs diviser
entre eux la perception à leur gré.

La loi 13, § 1 *de public.*, nous apprend que les audacieux abus des
fermiers des impôts municipaux avaient appelé sur eux la sévérité du
préteur, et donné aux villes, en même temps qu'aux contribuables, des
garanties contre leurs dilapidations.

Mais le chiffre de ces impôts indirects était fixé par l'empereur, et
la curie n'avait le droit, ni d'y ajouter, ni d'en rien retrancher. Elle
ne pouvait davantage créer de nouveaux *vectigalia*.

Faut-il, à côté de ces impôts indirects, placer un impôt direct, indépendant de celui qui était dû au fisc? Les indications, sur ce point,
sont trop peu précises pour que l'on puisse se prononcer pour l'affirmative. Notons seulement que les propriétaires (ou usufruitiers à leur
place) étaient tenus de livrer à bas prix, au municipe, une part des
fruits de leurs fonds. Il est question également de redevance *ad viæ
collationem :* ceux qui possédaient des héritages le long d'un chemin,
à la charge de la cité, étaient tenus de contribuer à son entretien.
D'autres charges étaient imposées à raison du voisinage d'un aqueduc,
d'un égout, etc. (2). Mais toutes ces contributions avaient surtout le
caractère de prestations en nature.

A quelles dépenses la cité devait-elle subvenir, avec les ressources
que nous lui avons reconnues? En première ligne se placent les *opera
publica*. La ville devait supporter les frais de construction et d'entre-

(1) L. 59 et 63, § 8, ff., *pro socio*.
(2) L. 27, § 3, ff., *de usuf. et quemadm*.

tien des édifices publics. Il en était de même des rues ; mais elle se déchargeait de cette dépense en faisant concourir, comme nous l'avons vu, aux travaux qu'elles réclamaient les riverains intéressés.

La cité n'était pas laissée seul juge de l'opportunité des travaux publics. « Publico sumptu opus novum sine principis auctoritate fieri « non licet, » porte la loi 3, § 1, ff., *de Operibus publ.* D'après un rescrit de Marc-Aurèle (1), le président de la province devait être consulté et devait en référer au prince ; mais l'autorisation du prince n'était pas exigée pour les réparations, sauf celles à faire aux murs de la cité (2). Les travaux une fois autorisés, la ville préposait à leur exécution un curateur.

Une autre source de dépenses pour les villes se rencontrait dans les traitements alloués à certaines personnes. La gratuité des fonctions publiques était un principe reconnu en droit romain ; mais les professeurs et les médecins de la cité avaient droit à une rétribution. Leur nombre n'était point illimité. A la curie appartenait leur désignation et la fixation de leur nombre, ainsi que celle de leur salaire. Tout décret de la curie qui eût attribué une rémunération à d'autres personnes que celles qui y avaient droit, eût été annulé comme *ambitiosum*. En général, toutes largesses des deniers publics étaient interdites au sénat des villes. Des édits de Trajan avaient renouvelé cette prohibition, que l'on tendait à éluder (3). Il était d'usage, cependant, de donner aux *legati* un *viaticum* appelé *legativum*. Une lettre de Pline montre l'abus de cet usage et les traitements énormes ainsi payés par les villes à des députés, uniquement chargés d'aller saluer l'empereur ou le gouverneur voisin.

Les décurions tombés dans le besoin pouvaient aussi réclamer quelques secours (4).

Il ne paraît pas que les villes aient eu des fonds affectés aux jeux et spectacles, lesquels restaient surtout en charge aux dignitaires.

Les villes faisaient encore des provisions de diverses denrées, no—

(1) L. 6, ff., *de oper. pub.*
(2) L. 9, § 4, *de divis. rer.*
3) Plin., epist. x, 111 et 112
(4) L. 8, ff., *de decur.*

tamment de blé, d'huile; nous avons vu que des curateurs étaient préposés à ces achats. C'était l'édile qui en faisait ensuite la distribution (1). Les sommes dues par suite de legs, ou autrement, pour être employées en achats de blé, étaient l'objet d'une réglementation toute spéciale. La loi 2, ff., *de adm. rerum*, qui expose les mesures de précaution prises en pareil cas, donne ce renseignement remarquable, que la *pecunia frumentaria* n'était pas susceptible d'entrer en compensation (2).

Tutelle administrative.

La fortune des cités constituée et administrée de la manière que nous venons d'exposer, il reste à voir quelles étaient ses garanties. Nous ne reviendrons pas sur celle qui résultait de la sévère responsabilité à laquelle étaient soumis les magistrats municipaux, et nous nous bornerons à rappeler le principe que la cité n'était obligée que *quatenus locupletior* par les contrats qu'ils avaient passés.

Mais, nonobstant ces règles protectrices, la cité pouvait encore se trouver lésée. La mauvaise gestion de ses administrateurs pouvait avoir pour effet de la soumettre à des conséquences préjudiciables autres que des obligations; et alors le principe de la loi 27 *de reb. cred.* n'était plus une sauvegarde. Restait toujours, il est vrai, la responsabilité des magistrats; mais si ceux-ci étaient insolvables, la cité demeurait en perte. Que l'on suppose, en effet, que, par la négligence des magistrats, un bien du municipe eût été atteint par l'usucapion, ou qu'une action qui lui compétait eût été prescrite, ou encore qu'une hérédité onéreuse eût été acceptée (3). Si les magistrats ou leurs cautions n'étaient pas en état de garantir sur leurs biens la cité contre ce dommage, quelle ressource eût-elle gardée? C'était pour combler cette

---

(1) Roth., n. 223.
(2) Adde, L. 17, ff., *de compens.*
(3) H. Donelli, Comment., *ad legem civitas, de reb. cred.*

lacune que la *restitutio in integrum* lui avait été étendue.« Respublica jure minorum uti solet, ideoque auxilium restitutionis implorare potest »; « Rempublicam, ut pupillam, extra ordinem juvari moris est » : nous disent les lois du Code (1). Et ce n'est pas là une innovation des empereurs du Bas-Empire? Des textes des Pandectes nous montrent déjà la cité pourvue du recours *extra ordinem* (2).

On peut se demander quelle est la cause de cette faveur insigne qui, par une *restitutio in integrum* mettait les cités à l'abri de toute lésion. Si l'on s'en tient à une idée de protection, fondée sur le besoin de défendre des corporations, des personnes morales, contre les actes de leurs représentants, parce qu'on ne peut point dire qu'elles ont participé elles-mêmes à ces actes; il faut admettre, comme nous avons vu Donneau le faire, que lorsque la corporation entière est intervenue dans la gestion de ses affaires par une délibération, il n'y a plus lieu de la secourir *extra ordinem*. Nous ne savons, cependant, s'il ne faut pas introduire ici un autre principe. Celui auquel Donneau s'arrête nous paraît très-suffisant pour expliquer la faveur dont jouit la cité de n'être tenue que *de in rem verso* par les contrats de ses administrateurs. Mais pour la *restitutio in integrum*, nous croyons qu'il faut chercher autre chose. Les textes, en effet, qui lui attribuent le recours *extra ordinem*, n'assimilent point la cité à une personne absente; ils l'assimilent au mineur, au pupille. C'est, selon nous, indiquer que le principe de la protection est le même que pour ceux-ci, à savoir l'*infirmitas*. Et nous ne serions pas ébranlé par cette considération sur laquelle insiste Donneau que les *municipes* ne sont point incapables, puisqu'ils choisissent eux-mêmes leurs curateurs. C'est trop oublier, à notre sens, que les cités romaines, malgré leurs libertés locales, n'étaient pas entièrement affranchies. L'intérêt général conservait ses droits dont le pouvoir central était le gardien. Nous avons déjà vu, notamment pour leurs travaux publics, pour leurs impôts, que les villes étaient soumises à une haute tutelle. Pourquoi s'étonner, dès lors, qu'elles fussent considérées, jusqu'à un certain point, comme incapables, comme mi-

---

(1) L. 4, C. quib. ex causis ; L. 3, C. de jure reipubl.
(2) L. 0, ff., de appell.; L. 22, § 2, ff., ex quibus causis.

neures, vis-à-vis de l'état? Les magistrats auxquels appartenait la *cognitio extraordinaria* n'étaient-ils pas ces mêmes préteurs, proconsuls, lieutenants (suivant les époques), qui étaient appelés, dans d'autres cas, à contrôler, au nom du pouvoir central, certains actes des cités? Quo si, au lieu d'intervenir pour prévenir un dommage, ils intervenaient pour le réparer, lorsque la cité avait agi sur sa propre initiative, y a-t-il à en conclure que la cité ait été réputée moins incapable?

D'après cette idée, il faudrait admettre que l'acte émané des *municipes* eux-mêmes ou de la curie, quoique valable *ipso jure* contre la cité, pouvait cependant tomber par une *restitutio in integrum*. Ce qui pourrait fortifier le fondement que nous donnons à cette protection de la loi, c'est que le bénéfice de la restitution était particulier aux cités. Les autres corps légaux, bien que jouissant également de l'avantage de n'être tenues que *quatenus locupletiores*, n'étaient pas cependant admis au recours *extra ordinem* probablement parce que leurs intérêts semblaient toucher de moins près à l'intérêt général (1).

Nous venons de faire allusion à la tutelle administrative du pouvoir supérieur : nous ajouterons quelques mots sur cette garantie donnée aux villes.

A l'idée de tutelle administrative se réfère l'institution des *legati*. Ces députés étaient, en effet, plus utiles quelquefois que ceux dont parle Pline (2). Ils allaient exposer au gouverneur de province ou à l'empereur la situation et les besoins des villes. En outre, le prince était tenu au courant des détails de l'administration des municipes par les gouverneurs de provinces, intermédiaires habituels entre les localités et le centre. Pour certains actes, les municipes devaient réclamer expressément son autorisation. Nous avons vu qu'il en était ainsi pour certains travaux des villes : les lettres de Pline nous montrent cette règle mise en action (3). Rappelons qu'il en était encore de même pour la fixation des impôts. De son côté, le gouverneur, sous l'inspiration

---

(1) Ce ne fut que beaucoup plus tard que l'Église obtint le même privilège.
(2) Lib. x, ep. 52.
(3) Lib. x, ep. 46, 48, 50, etc.

de l'empereur, exerçait sa surveillance sur la gestion des intérêts municipaux. Il devait examiner les recettes et les dépenses, prendre connaissance des comptes et les approuver (1). Il était chargé de veiller à ce que les prêts faits par les cités ne le fussent qu'avec de solides garanties et avec intérêts (2). Il intervenait aussi dans les nominations en désignant des candidats au choix de la curie, mais sans les imposer (3). Il annulait les décrets des curies entachés d'excès de pouvoir. Enfin, nous avons signalé que, de bonne heure, le gouvernement avait eu dans les municipes un agent relevant de lui. Le *curator calendarii* était nommé par le président de la province.

Ce droit d'intervention du pouvoir central n'avait cependant rien d'excessif : il laissait place, pour les autorités municipales, à une suffisante liberté d'action ; il pouvait n'être, pour les cités, que la source d'une direction sage et utile. Il ne fut pas autre chose dans les mains de Trajan et de Pline-le-Jeune ; mais il recélait, en germe, de grands dangers pour l'avenir des municipes. Qu'un empereur, moins ami des sages libertés, servi par des gouverneurs dociles à se façonner à l'image du prince, fût appelé au trône ; aussitôt les municipes étaient menacés de trouver, au lieu d'un guide bienveillant et éclairé, une autorité despotique et aveugle ; au lieu d'une immixtion protectrice, un envahissement oppresseur.

L'histoire montre qu'ils n'échappèrent pas à ce péril. Si nous franchissons un siècle et si, de la fin de la période des Antonins, nous passons aux règnes de Dioclétien et de ses successeurs, nous trouvons la vie propre des municipes presque étouffée et la volonté impériale à peu près souveraine. Faut-il en accuser les institutions municipales que nous venons d'exposer ? Faut-il penser que c'était la conséquence fatale du principe de tutelle que nous avons reconnu ? Nous croyons que le mal était ailleurs.

---

(1) Lib. x, ep. 58.
(2) L. 33, ff., *de usuris.*
(3) L. 1, § 3, ff., *quando appell.*

DEUXIÈME ÉPOQUE.

Décadence des institutions municipales sous le Bas-Empire.

Dans l'empire Romain, la centralisation politique n'avait pas, dès l'abord, entraîné la centralisation administrative; mais la force des choses l'amena bientôt, par le besoin qu'eurent les empereurs d'une action plus énergique sur les cités. C'est le propre du pouvoir absolu d'être, plus que tout autre, livré aux dangers d'une mauvaise administration financière. Soit que l'absence de contrôle rende les gouvernements moins économes, soit que, privé de jouissances d'un ordre plus relevé, le peuple concentre ses goûts et ses exigences dans les choses matérielles; il semble que là où les libertés publiques font défaut, les charges et les besoins du trésor soient fatalement condamnés à s'accroître. A Rome, le peuple, qui n'avait plus de Forum voulait des spectacles. Entre tous ceux qu'on lui prodiguait, les cours du Bas-Empire lui offraient le somptueux étalage d'un luxe sans bornes et d'une foule de dignitaires sans utilité. Les fonctions apportaient à leurs titulaires oisifs, en dédommagement de leur autorité nominale et dérisoire, des rémunérations inconnues aux vieux patriciens. L'armée, que ne soutenait plus l'antique patriotisme des légions, exigeait une solde de plus en plus élevée. Au delà du peuple Romain qu'il fallait satisfaire, se montraient les Barbares qu'il fallait acheter. A tant de dépenses, le modeste œrarium de l'ancienne république ne pouvait suffire. Bien d'autres ressources étaient nécessaires; mais, pour les faire surgir, il fallait une pression qui ne pouvait être exercée qu'en se rapprochant de ceux sur lesquels on voulait agir. La tutelle administrative, détournée de son but, offrait un moyen, mais qui ne pouvait être efficace qu'en la rendant plus forte et plus absolue.

La constitution nouvelle, donnée aux provinces par Dioclétien, se proposa ce but et l'atteignit. Les circonscriptions des provinces furent réduites, et leurs gouverneurs, rattachés au pouvoir central par une gradation régulière, eurent un pouvoir plus direct sur les cités et leur territoire. Celles-ci gardèrent encore l'apparence de leur organisation municipale; mais le pouvoir impérial, par ses intermédiaires, les envahit de plus en plus chaque jour. Les fonctionnaires municipaux devinrent agents tyranniques du fisc, en même temps que contribuables opprimés. Les ressources particulières des villes furent épuisées, pour aller s'engloutir dans le gouffre commun. Leurs propriétés même ne furent pas respectées : et si chaque cité put encore être considérée comme ayant une existence distincte, ce fut surtout au point de vue fiscal; en ce sens que, condamnée à fournir une part d'impôt, elle dut l'acquitter intégralement, sauf à faire retomber sur les moins ruinés ou les plus dociles, la taxe des réfractaires et des insolvables.

Tel est, en général, l'état de choses que nous devons maintenant apprécier de plus près.

CHAPITRE PREMIER.

CONSTITUTION DES CITÉS.

SECTION Ire.

Du peuple des cités.

Il n'était plus depuis longtemps question, pour le peuple des cités, de pouvoir législatif. Mais les textes qui se rapportent à la décadence de l'empire font mention de son pouvoir électif, dans une certaine circonstance. La création d'une magistrature nouvelle, que nous aurons à étudier, celle des *defensores*, lui fournit l'occasion de reparaître au forum municipal (1); remède tardif toutefois et bien incomplet. Une

---

(1) L. 8, C., *de defens. civ.*

sorte de grande réunion délibérante paraît encore avoir fonctionné, dans le cas de vente des biens des cités, que l'empereur Léon (1) autorisa dans certaines formes. En effet, il est fait mention, indépendamment des *curiales*, de *honorati* et de *possessores*, qui, tous ensemble, étaient appelés à voter. Mais, de ces cas fort rares, on ne saurait conclure que le peuple ait eu une influence sérieuse et régulière sur l'administration municipale. Ces *honorati*, ces *possessores*, ne formaient pas, d'ailleurs, le vrai peuple des cités. Ils n'étaient que les privilégiés de la fortune et des honneurs. Le menu peuple demeurait dans son infimité, n'ayant que la consolation d'échapper par elle aux vexations du despotisme.

Section II.

De la Curie.

Ces vexations pesaient, au contraire, de tout leur poids sur la curie.

Le recouvrement de l'impôt avait été mis à sa charge : le fait n'était pas nouveau. Papinien montre que, de son temps, le *munus exigendi tributi* était déjà confié aux décurions (2). La responsabilité qui en résultait n'était pas non plus nouvelle. Ulpien (3) range l'*exactio tributorum* parmi les charges du patrimoine, et la loi 18, § 26, ff., *de muneribus* confirme cette idée, pour une époque plus récente, en qualifiant cette charge de *munus mixtum*. Ce dernier fragment attribue le recouvrement de l'impôt à ceux des décurions qu'il appelle *decaproti*, *icosaproti*, et les montre responsables des parts irrecouvrées. Chargés ainsi de combler les vides de la perception, ceux des décurions qui remplissaient ces offices durent se trouver accablés quand, au milieu d'une misère croissante, l'impôt prit de plus grandes proportions. En outre, les décurions *exactores* ne furent pas seulement, sous le nouveau

---

(1) L. 3, C., *de vendend. reb. civ.*
(2) L. 17, § 7, ff., *ad munic.*
(3) L. 3, § 11, ff., *de muner.*

régime, individuellement responsables. La curie tout entière paraît avoir été frappée, à l'époque qui nous occupe, d'une sorte de solidarité. Les cotes non payées étaient remplies par elle, si les *susceptores* ne pouvaient les acquitter. La tendance à généraliser dans la curie cette solidarité était telle, que Julien fut obligé de faire une constitution afin d'empêcher que le décurion, récemment nommé, ne fût poursuivi pour l'acquittement de la dette des *susceptores* élus antérieurement à son entrée dans la curie (1).

D'un autre côté, les décurions dirigeaient l'administration de la fortune municipale à leurs risques et périls. Or, les empereurs n'avaient pas craint de mettre la main sur les biens des villes, et celles-ci n'avaient plus de revenus suffisants. Les dépenses, néanmoins, subsistaient : pour y satisfaire, la curie était encore appelée et sacrifiée (2).

Aussi, tout l'effort de la législation impériale se porte-t-il sur trois objets : 1° conserver à la curie la fortune de ceux qui y sont entrés ; 2° recruter des décurions ; 3° les retenir dans la curie.

I. Au premier point de vue se réfèrent de nombreuses constitutions.

De leur vivant, les curiales perdent la libre disposition de leur fortune immobilière urbaine ou rurale. Ils ne peuvent vendre qu'avec approbation du président de la province. L'autorisation ne leur est pas facilement accordée ; il faut qu'ils justifient d'une impérieuse nécessité. Le défaut d'autorisation suffit pour rendre la vente nulle. Si, par une collusion avec un tiers, le curiale a tenté d'échapper à cette loi, le tiers doit restituer l'objet de son acquisition sans que le prix lui soit remboursé (3). Toutefois, la vente seule est prohibée. Les autres aliénations, par donation, échange, etc., restent permises (4) ; sans doute parce que, dans l'échange il n'y a que remplacement d'un gage par un autre pour la curie, et que la donation n'est pas à craindre dans l'état misérable auquel sont réduits les décurions. Mais si, par impossible, elle

---

(1) L. 23, C. *de dec.*
(2) Outre ces charges, les décurions étaient soumis à un impôt spécial, dit *aurum coronarium.*
(3) C. Theod., lib. xii, tit. 3, L. 2; et L. 1, C. *de præd. decur.*
(4) L. 3, C. *de præd. decur.*

avait lieu, le bien donné serait grevé envers la curie d'un tribut dit *denarismus*. Plus tard, Justinien, dans ses Novelles 38 et 87, prohiba les donations, même celles à cause de mort, n'exceptant que les donations *propter nuptias*.

Le droit de disposer par testament est également entravé. On crée, au profit de la curie, une sorte de *legitima pars* (1) sur les biens des décurions. Le quart des biens doit lui être réservé, à moins que le défunt ne laisse un fils curiale ou qu'il n'institue héritier un curiale : toutefois, si le défunt laisse une fille mariée à un curiale de la même ville, la curie n'aura rien à réclamer. S'il est mort laissant une fille non mariée, elle aura trois ans, à partir de l'âge de puberté, pour faire choix d'un époux, et, si elle ne choisit pas un curiale, la curie réclamera son quart augmenté des intérêts échus (2). Justinien ajouta plus tard à ces dispositions que, si le défunt laissait plusieurs enfants, fils et filles, ou bien filles mariées et filles non mariées à des décurions, il faudrait toujours que la part afférente aux fils dans un cas, aux filles mariées à des décurions dans l'autre, représentassent le quart de sa fortune. De cette manière, quoi qu'il arrivât, la curie était toujours certaine d'avoir un quart (3). Plus tard encore, par la Novelle 38, cette réserve fut portée aux trois quarts, pour le cas où le curiale viendrait à mourir sans enfants légitimes ou légitimés par oblation à la curie.

A défaut de toute disposition testamentaire, la curie était appelée *ab intestat* à la succession de ses membres.

II. Le second point de vue que nous avons indiqué nous conduit à étudier le mode de recrutement de la curie sous le Bas-Empire.

La nouvelle situation faite aux décurions, dont le titre et les fonctions n'étaient plus un honneur recherché, mais un fardeau redouté, avait dû changer leur mode de recrutement. C'est dans cette période que domine le principe de l'hérédité; la cooptation n'est plus qu'un ressort accessoire.

---

(1) « Erit namque ei pro filio forsan uno vel pro plurimis tota curia, id est, et totius civitatis plenitudo in filiorum modo existens..... » (Nov., xxxviii, 1.)

(2) L. 1 et 2, C., *quando et quibus quart.*

(3) L. 3, C. *quando et quib. quart.*

La qualité de curiale se transmet du père au fils ; on est curiale *origine*. La condition de la mère, sauf les priviléges spéciaux à certaines villes et à certaines situations est indifférente (1). A part ces priviléges, aucune exemption particulière ne peut faire fléchir la règle (2). Le service militaire n'est qu'une cause d'exemption toute personnelle : le fils du soldat, si son aïeul était curiale ; le petit-fils du soldat, si son père est curiale, ne peuvent échapper à la curie (3). Nombre de textes du Code Théodosien montrent ainsi les fils de soldats, et de vétérans, forcés d'opter entre les légions et la curie.

Ce n'est pas seulement la paternité du sang qui inflige cette triste hérédité ; l'adoption aussi confère à l'adopté la dignité de curiale (4).

Bien plus, il semble que ce titre soit attaché à la possession des choses qui ont appartenu à un membre de la curie. Ceux qui occupent les biens des décurions sont soumis aux mêmes obligations que ces derniers. Toutefois, on n'alla pas jusqu'à attribuer cette conséquence à l'hérédité légitime ou testamentaire. Ceux qui y étaient appelés étaient obligés de payer, chacun pour leur part, le *denarismus* (5) ; mais là s'arrêtaient leurs charges. Il en était autrement de celui qui avait épousé la fille d'un décurion et qui venait par testament à la succession de sa femme ; celui-là était tenu de remplir les fonctions de la curie (6).

Quant à la cooptation, rejetée au second rang, elle est loin d'être aussi libre que nous l'avons vue. On parle bien encore du mérite (7), mais la cause déterminante du choix, c'est la fortune. Au-dessous d'un certain chiffre de fortune, on ne peut être décurion. Il faut vingt-cinq *jugera* en propriété pour être réputé offrir une garantie suffisante (8).

Un motif d'agrégation à la curie était l'absence de tout lien de cor-

---

(1) L. 22, 29, 44, C., *de decur.*
(2) L. 36, eod.
(3) L. 27, eod.
(4) L. 4, eod.
(5) C. Theod., lib. xii, tit. 1 ; L. 107 et 123.
(6) L. 124, eod.
(7) L. 45, C., *de decur.*
(8) C. Theod., lib. xii, tit. 1, L. 33.

poration (1). Pour bien comprendre cette idée, il faut songer que la tendance du gouvernement impérial de la décadence fut d'inféoder les corporations à certains services publics. Or, ceux qui étaient de quelque corps de métiers, de quelque *collegium*, payaient suffisamment leur dette. Pour la faire payer à ceux qui n'en faisaient pas partie, on les attachait à la curie. Du reste on avait soin de ne pas pousser ce raisonnement à ses dernières conséquences et, en cas de pénurie, certaines corporations fournissaient leur contingent de décurions (2).

Pour remplir les cadres, on en vint à faire de l'entrée dans la curie une peine, un supplice. Ce n'était que trop la vérité; mais la pudeur de certains empereurs rougit de l'avouer. Gratien, Valentinien et Théodose défendirent aux juges d'envoyer les coupables à la curie en châtiment de leurs crimes (3).

Un autre moyen d'arriver à la curie fut, à cette époque, la soumission volontaire. Un titre est consacré dans le Code à ceux « *qui sponte munera publica subeunt.* » On s'empressait d'admettre ceux qui se présentaient ainsi, mais on prenait en même temps des précautions contre leur repentir (4). Les lois 1 et 2 du titre 43 du Livre X au Code font voir qu'en général ceux qui renonçaient à invoquer une cause d'excuse qu'ils auraient pu présenter et qui se faisaient admettre à quelque charge, ne perdaient pas le droit de se prévaloir plus tard de leur privilège; mais le décurionnat était formellement excepté (5). On peut aisément supposer que le nombre des décurions volontaires n'était pas considérable. Aussi voit-on plus tard l'empereur Léon leur attribuer des prérogatives destinées à encourager les imitateurs. Ils auront le titre de décurions et le transmettront à leurs descendants; mais ni leur patrimoine ni celui de leurs descendants ne sera engagé (6). Justinien ira encore plus loin; il fera céder en leur faveur la règle de

---

(1) L. 137 et 179, Cod. Theod., lib. xii, tit. 1.
(2) L. 119 et 53, eod.
(3) L. 38, C. *de decur.*
(4) L. 3, eod.
(5) Adde C. Theod., lib. xii, tit. 1, L. 172.
(6) L. 3, C. *de his qui sponte*

l'hérédité. La soumission spontanée ne liera que celui qui l'aura faite : ses fils légitimes échapperont à la curie.

Enfin, le délaissement des fonctions de curiale fut l'origine d'un mode particulier de légitimation. L'hérédité du titre et des charges de décurion ne s'appliquait d'abord qu'aux enfants légitimes, qui, seuls, avaient droit *ab intestat* aux biens paternels et pouvaient en recevoir la totalité par testament. Théodose et Valentinien décidèrent que tout citoyen, curiale ou non, qui ferait inscrire son fils naturel parmi les membres de la curie, lui conférerait par ce moyen les droits d'un enfant légitime (1). Bientôt la seule institution d'héritier, la seule donation testamentaire au profit d'un enfant naturel, furent considérées comme entraînant légitimation, c'est-à-dire asservissement à la curie ; et, sous prétexte de respecter la volonté du défunt, il ne fut plus permis à l'enfant naturel de renoncer aux donations, de répudier les successions à lui laissées (2). Les affections présumées de la nature servirent ainsi à déguiser un nouveau genre de tyrannie.

Dans la disette de prétendants à des fonctions avilies, on est étonné de rencontrer encore des causes d'incapacité et d'exclusion. Pour l'âge, il est vrai, le Code Théodosien se montre moins difficile que le Digeste. A dix-huit ans, et même dès que la dix-huitième année est commencée, le fils du curiale doit entrer à la curie (3). Mais on formule des lois pour écarter des honneurs les esclaves et les affranchis ; ceux-ci, tant qu'ils n'ont pas obtenu le *jus aureorum annulorum* (4). L'infamie reste encore une cause d'exclusion (5).

Quelques professions continuent à fournir des dispenses. Le nombre de douze enfants permet aussi aux décurions de s'affranchir du fardeau de la curie (6). Mais il se produit à cette époque ce fait remarquable que la dispense des fonctions de décurion est érigée en privi-

---

(1) L. 3, C., *de natur. lib.* Les mêmes droits étaient étendus à la fille naturelle qui épousait un décurion.

(2) L. 4, eod.

(3) C. Theod., xii, tit. 1; L. 7 et 19.

(4) Lib. x, tit. 32, C.

(5) L. 8, C., *de decur.*

(6) L. 24, C., *de decur.* ; L. 4, C. *de Fabrici* ; L. 11, C., *de profess. et medic.*

lége. Au premier rang des privilégiés se placent les militaires et les vétérans. « Militaribus nihil sit commune cum curiis », disent les empereurs; et pour les vétérans : « Ne ad curias vocentur inviti ». Mais,
ajoutent les constitutions, comme si, dans un temps où régnait la force,
il était à craindre que la faveur n'entraînât l'insolence : « Qu'ils ho-
norent les magistrats; qu'ils ne se croient pas tout permis; que les
officiers sachent bien que leurs outrages contre les décurions seront
réprimés (1) ». Les sénateurs forment une autre classe de privilégiés.
Puis vient la liste des grands dignitaires , dont les empereurs, depuis
Dioclétien, se plaisaient à peupler leur palais et les provinces. Sous
l'empire, devenu chrétien, les membres du clergé peuvent prétendre
aussi à l'immunité (2).

L'effet de ces exemptions, en exonérant quelques-uns, était de
rendre la charge plus lourde à ceux qui restaient. Pour eux la tâche
devenait impossible. Aussi, le Bas–Empire offre-t-il le spectacle
étrange d'une législation incohérente, ouvrant tour à tour et fermant
la porte au privilége; créant des immunités, puis se hâtant d'en étouffer
les effets. Le service militaire exempte du service de la curie; mais
si celui qui est *subjectus curiæ* embrasse la carrière des armes, qu'il
soit rappelé (3)! L'affranchissement des sénateurs est proclamé; mais
que le titre de sénateur ne soit décerné qu'à ceux qui auront parcouru
pas à pas la série des charges municipales(4)! Le clergé peut vaquer
en paix à son ministère, mais que les fonctions ecclésiastiques n'appartiennent qu'aux pauvres : les riches se doivent à la curie (5)! Voilà
les contradictions que présentent les constitutions du Bas-Empire. Les
empereurs vont plus loin : ils ne cherchent pas seulement à détruire
l'effet de priviléges accordés à des classes, ils reviennent sur des concessions individuelles. C'est en vain que des rescrits ont octroyé des
immunités à ceux que la naissance ou le choix pouvait attacher à la

---

(1) L. 42, C., *de decur.*; L. 1, C., *quibus muner.*
(2) C. Theod., lib. xvi, tit. ii, L. 9.
(3) L. 55, C., *de decur.*
(4) C. Theod., xii, tit. 1; L. 29 et *passim*.
(5) C. Theod., xvi, tit. 1, L. 3.

curie. Qu'ils ne se flattent pas d'échapper à leur destinée : de l'aveu du prince lui-même, le prince a agi sans droit (1) !

III. La curie recrutée, deux moyens sont mis en œuvre pour y retenir les décurions : les faveurs, les honneurs, d'une part ; les menaces de l'autre.

Certaines faveurs appartenaient à la curie entière. La plus remarquable est relative à la pénalité. Le droit criminel de Rome n'avait pas connu le principe de l'égalité devant la loi pénale (2). Sous l'empire, en particulier, on faisait pour l'application de la peine, une distinction entre les *honestiores* et les *humiliores*. A la première classe appartenaient les décurions ; d'où la conséquence qu'ils échappaient à certaines peines corporelles. Déjà, à partir du règne d'Adrien, la peine capitale avait cessé de pouvoir les frapper, sauf le cas de parricide (3). La loi 9, § 11, ff., *de pœnis*, énumère un certain nombre de peines (4), contre l'application desquelles ils étaient protégés. Mais, à cette époque, ce n'était pas au juge à refuser de leur en faire l'application ; il n'appartenait qu'au prince de commuer leur peine ou de leur faire grâce. Du temps d'Ulpien, on reconnaissait aussi que l'exemption accordée aux décurions s'étendait à leurs ascendants et descendants, et on penchait à décider qu'il n'y avait pas lieu de distinguer entre les enfants nés avant ou après l'entrée du père dans la curie. Paul enseignait enfin que les décurions étaient, depuis un rescrit d'Antonin-le-Pieux, soustraits à la torture (5), et cette faveur, en souvenir de leur dignité passée, leur était conservée, quand ils avaient cessé de faire partie de la curie.

Ces priviléges sont reproduits dans le Code Théodosien. Nombre de textes proclament les décurions exempts « *à tormentis et fidiculis*, » c'est-à-dire de la torture. Toutefois, exception est faite pour le crime de lèse-majesté. En général les peines corporelles ne peuvent les attein-

---

(1) L. 37, C. *de decur*.
(2) L. 9, § 11, ff., *de pœnis*.
(3) L. 15, ff., eod.
(4) » Decuriones in metallum damnari non possunt, nec in opus metalli nec furcæ subjici, vel vivi exuri. »
(5) L. 14, ff., *de decur*.

dre ; mais il existe un genre de supplice « *plumbatarum ictus* », auquel jusqu'à une certaine époque, les seuls *decemprimi* échappèrent (1). Plus tard l'exemption fut étendue à tous les décurions, sous réserve seulement de trois circonstances : « ob decoctam pecuniam publicam, improbo adscripta tributa et immoderatas exactiones » (2). Il est à remarquer que le juge reçut alors défense de leur appliquer les peines corporelles, excepté dans le cas où leur application était autorisée ; l'inobservation de cette règle entraînait contre lui une amende (3).

Indépendamment de ces faveurs, des distinctions honorifiques sont créées dans le sein de la curie. Les noms des *decemprimi*, des *primates*, des *summates*, des *principales* se rencontrent dans les lois de cette époque (4). La curie, à toute époque, avait présenté une hiérarchie, une suite de degrés, commençant à celui qui avait été revêtu de dignités dans l'Etat et finissant à celui qui n'avait jamais rempli, dans le municipe, aucune charge ou que des charges inférieures. Mais ce qui caractérise l'époque qui nous occupe, c'est que la distinction fondée sur l'exercice des charges ne donne pas une simple prééminence dans l'ordre de l'*album* ou du vote ; elle est le principe de classes d'importance diverse. C'est ainsi que les *decemprimi*, les *principales*, sont, dans quelques constitutions, distingués du reste de la curie, appelés seuls pour certains actes, dotés même de certaines faveurs spéciales. Mais le plus estimé des priviléges est celui qui attache au degré supérieur de cette hiérarchie l'exemption des fonctions de curiale. Aux termes de la constitution 171, *de decur.*, au Code Théodosien, les *principales* peuvent, après quinze ans d'exercice, se retirer. Quant au décurion du second rang que son âge ou ses infirmités rendent inhabile à parvenir au premier, on ne le traitera pas moins bien et on lui permettra de prendre une retraite honorable.

A côté de ces moyens destinés à agir sur l'égoïsme et la vanité, d'autres mesures procèdent par intimidation. Les constitutions impériales défendent énergiquement aux curiales d'exercer des fonctions

---

(1) C. Theod., L. 2, *de quæstion.*
(2) L. 40, C., *de decur.*; C. Theod., L. 80 ; 85 ; 117, *de decur.*
(3) L. 33, C. eod.
(4) Gothof., Parat., ad lib. xii, tit. 1, C. Theod. ; Roth., p. 71, 72, n. 49.

qui pourraient les soustraire à la curie : « Qui derelicta curia milita-
verit, dit Constantin, revocetur ad curiam (1) »; et la sanction est
qu'à l'expiration d'une année, les biens du curiale réfractaire seront
affectés aux charges de la curie. Et ce n'est pas seulement leurs
biens que la curie craint de voir échapper, c'est leur personne même
qu'elle revendique. Les décurions qui prenaient les ordres ecclésiastiques avaient pu, pendant un temps, se garantir contre toutes recherches en abandonnant leurs biens à la curie; mais Arcadius et Hono-
rius exigent que désormais ils soient rappelés (2). Les moines «ignaviæ
sectatores » sont aussi arrachés à leurs solitudes (3). Partout ou
elle se présente, la résistance des décurions est vaincue par des
moyens violents (4).

Leur présence constante dans la cité est exigée. Il est défendu au
curiale, sans un congé régulièrement obtenu, de s'absenter soit pour
ses affaires, soit pour les affaires publiques (5), fût-ce même pour se
rendre auprès du prince. S'il quitte la ville pour aller habiter la campagne, la confiscation du domaine qu'il a préféré à la cité est prononcée (6).

Enfin, la curie a droit à des soins exclusifs. Le curiale ne peut se
charger de la gestion des affaires d'autrui. Il ne peut non plus être
tabellion (7). S'il transgresse cette prohibition, toutes les charges de
la curie continueront à le grever sans qu'il jouisse de ses prérogatives (8). Il doit agir par lui-même et sans se faire représenter par un
mandataire. Les personnes illustres seules, et celles qui ont obtenu
une autorisation spéciale, peuvent se faire remplacer (9).

IV. Ainsi exposés à une persécution de chaque jour contre leur
personne et leurs biens, beaucoup de décurions aimaient mieux faire,

---

(1) L. 17, C., *de decur*.
(2) L. 12, C., *de episc*.
(3) L. 26, C., *de decur*.
(4) L. 51, eod.
(5) L. 16, eod.
(6) L. un., C., *si curialis relicta*.
(7) L. 34, C., *de decur*; L. 15 eod.
(8) L. 21, C., *ad leg. Cornel*.
(9) L. 60, C., *de decur*.

en une seule fois, le sacrifice de leur liberté et de leur fortune. Ils se retiraient au fond des campagnes et cherchaient dans le colonat, sous la protection des *potentes*, un repos dégradant : heureux quand la ténacité des officiers impériaux ne venait pas les arracher à ce dernier refuge! D'autres demeuraient à leur poste, et, de gré ou de force, servaient à conserver la pâle image des anciens corps délibérants. Quelle pouvait être en effet, à cette époque, l'action sérieuse de la curie? La propriété des cités attaquée, leurs revenus affectés aux charges de l'État, quel était l'intérêt local qui restât à administrer?

La sphère des décrets de la curie se resserra. Quant au pouvoir électif, tout porte à croire qu'il ne resta que comme une vaine formalité. En effet, le droit donné aux présidents des provinces d'annuler, sur appel, les nominations faites par la curie, le droit de présenter des candidats, étaient pour eux des occasions fréquentes d'intervention que, dans le nouvel état de choses, ils ne négligèrent point. D'un autre côté, les magistrats sortant de charge étaient, comme nous l'avons vu, responsables de la gestion du successeur qu'ils avaient le droit de présenter. A l'époque qui nous occupe, user de ce droit eût été se condamner d'avance. Le champ resta donc libre aux agents du pouvoir central.

SECTION III.

Des magistratures.

En regard de l'accablement et de la misère de la curie, se place l'impuissance et la servitude des magistrats.

I. Ceux qui sont investis des charges dites *honores* sont, comme par le passé, les duumvirs et les édiles. Mais, à côté d'eux se montre une magistrature nouvelle, celle des *defensores civitatum*. Leur nom n'apparaît dans son sens propre qu'à partir de Valentinien Ier (1). Jusquelà le mot « defensor » n'avait désigné que le représentant des intérêts municipaux dans les contestations judiciaires (2). L'institution du véritable *defensor* n'avait pas, en effet, de raison d'être au temps où flo-

---

(1) Roth, p. 101, n. 180 ; M. de Savigny ; l. c. ch. ii, § 23.
(2) L. 1, § 2 ; 16, § 3 ; 18, § 13, ff., *de muner.*

rissait le régime municipal ; mais, lorsqu'à la paternelle administration de la curie et des magistrats locaux out succédé la tyrannie des agents impériaux, les empereurs, effrayés d'un désordre croissant dans les cités, cherchèrent à y porter remède. Sous le nom de *defensores*, le peuple put avoir ses magistrats, ses tribuns. On les appelait *parentes plebis*. Ils avaient à remplir un ministère de protection contre les abus des officiers du fisc : ils étaient même investis d'une certaine juridiction. Appelés à surveiller les actes des décurions, ils n'étaient choisis ni parmi eux ni par eux seuls. Une assemblée de personnes notables « episcopi, clerici, honorati, possessores, curiales » procédait à leur nomination, qui devait recevoir l'approbation du préfet du prétoire. Ils étaient nommés pour cinq ans (1). C'eût été une belle mission, si elle avait été comprise. Mais après avoir été d'abord briguée, elle fut abandonnée. Non seulement elle demeura stérile, mais on voit même que son accomplissement donnait lieu, de la part des *defensores*, à des abus et à des extorsions que les empereurs étaient obligés de réprimer (2). Des tentatives furent faites, sans succès, pour relever cette institution, qui eût san doute totalement péri, si les évêques ne l'avaient soutenue.

Une magistrature municipale dont nous n'avons parlé, ni dans la première époque, ni encore dans celle-ci, est celle du *curator reipublicæ*. Elle est entourée de quelque obscurité. Son importance ne saurait être mise en doute ; mais ses attributions ne sont point nettement déterminées. Sa date n'est point davantage certaine. Il est constant que la *curatio reipublicæ* n'est pas une innovation du Bas-Empire ; sous Alexandre Sévère, elle existait déjà, puisque Ulpien, ainsi que l'attestent les rubriques de plusieurs fragments des Pandectes, fit un traité *de officio curatoris reipublicæ*. Mais, d'autre part, il ne faut pas appliquer à ce magistrat tous les textes du Digeste, où il est question d'un *curator ;* car nous savons qu'il y avait dans les cités bien des espèces de *curatores*. Peut-être faut-il chercher son origine dans l'usage, que paraissent avoir adopté anciennement les empereurs, d'envoyer, dans les villes, un délégué spécial pour examiner leurs

---

(1) V. au C. le tit. *de defensoribus.*
(2) L. 5, C., *de defens.*

comptes et leur administration. Ces faits d'immixtion, d'abord
rares, auraient pris progressivement un caractère de plus grande généralité, et un jour serait venu où un fonctionnaire, délégué par l'autorité supérieure, aurait eu, en quelque sorte, rang à la tête de l'administration municipale. Ce fonctionnaire n'aurait été autre que le *curator
reipublicæ* dont M. Zumpt a démontré que la nomination appartenait
à l'empereur (1). C'eût été, à une époque où la décadence commençait,
un premier moyen pour le pouvoir central de se rapprocher des localités, avec lesquelles l'organisation administrative de Dioclétien n'était
pas encore venue le mettre en contact. Quoi qu'il en soit, le *curator
reipublicæ* qui, dans les fragments des Pandectes, paraît investi de
fonctions analogues à celles des édiles et surtout de l'administration
des propriétés et des revenus de la cité, est plus rarement mentionné
dans le Code. Gordien nous apprend cependant qu'il était désigné par
le nom grec de *logista* (2), et qu'il n'avait pas le droit de prononcer
des amendes.

Nous ne nous arrêterons pas aux emplois inférieurs, tels que ceux des
susceptores, chargés de percevoir les impôts; des *Irenarchæ*, chargés
de veiller à la sécurité publique; des *Limenarchæ*, et de tous les autres
préposés aux détails de l'administration. Inférieurs en rang, ils étaient
égaux en servitude.

II. Tous ceux, en effet, qui avaient le moindre maniement de fonds,
étaient soumis à une responsabilité que la misère publique avait développée et rendue intolérable. Aussi voit-on les fonctionnaires des cités,
qu'ils exercent des *honores* ou de simples *munera*, essayer de se dérober
par la fuite au fardeau qui les écrase. Mais l'empereur ordonne de les
ramener, et, s'ils persistent à se cacher, leurs biens sont mis à la disposition de ceux qui gèrent en leur absence. Leur retour même ne

---

(1) M. de Savigny, au contraire, fait du *curator reipublicæ* le même magistrat que
d'autres documents appellent *quinquennalis*. ch. u, § 15 (loc. cit). M. Zumpt, comment.
epig. p. 153, 154 et suiv., fonde le système que nous indiquons sur ce que les inscriptions
qui font mention des premiers *curatores reipublicæ* (de Trajan à Septime Sévère) ajoutent
toujours le nom de l'empereur qui les a nommés. Postérieurement à Septime Sévère, aucun
nom d'empereur n'étant mentionné, la mesure serait devenue générale.

(2) L. 3, C., de *modo mulct*.

purge pas leur contumace, et ils doivent définitivement supporter la charge de deux années d'exercice (1).

Les causes d'immunités furent multipliées. Constantin donna une longue énumération des métiers qui exemptaient des charges (2). Les dignitaires de l'empire, les officiers qui approchaient de la personne de l'empereur eurent aussi leurs exemptions. Quelquefois même l'immunité cessa d'être personnelle (3); ici encore parut le privilége.

Il est assez démontré que, sous le Bas-Empire, il ne fallait plus demander, ni aux décurions, ni aux magistrats des cités, la moindre indépendance. Longtemps les premiers de leur ville, ils étaient devenus les derniers de l'empire.

CHAPITRE DEUXIÈME.

FORTUNE MUNICIPALE.

I. Quel fut, cependant, le sort de la fortune municipale? De même que les fonctionnaires de la cité étaient devenus des agents inférieurs du pouvoir impérial, de même on pourrait dire que ses propriétés privées étaient devenues des fractions de la propriété de l'État. Les revenus des cités passaient dans sa caisse. Il paraît même constant que, sous quelques empereurs, les propriétés des villes leur furent ravies. Des constitutions de Julien, au Code Théodosien, qui font restitution des biens enlevés, ne permettent pas de douter de ce fait (4). Dans cette situation, les travaux restèrent négligés faute d'argent, et l'on vit les habitants

---

(1) L. 18, C., de decur.
(2) C., de excusat. artif.
3) L. 6, de profess. et medic.
(4) Roth, p. 35 et 36, n. 67 et 79.

des villes implorer de l'empereur des secours, pour relever leurs murs et leurs aqueducs ruinés.

II. L'ancien patrimoine des villes, épuisé d'un côté, ne se renouvelait pas de l'autre. La misère générale exclut la pensée de libéralités volontaires, dont elles auraient profité. D'ailleurs, si des donations étaient encore faites, elles l'étaient aux églises et non aux cités. On n'a pas moins de peine à concevoir des acquisitions à titre onéreux faites par les villes, à une époque où elles n'avaient plus de ressources suffisantes pour entretenir ce qu'elles gardaient de leurs biens. Mais alors paraît un nouveau genre d'acquisition. Les campagnes, sous le Bas-Empire, n'étaient pas dans une situation plus prospère que les villes. Les terres, grevées d'impôts énormes, étaient abandonnées par leurs propriétaires; et, pour que l'impôt ne fût pas perdu pour l'Etat, la législation s'efforçait de leur trouver des maîtres. La promesse d'exemption temporaire d'impôt étant insuffisante, pour amener des prétendants; ce fut aux cités qu'on les attribua. Les curies devinrent, dès lors, responsables du payement de l'impôt, pour ces terres le plus souvent improductives. Ce n'est pas tout; les terres stériles furent attachées, comme dépendances, aux terres fertiles; et, si le propriétaire de ces dernières se trouvait incapable de supporter l'excédant de charges qui résultait de cette adjonction, il lui fut ordonné de céder le tout aux curiales qui furent ainsi condamnés à en payer l'impôt (1).

On voit ce qu'était ce mode d'acquisition : une attribution ou une accession forcée de terres incultes, emportant des chances onéreuses, sans réelle compensation pour les villes.

III. Comment la cité faisait-elle valoir ses propriétés ? Nous avons vu dans la première période les *locationes in perpetuum*. Elles prirent, sous le Bas-Empire, une grande extension ; et la conséquence fut que la propriété municipale s'effaça de plus en plus, pour transporter au concessionnaire un droit étendu que les textes du Code désignent sous le nom de *jus perpetuum* et *privatum salvo canone*. Zénon définit et réglementa sous le nom d'emphytéose, la nature et les effets du contrat qui donnait naissance à ce droit particulier; sa constitution montre,

---

(1) L. 1, 5 et 6, C. *de omn. agro des.*

entre autres choses, que la perte totale est seule à la charge du propriétaire, la perte partielle restant à la charge de l'emphytéote (1). Mais le droit du propriétaire, tendant ainsi à se transformer en un droit à une redevance, et celui de l'emphytéote à se rapprocher du *dominium*, on en vint à se demander si l'emphytéote pouvait aliéner son droit? Constantin répond (2) que l'aliénation est possible et valable, sans aucune autorisation; mais il ajoute que celui qui cède son droit reste, néanmoins, tenu du payement de la redevance. Quoique la constitution de Constantin soit rendue en matière de donation, il est permis de croire qu'il en devait être de même pour une aliénation à titre onéreux (3). Justinien vint plus tard régler ce point dans la Constitution 3 au C. de *jure emphyt.* Dans cette nouvelle législation, l'emphytéote dut dénoncer au propriétaire son intention de vendre, et si, dans les deux mois de cette dénonciation, le propriétaire ne manifestait aucune opposition, l'aliénation pouvait être conclue, sauf à lui payer le cinquantième du prix de la chose. Le propriétaire avait, en outre, un droit de préemption, qui lui permettait de prendre la vente pour son compte aux conditions du contrat soumis à son approbation.

Les redevances à acquitter par les emphytéotes étaient devenues à peu près la seule ressource des villes; et encore n'étaient-elles pas toujours exactement payées. Cependant la cité n'était pas complétement désarmée contre eux; le défaut de payement du canon pendant trois années autorisait la résolution du droit du concessionnaire.

IV. Quant à l'autre source de revenus municipaux, les impôts, nous voyons par des textes du Code que, non seulement de nouveaux impôts sont autorisés par les princes, mais encore que les impôts, votés par les seules curies, sont confirmés et demeurent à perpétuité (4). Les membres de la cité en souffraient cependant, sans que la cité en profitât; car, tandis qu'autrefois les taxes municipales avaient été des-

---

(1) L. 2, C. *de jure emphyth.*
(2) L. 1, C. *de fund. patr.*
(3) M. Troplong, *du louage*, ch. 1, p. 157. — V. aussi la loi 3 au C. *de fund. rei privatæ*, qui montre que l'emphytéote ne pouvait se décharger du payement du canon par une cession.
(4) L. 10, C., *de vectig.*

tinées aux dépenses locales, aujourd'hui le tiers seulement y restait affecté. Les deux autres tiers étaient attribués à l'État (1).

Nous n'insisterons pas davantage sur la décadence des institutions municipales. Nous n'avions pas à faire leur histoire, mais seulement à rechercher si quelque chose avait survécu de leurs vieilles traditions. Les quelques traits que nous avons indiqués suffisent pour nous autoriser à conclure qu'au point de vue de la représentation libre de la personne, comme au point de vue de l'administration indépendante du patrimoine, les événements n'avaient rien épargné. Les libertés municipales avaient été trop faibles pour lutter seules, en l'absence des libertés politiques; et les villes n'avaient plus, aux IVe et Ve siècles, ni droits, ni bien-être, que dans la mesure que le prince consentait à leur accorder. Ne soyons pas cependant injuste. Quelques empereurs usèrent de procédés moins tyranniques. Julien, nous l'avons vu, essaya de restaurer le patrimoine municipal; Majorien chercha à rendre la vie aux cités. Ses Novelles, rapportées au Code Théodosien, attestent le désir de réformer leur organisation et de la ramener aux anciens principes (2). Mais n'était-ce pas le vice du système qui régissait les villes que de lier leurs chances de prospérité aux hasards du bon vouloir des princes? Aussi, les sages et bienveillantes mesures de quelques-uns, œuvres isolées qui ne trouvaient pas de continuateurs, disparaissent dans la foule des mesures oppressives; et, en dernière analyse, il ne demeure, pour caractériser cette époque, que la servitude des municipes et la confiscation de leurs biens.

Dans cet état misérable, les anciennes cités romaines attendaient un dénouement à leur existence languissante. En Occident, ce fut un immense bouleversement, d'où elles devaient sortir régénérées. En Orient, ce fut une simple constitution impériale. Au IXe siècle, Léon-

---

(1) L. 13, cod.

(2) Plus tard aussi, Justinien (Nov. cxxviii, cap. 16) semble avoir voulu protéger le patrimoine des cités. Il défend aux agents du fisc de mettre la main sur les sommes destinées aux travaux et à l'approvisionnement des villes.

le-Philosophe, qui avait la franchise de déclarer hautement que tout, dans les cités comme ailleurs, dépendait de la sollicitude et de l'administration impériale, eut aussi la logique de supprimer ces faux semblants de liberté et de gouvernement propre (1) qui, depuis longtemps, ne pouvaient plus tromper personne et semblaient presque une insulte à de nobles souvenirs!

---

(1) Leon, Nov. xlvi. « ..... Quæ nunc, eo quod res civiles in alium statum transformatæ sint, omniaque ab una imperatoriæ majestatis sollicitudine atque administratione pendeant, tanquam incassum circa legale solum oberrent, nostro decreto illinc submoventur. »

DROIT FRANÇAIS.

CHAPITRE PRÉLIMINAIRE.

La faculté, pour les réunions d'habitants, de former, au point de vue du droit, une personne distincte des individus qui la composent, demeurant immuable alors qu'ils changent, se perpétuant alors qu'ils périssent; cette personnalité, dont nous avons essayé de suivre les phases dans le droit romain, a reçu également sa consécration dans nos lois actuelles. Mais avant de nous arrêter aux textes législatifs que nous aurons à consulter à cet égard, nous voudrions rapidement indiquer quelques traits des vicissitudes auxquelles a été exposé ce principe, dans la longue période qui sépare l'époque que nous quittons de celle que nous allons aborder. En considérant ainsi les variations du régime municipal français, nous renouerons la chaîne qui unit nos communes d'aujourd'hui aux municipes romains.

La première question qui se présente est celle de savoir si la Gaule, province romaine, avait participé au régime municipal. Nous avons indiqué que, si ce régime s'était répandu dans le monde romain avec une certaine généralité, des diversités locales avaient cependant subsisté. Mais ces diversités furent-elles, en Gaule, d'une telle nature qu'elles aient exclu les caractères essentiels de l'administration municipale?

L'existence de la curie dans les cités gauloises est difficile à contester. Le Code Théodosien renferme sur les décurions de plusieurs constitutions relatives aux Gaules. Ajoutons que l'institution d'une assemblée délibérante s'adaptait merveilleusement aux *civitates* de cette contrée, dont le régime antérieur à la conquête avait été, d'après le témoignage de César, celui de la délibération commune. Mais remarquons, en même temps, que les curies furent, sous la domination romaine, plus multipliées qu'elles ne l'eussent été, si elles avaient suivi les divisions des anciens districts indépendants. Un passage de Salvien (lib. 5, c. 4 *de gub. dei*) atteste, en effet, la présence des décurions dans de très-petits centres.

Il y a plus de difficulté à l'égard des magistrats des cités, ou du moins, à l'égard des *duumvirs*. M. de Savigny a soutenu qu'ils avaient fait défaut dans les Gaules et, pour lui, l'existence des duumvirs aurait été attachée à la concession du *jus italicum*. Cette opinion a surtout pour base la supposition que le *principalis*, dont il est fait mention dans certains textes concernant les Gaules, notamment la loi 171, C. Th., *de decur.*, aurait été un magistrat unique, ayant la présidence de la curie, fonction ordinaire des duumvirs. Mais si le titre de *principalis* fut quelquefois donné au président de la curie, d'autres textes parlent des *principales*, comme d'une classe particulière de décurions. D'ailleurs certaines villes des Gaules avaient eu, de l'aveu de M. de Savigny, des duumvirs; et il n'est point prouvé que ces villes eussent obtenu une concession particulière du *jus italicum*. Quant à la présence des *defensores* à la fin de l'empire, elle n'est point contestée.

Le régime municipal ayant existé en Gaule, eut, comme toutes les institutions romaines, à subir le choc de l'invasion barbare; mais il ne périt pas tout entier. Il faut faire, à son égard, une observation commune à l'histoire de toutes les institutions romaines : Le Midi fut beaucoup moins modifié que le Nord. A toute époque, il avait été plus imprégné des idées romaines; lors de l'invasion, il eut pour premiers maîtres les conquérants les moins barbares, les Visigoths, établis plutôt par les traités que par les armes. Aussi non-seulement le droit et les institutions romaines continuèrent-ils d'avoir cours dans les contrées méridionales; mais ils devinrent l'objet d'une œuvre législative le *Breviarium Alarici*. Le Nord eut, sans doute, un sort différent à quelques égards ; cependant, malgré l'obscurité qui enveloppe l'histoire des établissements barbares, il est permis de croire que l'occupation des Francs ne fut point partout violente. D'ailleurs la personnalité du droit était un principe germain. Les Francs gardaient leurs coutumes, mais ils n'enlevaient pas aux vaincus le droit romain qui les régissait. Il n'est donc pas invraisemblable que les traditions municipales se soient conservées après la conquête. Puis, avec le temps, ce dualisme dans le droit disparut ; la fusion s'opéra entre les vainqueurs et les vaincus, et il en dut sortir un état de choses mixte. De savants travaux ont, de nos jours, accrédité cette idée et apporté, à l'appui des suppositions, des textes précis. On trouve dans l'Histoire du droit romain au moyen-âge de M. de Savigny, dans l'Histoire du droit municipal de M. Raynouard, de nombreux documents, particulièrement des formules d'actes, qui prouvent la persistance des noms et de quelques-unes des attributions des curies et des défenseurs des cités (1). Bientôt des noms germains, placés quelquefois à côté des anciens noms romains, viennent attester le progrès de l'œuvre de fusion, jusqu'au jour où il faut chercher les restes du régime municipal romain plus dans les choses que dans les noms, démêler la curie dans le *mallum*, et retrouver les curiales et les magistrats municipaux dans les *rachimbourgs* et les *scabins* de l'époque Franke. On est même fondé à supposer, sans aller jusqu'à faire de l'invasion barbare la restauration des institutions municipales, que les cités recouvrèrent à cette époque quelque vitalité. Le système fiscal, qui avait été la cause principale de leur ruine, était tombé avec l'empire romain. La délivrance de cette entrave leur permit de prendre quelque développement.

Mais, si le régime municipal ne disparut pas dans l'invasion, il fut plus tard exposé à une œuvre de destruction redoutable de la part d'un ennemi qui grandissait, en gagnant également au-dessous et au-dessus de lui ; nous voulons dire la féodalité.

Cette puissance nouvelle qui, sous les successeurs de Charlemagne, s'accrut à la faveur de la faiblesse du pouvoir royal et étendit la

---

(1) V. aussi Hist. des biens communaux, en Franc., depuis leur origine jusqu'à la fin du XIIIe siècle, par M. Rivière (ouvrage couronné par l'Acad. des Inscript. et Belles-Lettres. — 1856.)

servitude sur les campagnes, ne put pas laisser aux villes une sérieuse
action sur elles-mêmes. Lorsque le comte ou l'évêque, cessant d'être
un magistrat de situation dépendante, bien qu'élevée, devint un souverain ne relevant en réalité de personne, les libertés des villes
furent condamnées. Les droits les plus arbitraires et les taxes les plus
lourdes s'appesantirent sur elles. L'administration dégénéra en gouvernement d'autant plus absolu que son action était plus rapprochée
des administrés. En même temps, les propriétés des cités furent ab-
sorbées. Elles n'avaient pas sans doute traversé l'invasion sans subir
quelques atteintes. Les libéralités faites aux antrustions, les spoliations même avaient pu ne les point épargner. Néanmoins, des documents prouvent leur persistance et leur maintien, dans l'époque
franke, et jusqu'au-delà du règne de Charlemagne. Mais, lorsque la
féodalité devint plus envahissante, les alleux des cités, suivant la marche
des choses, allèrent se concentrer dans les mains des seigneurs. Est-ce
à dire que, sous les premiers Capétiens, les villes fussent uniformément
dans un état de servitude? Ce serait aller trop loin. Les villes du midi
avaient conservé plus précieusement les traditions du régime municipal
romain; certaines villes du nord même n'avaient point perdu toute indépendance. D'un autre côté, on trouve encore, à cette époque, des
traces de biens appartenant à des villes. Il restait donc sur le territoire
français quelques germes d'institutions municipales, susceptibles de
produire une réaction et de reprendre vie, sous son influence.

A la même époque se formaient de nouvelles agrégations d'habitants. Autour du château féodal, de l'église, de l'abbaye, se groupaient
les populations. De là des bourgs, des villages, sans antécédents municipaux, sans propriétés préexistantes, et qui, sous la pression du régime féodal d'où ils étaient issus, ne présentèrent, de prime abord,
aucun signe d'existence indépendante.

Mais, à la fin du XIe siècle, éclate un grand mouvement d'émancipation, qui se manifeste d'abord par des actes isolés, et prend, au
XIIe siècle, un caractère de plus grande généralité. Dans le midi,
l'exemple des villes de l'Italie, qui venaient de s'affranchir, fait appa-
raître, sans grande secousse, les noms de consuls et les libertés municipales. Au nord, la restauration de l'indépendance des villes affecte
une physionomie plus énergique et plus germaine. La Ghilde, c'est-à-

dire l'association solennelle, consacrée par le serment, est la forme
originale que revêtent les premières COMMUNES (1). Dès 1070 et
1076, le Mans, Cambrai, deviennent le siége d'associations de cette
nature, et leurs habitants arrachent, par l'insurrection, des chartes
à leurs seigneurs. Bientôt, et pendant les scènes sanglantes de Laon,
les villes de Saint-Quentin, Beauvais, Noyon, Amiens, etc., obéissent au
signal, et le XII° siècle se remplit de l'histoire des villes, grandes ou
petites, qui se soulèvent au cri de COMMUNE, formulent leurs demandes
et les soutiennent, au besoin, par les armes.

Pour comprendre cette lutte, ses vicissitudes et ses effets, il faut
observer entre quelles puissances elle s'agitait. Dépouillée de l'autorité effective, et réduite à une suzeraineté nominale sur la majeure
partie du territoire, la couronne conservait à peine, dans ses propres
domaines, une influence réelle. C'était en général, avec les seigneurs
laïques et ecclésiastiques que les populations étaient en rapport, non avec
le roi. Ce fut aussi contre eux que se dirigea l'insurrection. Les demandes
de chartes de commune s'adressèrent aux comtes et aux évêques; et le
rôle de la royauté se réduisit presque partout à une simple intervention. Les chartes étaient-elles accordées sans combat? le roi donnait à
la charte octroyée par le seigneur la consécration du sceau royal.
Des troubles s'élevaient-ils? le secours armé du roi venait seconder
soit les seigneurs, soit les villes qui le réclamaient. Dans une même
lutte, comme celle de Laon, les deux partis purent ainsi se prévaloir
tour à tour de l'appui de la royauté, que l'on vit déchirer les chartes,
après les avoir signées. Il ne faut donc pas exagérer l'action du pouvoir royal dans l'émancipation des communes. Il ne suivit pas, du
moins à l'origine, une ligne tracée d'avance, et il ne conçut pas la
grande pensée de l'affranchissement des communes; mais il se trouva
mêlé, sans dessein, à l'entreprise qu'elles poursuivaient et il y prit, tour
à tour, l'attitude que lui conseillaient les besoins du moment. Les rois de
France du XI° et du XII° siècles étaient trop pauvres et trop faibles encore, pour concevoir et garder une politique ferme et indépendante.

Mais l'insurrection ne fut pas uniformément le caractère de la révo-
ution communale. Quelques seigneurs, dans leurs domaines, allèrent

(1) Aug. Thierry. Cons. sur l'hist. de France, ch. v.

au-devant des demandes. Le roi surtout fit, dans les siens, des concessions volontaires : ici, naturellement, son influence fut plus sérieuse.

Remarquons cependant que la condition acquise par les villes fut très-variée. L'étendue des concessions se mesura souvent sur les proportions de la lutte. De toutes les villes du moyen-âge, celles qui paraissent avoir obtenu la plus grande somme de libertés, furent celles qui les avaient demandées à l'insurrection. On peut même démêler trois degrés dans la situation des villes. Quelques-unes, restées sous la dépendance des seigneurs ou de leurs officiers, recevaient seulement, comme faveur, l'exemption de certains droits onéreux. C'étaient les villes de *prévôté*. D'autres obtenaient sur quelques points, le droit d'intervenir dans la gestion de leurs intérêts, mais en gardant toujours au-dessus d'elles l'autorité d'un délégué du seigneur ou du roi. C'étaient les villes de *bourgeoisie*. Enfin les *communes*, proprement dites, obtenaient la plus grande étendue de franchises, et celles-là ne se rencontraient guère dans les domaines royaux. Si, en effet, de la série des actes de concessions royales octroyées à Orléans, à Lorris en Gâtinais, on rapproche les chartes communales de Saint-Quentin, de Beauvais, de Laon, filles de l'insurrection ; à côté de garanties données à la liberté individuelle, à côté de l'abolition des droits de mainmorte, de la réforme des tailles, qui sont, dans toutes, comme le droit commun des concessions faites aux villes, on voit de plus, dans les dernières, la reconnaissance d'une constitution libre ; on y lit les noms de maire, de pairs, d'échevins, de jurés ; on reconnaît, enfin, le principe de l'élection par la commune de magistrats auxquels sont données une juridiction et une administration indépendantes. Il faut même aller plus loin : les communes du moyen-âge furent, d'une part, infiniment plus souveraines, d'une autre, infiniment plus démocratiques que ne l'avaient été les municipes romains (1). Sauf quelques prestations envers les seigneurs, les communes ne relevaient plus que d'elles-mêmes. C'est ainsi qu'elles avaient le droit de lever des milices et des taxes pour faire la guerre. En outre, leur organisation reposait sur l'élection populaire. C'était le suffrage des habitants, dans toute sa turbulence, qui servait de grand ressort d'administration inté-

_____

(1) M. Guizot, Hist. de la civil. en France, tome. IV, 18e leçon.

rieure. Et ces habitants quels étaient-ils? Les seigneurs, ceux qui concentraient entre leurs mains les droits féodaux et le territoire, étaient retirés dans les châteaux, hors de l'enceinte des villes. Dans celles-ci ne restait qu'une population inférieure, qui ne connaissait la culture que par les tenures précaires, l'industrie et le commerce que par le travail manuel. Formés en corporations pour leurs travaux, en assemblées pour le choix de leurs magistrats, ces artisans n'étaient et ne pouvaient être qu'une démocratie. De cette organisation populaire il y a loin à la constitution aristocratique des municipes romains : c'est qu'entre les deux états de choses, deux faits, immenses dans leurs conséquences, s'étaient produits : l'oppression par la féodalité et l'affranchissement par l'insurrection.

En même temps, la propriété des communes tendit à se reconstituer. Non-seulement les villes émancipées eurent une caisse pour subvenir à leurs dépenses; mais des propriétés foncières leur furent attribuées par des chartes. Il y eut, à quelques égards, réparation des usurpations commises.

Ce grand ébranlement du xiie siècle eut aussi son contre-coup dans les campagnes. Les communautés formées autour du château, ou dans la circonscription de la paroisse, obtinrent, de leur côté, le relâchement du lien féodal. Le clocher des villages n'eut point sans doute, au moyen-âge, le grand rôle du beffroi des villes; mais les populations rurales connurent aussi les concessions de droits et de terres.

Peu de communes cependant eurent une existence paisible. Deux éléments y jetèrent le trouble : les entreprises des seigneurs féodaux, avides de ressaisir leur autorité, et les discordes intestines d'une population trop complétement et trop brusquement affranchie, étonnée de sa conquête et mal habile à en user. En face de ce double danger, les communes cherchèrent un appui et le trouvèrent dans le pouvoir royal. Devenue plus forte alors et plus confiante, mieux éclairée aussi sur son influence maintes fois invoquée, la royauté arrêta les tentatives des seigneurs, mais en se gardant de laisser gagner aux communes une trop grande importance. Quelquefois même, les rois prirent parti contre elles; et ainsi, tour à tour, amis et ennemis, ils apprirent aux seigneurs et aux communes à compter avec eux. D'un autre côté, certaines communes, fatiguées de leurs dissensions ou du joug de leurs propres magistrats, en vinrent à abdiquer leurs libertés entre les mains du roi, lui demandant de leur envoyer un magistrat, un prévôt qui les gouvernât en son nom.

Les choses en étaient venues à ce point, vers la fin du XIIIe et au commencement du XIVe siècle. Les rois de France réglaient par ordonnance l'administration des villes, à mesure qu'ils étendaient leurs domaines. Les anciennes communes étaient peu à peu amenées à un état qui rappelait celui des villes de *bourgeoisie*. Sous saint Louis et Philippe le Bel, l'excessive indépendance locale s'effaçait déjà devant l'unité de la nation. Mais, en même temps, des villes qui n'avaient jamais eu d'existence indépendante, ni dérivée du régime municipal romain, ni sortie du mouvement communal; des villes récemment fondées reçurent le droit d'avoir des magistrats choisis par leurs habitants (1). La souveraineté des communes se perdit, mais les villes gardèrent ou obtinrent des droits d'administration propre. Depuis saint Louis, jusque vers la fin du XVIIe siècle, on vit encore des maires, des échevins, des consuls, gérant les affaires communes. On vit des princes rendre hommage au principe de la liberté d'administration et d'élection (2); et l'on peut conclure que la tutelle du gouvernement, quoique énergiquement constituée, était loin d'être une oppression sans relâche comme elle avait été dans l'empire romain.

Toutefois, en même temps qu'elle empiéta souvent sur l'administration des communautés, la royauté eut un autre tort, celui de ne point toujours protéger efficacement leur patrimoine. C'est dans cette période que se placent les fréquentes usurpations commises par les seigneurs sur les biens des communes. Les soustractions de titres, les ventes imposées ou simulées sont autant d'abus que les ordonnances des rois essayent de réprimer, mais sans y parvenir toujours. Au XVIIe siècle aussi, apparaît clairement un droit qui, sans doute, n'était pas nouveau, le triage, c'est-à-dire le droit pour le sei-

---

(1) Par exemple, Aigues-Mortes, sous Louis IX : « Il est permis à la communauté de la ville d'avoir 4 consuls au moins, et ils auront un conseil juré qu'ils choisiront, et les habitants auront la liberté de choisir ces consuls. » V. M. Raynouard, Hist. du droit municipal, tome II.

(2) M. Raynouard (loc. cit.) a suivi, pour ainsi dire, de règne en règne, dans cette longue période, les traces du maintien de ces deux principes.

gneur, de distraire, à son profit, le tiers des bois, marais, prés, con-
cédés par lui, ou ses auteurs, gratuitement à la commune.

Le règne de Louis XIV fut fatal aux libertés des communes. En
1692, les élections furent abolies et les fonctions municipales devinrent
vénales. En même temps elles devenaient perpétuelles ; c'est dire que
ceux qui en étaient investis échappaient à toute responsabilité et que les
villes perdaient toute garantie d'administration. Le seul moyen pour
elles de fuir ces conséquences, fut de se racheter (1707). Il est vrai
qu'après la mort de Louis XIV, le droit d'élection fut rendu aux villes
(1717); mais, dès 1722, un nouvel édit revint à la vénalité. Son
préambule ne laissait pas de doute sur la cause qui l'avait motivé :
« La nécessité de nos finances, y est-il dit, nous oblige à chercher les
moyens les plus sûrs de les soulager ». Les villes étaient donc victimes
d'expédients de finances. Le reste du siècle, jusqu'à la révolution,
s'écoula dans des alternatives semblables, et les villes furent sans cesse
obligées de racheter le droit d'élire leurs magistrats. En 1764 et 1765,
cependant, le gouvernement entreprit de faire une loi générale sur l'administration des villes. Deux assemblées furent établies dans la plupart
d'entre elles. La première se composa du corps de ville, c'est-à-dire
le maire, les échevins et les autres officiers municipaux. La seconde
fut une assemblée de notables élus par le peuple et chargés d'élire le
corps de ville et de délibérer avec lui dans les affaires importantes.
Mais un nouvel édit vint encore en 1771 rétablir la vénalité des
offices.

L'organisation des paroisses rurales, des communautés d'habitants,
n'avait jamais été réglementée d'une manière positive. On voit seulement que leur mode d'administration présentait assez généralement,
avant la révolution, un syndic placé à leur tête, sous la surveillance
d'un subdélégué de l'intendant. Sur les affaires importantes, les chefs
de famille étaient appelés à délibérer en assemblée générale. Mais là,
comme dans les villes l'élection, l'assemblée, les fonctionnaires n'a-
vaient que l'apparence de la liberté. « Une paroisse, disait Turgot, est
un assemblage de cabanes et d'habitants non moins passifs qu'elles (1) ».

---

(1) M. de Tocqueville, l'Ancien Régime et la Révolution, p. 76.

C'est dans cet état que la révolution de 1789 trouva les communautés urbaines et rurales. Dès la nuit du 4 août, l'Assemblée nationale décida qu'un système unique régirait les diverses circonscriptions territoriales. Deux mois après, la discussion était ouverte. Dans ces temps d'effervescence, les systèmes les plus hardis ne craignaient pas de se produire. Pour l'organisation communale, on proposa de laisser aux municipalités une complète indépendance, qui eût fait d'elles comme autant de petites républiques unies par un lien fédératif. Mais Sieyès fit triompher l'idée d'une sage conciliation entre les libertés municipales et l'unité du pouvoir central. Le décret du 14 décembre 1789 constitua dans chaque communauté un corps municipal composé d'un maire, d'un procureur de la commune et de plusieurs officiers municipaux. En outre, un nombre de notables, double de celui des membres du corps municipal, dût se réunir à lui pour former le conseil général de la commune. L'élection fut le principe de toutes les nominations.

Le seul vice de cette organisation était de remettre à plusieurs le pouvoir exécutif dans la commune. Mais les municipalités jouissaient d'une grande latitude d'administration et de police locale. Les droits et les intérêts de la communauté étaient soigneusement distingués et restaient confiés à sa garde. L'État avait un droit de surveillance, mais limité aux exigences de l'ordre public. On admit aussi le principe que les officiers municipaux pourraient être chargés de fonctions relatives à l'administration générale, comme la répartition individuelle de l'impôt, la surveillance des travaux publics.

Les municipalités constituées, le patrimoine des communautés attira l'attention du législateur. La loi du 15 mars 1790 abolit le triage pour l'avenir; celle du 28 août 1792 révoqua tous les triages exécutés depuis 1669(1). La même loi fit entrer dans la propriété des communes les terres vaines et vagues situées sur leur territoire, et les réintégra

_____

(1) L'ordonnance de 1669 avait toléré le triage, à la double condition qu'il fût justifié d'une concession faite gratuitement par le seigneur, et établi que les deux tiers du fonds suffisaient à l'usage de la paroisse.

dans les biens et droits anciennement possédés par elles, et dont elles avaient été dépouillées par la puissance féodale.

Les principes reconnus par la révolution de 1789 sont demeurés les bases de notre régime communal. Si des atteintes, non seulement de fait, mais de droit, y furent portées, à plusieurs époques, elles furent passagères. La constitution de l'an III essaya de transporter au canton l'administration municipale; mais cette tentative échoua et la constitution de l'an VIII revint aux anciennes circonscriptions. Celle-ci introduisit, en même temps, l'innovation heureuse d'un pouvoir exécutif confié à un magistrat unique, mais elle abrogea le système électif et attribua au pouvoir central la nomination des maires et adjoints et même des conseillers municipaux. Il était réservé à la loi du 21 mars 1831 de restaurer, en grande partie du moins, le principe de l'élection.

Le patrimoine des communes eut aussi à souffrir des spoliations. La loi du 24 août 1793 nationalisa les dettes des communes antérieures à sa promulgation, et attribua en même temps leurs biens à l'État. Une nouvelle dépossession fut prononcée par la loi du 20 mars 1813, portant cession des biens des communes à la caisse d'amortissement, et n'exceptant que les édifices affectés à un usage public et les bois et biens communaux proprement dits. Mais cette loi fut rapportée le 28 avril 1816; et, depuis lors, ç'a été l'œuvre de la loi du 18 juillet 1837 de reconnaître pleinement les droits des communes, d'en déterminer l'étendue et d'en régler l'exercice.

CHAPITRE PREMIER.

CONSTITUTION DES COMMUNES.

En abordant la commune, telle que l'ont constituée la révolution de 1789 et les lois postérieures, notre étude s'étend et se généralise. Les villes ne doivent plus seules nous occuper; les campagnes réclament le même examen parce qu'elles ont les mêmes droits. Ce n'est pas une des moindres conquêtes des idées modernes que l'extension à toutes les parties du territoire d'une organisation identique, qui sait donner satisfaction aux mêmes besoins, partout où ils existent. On a vivement critiqué l'unité d'organisation communale: on a cité des inconvénients pratiques; on s'est appuyé surtout sur ce que l'uniformité, en cette matière, avait pour conséquence de placer le législateur dans l'alternative, de restreindre les droits de tous en raison de l'inaptitude de quelques-uns, ou d'accorder à tous des droits dont quelques-uns sont incapables d'user (1). Quoi qu'il soit de ces inconvénients, ceux des autres systèmes ne seraient pas moindres. Assujettir les petites communes, les communes rurales, à la direction incessante d'une autorité déléguée du gouvernement, sous prétexte de subvenir à l'incapacité présumée des maires de campagne, ce serait proclamer le droit d'intervention illimitée du gouvernement dans les intérêts communaux, pour la majeure partie du territoire français. Soumettre les petits contres à l'administration des grands, ce serait mettre les campagnes au service des villes, et faire tourner la prospérité des premières à l'accroissement du luxe des secondes. La création des municipalités de canton a contre

(1) Rapport de M. Vivien à la chambre des députés sur la loi du 18 juillet 1837.

elle l'insuccès d'une première expérience (1). Toutes ces combinaisons théoriques ont d'ailleurs un défaut commun. Elles blessent le sentiment de l'individualité locale, sentiment peut-être plus vif dans les petites localités que dans les grandes. Aussi le principe de l'uniformité de l'organisation communale est-il sorti vainqueur des attaques dirigées contre lui.

Pénétrons maintenant au sein de la commune, pour examiner en détail son organisation et ses attributs, et recherchons d'abord quels sont les pouvoirs qui agissent au nom de la personne collective.

Le jeu de trois ressorts se manifeste dans l'administration des communes : l'ensemble de la population locale procédant par élection ; un conseil municipal procédant par délibération; un maire et des adjoints procédant par action proprement dite.

SECTION Ire.

Population de la commune.

§ 1er. — Sa composition.

La *commune*, porte l'art. 2 de la loi du 10 juin 1793, est « une société de citoyens unis par des relations locales ». Mais le consentement réciproque, qui est la base de toute société, ne saurait être exigé d'une manière expresse dans chacune des circonscriptions d'un grand Etat. Les lois barbares seules, celles des peuples primitifs, ont pu l'imposer pour l'admission dans leurs tribus. Dans l'état de civilisation, il faut s'en tenir à un consentement présumé, ou, comme on l'a dit, à un quasi-contrat d'association locale. Quels sont les faits qui font présumer ce consentement et qui servent de fondement à ce quasi-contrat? Le premier élément, puisqu'il s'agit d'une association terri-

---

(1) La constit. du 5 fructidor an III, tit. vii.

toriale, est le territoire. Il importe donc de dire quelques mots de la circonscription communale.

L'Assemblée nationale évita de faire descendre le remaniement du territoire français jusqu'au dernier degré des communautés d'habitants. Les villes, bourgs, paroisses, érigés en municipalités, furent maintenus dans leurs anciennes limites. Mais celles-ci ne pouvaient être condamnées à garder une fixation invariable dans l'avenir. La nécessité de quelques modifications peut, en effet, se produire sous l'influence de circonstances diverses. Il est dans l'ordre des choses que certains centres perdent de leur importance, avec le temps, quand d'autres en acquièrent une plus grande; il arrive aussi que leurs intérêts, leurs relations changent en tout ou en partie. Dans ces cas, ce peut être un acte de bonne administration d'apporter quelque changement aux circonscriptions, de procéder à des réunions et séparations. Mais le droit de faire de telles modifications ne peut appartenir qu'à une autorité supérieure. La constitution de 1791 l'avait attribué au pouvoir législatif; toutefois sans avoir été abrogée, cette règle avait cessé d'être suivie, sous la constitution de l'an VIII. Le gouvernement s'était attribué le droit de prononcer les réunions et séparations de communes, sous la garantie de certaines formalités. La loi du 18 juillet 1837, encore en vigueur, a placé en tête de ses dispositions la réglementation de cette matière.

Dans tous les cas, qu'il s'agisse « de réunir plusieurs communes en une seule, ou de distraire une section d'une commune, soit pour la réunir à une autre, soit pour l'ériger en commune séparée », la première mesure est une enquête ordonnée par le préfet dans les communes intéressées. Les communes, appelées déjà à intervenir de cette manière, le sont encore par leurs conseils municipaux, auxquels, dans cette circonstance, on adjoint les plus forts contribuables en nombre double de celui des membres du conseil. L'assemblée, ainsi composée, donne son avis. S'il s'agit de démembrer une commune, la section qu'il est question d'ériger en commune séparée ou de réunir à une autre, doit être aussi consultée. Pour lui composer une représentation propre, les électeurs municipaux domiciliés dans la section procèdent à l'élection d'une commission syndicale qui nomme son président et donne son avis. Le nombre des membres de cette commission syndicale est fixé par arrêté du préfet et, si ce nombre excède la moitié de celui des électeurs de la section, la commission est de droit composée des plus imposés. Mais l'enquête, les délibérations du conseil municipal et des plus imposés, ou de la commission syndicale, pourraient subir l'influence de considérations personnelles ; et, d'ailleurs, elles ne donnent jamais que l'expression du sentiment local. Aussi la loi, pour servir de contrôle, exige-t-elle l'avis de ceux qui représentent les circonscriptions plus étendues, auxquelles se rattachent les communes intéressées, à savoir, des conseils d'arrondissement et de département.

Ces règles sont applicables dans toutes les hypothèses ; mais la diversité commence, quand on arrive à l'autorité qui doit définitivement prononcer. Lorsque les réunions et distractions de communes devront avoir pour résultat de modifier la composition d'un département, d'un arrondissement ou d'un canton, elles ne pourront être prononcées que par une loi, parce qu'à la loi seule appartient de déterminer les ressorts judiciaires et les circonscriptions électorales. A part ces cas, il faudra encore recourir à une loi, lorsque les conseils municipaux auront donné un avis contraire à la réunion ou distraction ; mais avec cette distinction que, s'il s'agit d'une commune ayant moins de trois cents habitants, l'opposition des conseils municipaux ne sera pas prise en considération, lorsque, d'ailleurs, le conseil général se sera prononcé affirmativement. Dans ce cas, et dans tous les autres qui ne sont pas exceptés, un décret du chef de l'Etat sera suffisant.

Le fractionnement des communes ne doit, du reste, être soumis aux règles qui précèdent que lorsqu'il s'agit d'opérer sur une commune entière ou sur une section. Les questions de délimitation de communes, qui n'ont pour objet qu'une simple rectification de territoire, sont soumises à des formes beaucoup plus simples, qui ne saisissent que l'autorité administrative du département, à moins que les deux communes intéressées n'appartiennent à des départements différents.

Maintenant, le territoire étant fixé, quelle est la relation par laquelle s'y rattachent les membres de la commune ? En droit romain, nous avons trouvé deux faits : 1° l'origine ; 2° l'établissement du domicile ; le premier, indestructible dans ses effets, le second, susceptible de changements postérieurs. Dans le droit barbare, nous voyons que la loi Salique (chap. 47) exigeait un consentement exprès et unánime de la communauté à laquelle voulait s'agréger un nouveau membre ; toutefois, à défaut de ce consentement, une résidence sans trouble, prolongée pendant douze mois, était regardée comme suffisante. Le même délai d'un an se rencontre encore au moyen-âge pour la participation aux droits de bourgeoisie.

Dans nos lois modernes, le lien d'origine a moins de force que dans les lois romaines. Il est reconnu et exigé pour la formation du grand être moral qu'on nomme l'État, mais son influence, s'arrêtant aux questions de nationalité, ne descend pas jusqu'aux communes. Il en est autrement du domicile. C'est, en général, lui qui forme le nœud de l'association. Il faut remarquer, néanmoins, que si la condition du domicile réel est exigée dans certains cas, par exemple, pour la jouissance des biens communaux, elle ne l'est pas dans tous. C'est ainsi que, d'après l'art. 7 de la loi du 5 mai 1855 combiné avec l'art. 13 du décret du 2 février 1852, la qualité d'électeur communal est attachée à la simple résidence de six mois. En outre, la possession d'une propriété immobilière dans une commune, et, plus généralement encore, l'inscription sur le rôle des contributions directes, font entrer, en un certain sens, le propriétaire ou le contribuable dans l'association, puisqu'il se trouve appelé à participer aux charges communes et que, de plus, si sa cote est de quelque importance, il peut être invité à délibérer sur des intérêts communs, dans certaines circonstances. Cependant, ni la propriété, ni l'inscription au rôle ne constituent le domicile. Il faut donc conclure de là qu'on ne doit prendre, pour principe de l'association, le domicile et même l'habitation qu'avec une certaine réserve.

§ 2. — Rôle de la population dans la commune.

Le rôle des habitants de la commune consiste dans l'élection des membres du conseil municipal, c'est-à-dire de ceux qui doivent être les représentants de la commune dans la gestion de ses intérêts. Nous savons que la loi de 1855 confère le titre d'électeur municipal, sans autre condition qu'une habitation de six mois dans la commune ; mais comme le droit d'élection, pour être exercé dans un intérêt communal, ne perd pas, d'après nos lois, le caractère de droit politique; il faut ajouter que les personnes auxquelles la jouissance des droits politiques est refusée ne peuvent se prévaloir du fait de l'habitation pour participer aux élections. L'étranger, le mineur, l'interdit, la femme ne sauraient y être admis, non plus que les faillis non réhabilités et les personnes atteintes de certaines condamnations énumérées dans les art. 15 et 16 du décret du 2 février 1852; quoique ces mêmes personnes, comme domiciliées dans la commune, puissent participer à certains avantages et subir certaines charges de la corporation.

Voyons comment les électeurs communaux exercent leur droit. Il faut, avant tout, qu'ils soient inscrits sur la liste électorale. Une décision du juge de paix ordonnant leur inscription, ou un arrêt de la Cour de cassation, annulant un jugement qui aurait prononcé leur radiation, suppléerait cependant à l'inscription sur la liste. Les électeurs peuvent, ou voter dans une seule assemblée, ou être divisés en sections. D'après la loi du 21 mars 1831 (art. 44 et 45), la division en sections avait lieu de droit dans les communes de deux mille cinq cents âmes et plus. Dans les communes au-dessous de ce chiffre, les électeurs se réunissaient en une seule assemblée. Toutefois, sur la proposition du conseil général, et, le conseil municipal entendu, les électeurs pouvaient être divisés en sections par arrêté du préfet. Aujourd'hui, aux termes de l'art. 7 de la loi du 5 mai 1855, le chiffre de la population des communes n'est plus à considérer. Le préfet est souverain appréciateur de l'opportunité de la division en sections; ni le conseil général, ni le conseil municipal n'interviennent. La seule exigence de la loi est que l'arrêté du préfet soit pris en conseil de préfecture. Il ne s'agit pas ici, bien entendu, de sections établies pour la facilité ou la rapidité des votes. Il faut entendre par sections, des groupes d'électeurs nommant chacun un certain nombre de membres du conseil. L'utilité de cette division est manifeste. Une commune, malgré son unité, peut comprendre des sections qui ont des biens particuliers et des intérêts propres. Une portion de la population peut même avoir des intérêts contraires à ceux d'une autre portion, par exemple, si la commune est en partie urbaine et en partie rurale. Dans ces circonstances, il est de toute équité que les intérêts distincts soient

distinctement représentés ; et c'est ce qui n'arriverait pas si tous les
électeurs concouraient confusément à l'élection de tous les candidats.
Dans un vote commun, une petite fraction électorale correspondant à
une petite fraction territoriale serait inévitablement étouffée. C'est
pour obvier à ces inconvénients qu'a été créé le vote par sections.
L'arrêté du préfet, qui fait la division en sections, détermine, en même
temps, le nombre de conseillers municipaux à élire par chacune
d'elle. Il doit, pour faire ce travail, prendre pour guide le nombre
des électeurs inscrits dans chacune ; mais il n'est pas tenu d'observer
une exacte proportion. La présidence des sections se divise entre le
maire, les adjoints et les conseillers municipaux. Le président a seul
la police de l'assemblée. Le bureau se compose, outre le président, de
quatre scrutateurs et d'un secrétaire. Les difficultés qui s'élèvent sur
les opérations de l'assemblée électorale sont jugées provisoirement par
le bureau : les décisions sont motivées.

Quant au vote, il se fait au scrutin de liste. Les électeurs sont appelés par ordre alphabétique. A l'appel de leur nom, ils remettent leur
bulletin au président qui le dépose dans la boîte du scrutin fermée avec
certaines précautions. L'appel terminé, et après un réappel des électeurs qui n'ont pas voté, le scrutin est clos, et le bureau, assisté de scrutateurs qu'il désigne parmi les électeurs présents, procède au dépouillement, pour lequel la loi trace des mesures de sûreté. A la suite du
dépouillement, le président proclame le résultat du scrutin.

Pour que l'assemblée électorale puisse arriver à un résultat utile, il
faut qu'elle soit composée, au moins, du quart des électeurs inscrits.
C'est la conséquence de l'art. 44 qui veut qu'aucun candidat ne puisse
être élu s'il n'obtient un nombre de suffrages égal au quart des électeurs inscrits (1). Un procès-verbal des opérations électorales est dressé
par le secrétaire et les décisions du bureau y sont insérées. On y an-
nexe, après qu'ils ont été paraphés par le bureau, les bulletins et pièces
qui se réfèrent à ces décisions. Le procès-verbal est signé par le secrétaire et les autres membres du bureau. Une copie également signée est
envoyée au préfet (2).

_____

(1) Cela n'est vrai toutefois que pour le premier tour de scrutin.
(2) L. du 5 mai 1855, sect. 3, art. 27 à 44.

Un droit assez remarquable est celui qui est donné à tout électeur
d'arguer de nullité les opérations de l'assemblée dont il fait partie. S'il
élève sa réclamation pendant leur durée, elle sera inscrite sur le procès-verbal, avec lequel elle parviendra au préfet, sinon elle devra être
déposée dans le délai de cinq jours, à dater du jour de l'élection, au
secrétariat de la mairie, pour de là être envoyée au préfet ; à moins
qu'elle ne soit directement déposée à la préfecture ou à la sous-préfec-
ture dans le même délai de cinq jours. Le conseil de préfecture pro-
noncera dans le mois sur la demande. Le préfet, de son côté, a le droit
d'attaquer l'élection dans les quinze jours de la réception du procès-
verbal, s'il estime que les conditions et les formes légales n'ont pas été
remplies. Dans ce cas, comme dans l'autre, c'est le conseil de préfecture
qui juge, sauf à lui, si la réclamation implique la solution préjudicielle
d'une question d'état, à renvoyer devant les tribunaux compétents, en
fixant un bref délai dans lequel la partie qui a élevé la question préjudicielle doit justifier de ses diligences. Le conseil de préfecture ne
statue que sauf pourvoi au Conseil d'Etat formé dans le délai de trois
mois et jugé sans frais (1).

Sauf le droit d'élection, l'ensemble des habitants de la commune ne
participe point à l'administration des affaires locales. Les plus imposés
seuls sont quelquefois appelés à se réunir pour donner leur avis. Nous
avons déjà vu un de ces cas, lorsqu'il s'agit de réunion ou distraction
de commune ; il faut ajouter celui où la commune veut s'imposer
extraordinairement ou contracter un emprunt (2). Les habitants sont
plus généralement appelés à exprimer une opinion dans certaines circonstances graves qui exigent une enquête *de commodo et incommodo*.
Mais, en somme, le principe est que la délibération n'appartient pas
à la masse des habitants. Leur assemblée n'a qu'un but, l'élection ;
et il leur est interdit de se détourner de ce but pour délibérer ou discuter, aux termes de l'art. 30 de la loi du 5 mai 1855. Au Conseil
municipal seul, en effet, appartient la délibération.

---

(1) L. du 5 mai 1855, sect. 3, art. 45, 46, 47.
(2) Mais, comme nous le verrons, cela n'a lieu que dans les communes dont les revenus sont inférieurs à 100,000 fr. (L. du 18 juillet 1837, art. 42).

SECTION II.

Conseil municipal.

C'est à sa formation que tend l'élection; c'est par elle qu'il est constitué le représentant vrai de la commune. Nous avons à voir d'abord sa composition.

§ 1er. — Composition du conseil municipal.

Le nombre des conseillers municipaux varie avec la population. Dans les communes de cinq cents habitants et au-dessous, ce nombre est de dix. C'est le chiffre minimum. Le maximum, qui est trente-six, s'applique aux communes de plus de soixante mille habitants. Entre ces deux limites, il y a place pour huit combinaisons différentes, suivant la population. L'art. 6 de la loi de 1855 en contient le détail.

Pour être conseiller municipal, il y a des conditions d'éligibilité. Ces conditions ont souvent varié. Sous la loi du 21 mars 1831 (art. 15 et 16), les membres du conseil municipal étaient choisis sur la liste des électeurs communaux, les trois quarts au moins parmi les électeurs domiciliés dans la commune et les deux tiers au moins parmi les plus imposés. Il falloit, en outre, l'âge de vingt-cinq ans accomplis. Le décret du 3 juillet 1848 changea une première fois ces conditions en déclarant éligibles : 1° les citoyens de vingt-cinq ans inscrits sur les listes électorales de la commune, c'est-à-dire y ayant leur domicile réel depuis six mois; 2° ceux qui, sans être domiciliés, y payaient une contribution directe, pourvu cependant que le nombre de ces derniers n'excédât pas le quart des membres du conseil. La loi de 1855 s'est montrée encore plus facile. Elle n'exige plus de condition de domicile ni de condition de cens. Le choix des électeurs est libre. « Ils seront toujours plus portés à voter pour des gens habitant la commune, comme eux, que pour des étrangers. Si leurs suffrages s'adressent ailleurs, et accidentellement, ce sera presque toujours pour introduire dans le conseil quelque propriétaire, qui n'aura pas son domicile réel dans la commune, mais qui viendra y résider, chaque année, pendant quelque temps (1). » Cette assurance de fait a paru suffisante au législateur, et la seule condition qu'il ait conservée est celle de l'âge de vingt-cinq ans. Mais si l'éligibilité n'est point subordonnée à la condition d'inscription sur les listes électorales de la commune, il est sous-entendu que la perte des droits d'élection par une des causes qu'indique le décret du 2 février 1852 (art. 15 et 16), entraînerait à plus forte raison la perte du droit d'éligibilité. De là, la conséquence que la perte de ces droits, postérieure à l'élection, serait une cause d'exclusion du conseil municipal (art. 19, loi du 21 mars 1831).

Ajoutons aussi que, bien que les domestiques attachés à la personne et les individus dispensés de subvenir aux charges communales, ou secourus par les bureaux de bienfaisance, ne soient pas mis aujourd'hui en dehors des listes électorales, leur situation dépendante ne permet pas cependant qu'ils soient conseillers municipaux (loi de 1855, art. 9, 3° et 4°).

A côté des causes d'incapacité, il faut citer les incompatibilités. Les unes sont fondées sur l'exercice de certaines fonctions (celles de préfet, sous-préfet, secrétaire général, conseiller de préfecture, commissaire et agent de police, militaire ou employé des armées de terre et de mer en activité de service, ministre du culte en exercice dans la commune ; comptable de deniers communaux , entrepreneur de services communaux et agent salarié de la commune, art. 9 et 10, loi de 1855). D'autres ont pour motif un certain lien de parenté avec d'autres membres du conseil municipal. Nous voyons en effet que les parents au degré de père, de fils, de frère, et les alliés au même degré, ne peuvent être en même temps membres de ce conseil (2). La conséquence de ce qu'il n'y a dans tous ces cas qu'une incompatibilité, c'est que les fonctionnaires et agents ci-dessus désignés

---

(1) Rapport de M. Langlais.
(2) Mais cela ne doit s'entendre que des communes de cinq cents âmes et au-dessus (L. de 1855, art. 11).

peuvent, s'ils se démettent de leurs fonctions, remplir le mandat que leur confient les électeurs municipaux, et que les parents aux degrés prohibés le peuvent également remplir, si leur parent s'éloigne du conseil. Dans les deux hypothèses l'élection n'est donc pas nulle, mais sa validité est subordonnée à une démission. Enfin, une même personne ne peut être membre de plusieurs conseils municipaux; c'est encore une incompatibilité.

Si quelque cause d'incapacité ou d'incompatibilité vient frapper un membre du conseil municipal, postérieurement à l'élection, il sera déclaré démissionnaire par le préfet, sauf recours au conseil de préfecture. Si l'alliance ne survenait entre deux membres du conseil municipal que postérieurement à leur nomination, comme il n'y aurait pas de raison d'exclure plutôt l'un que l'autre, nous pensons que, s'ils ne s'accordaient pas, le sort désignerait celui qui devrait s'éloigner.

Pour être élu membre du conseil municipal, il faut, au premier tour de scrutin, réunir: 1° la majorité absolue des suffrages exprimés; 2° un nombre de suffrages égal au quart de celui des électeurs inscrits. Au second tour de scrutin, l'élection a lieu à la majorité relative, quel que soit le nombre des votants. Si plusieurs candidats obtiennent le même nombre de suffrages, l'élection est acquise au plus âgé. (L. de 1855, art. 44).

Lorsque l'élection n'est pas attaquée devant le conseil de préfecture par l'un des électeurs ou par le préfet, ou bien, si la réclamation a été rejetée, ou n'a été suivie d'aucune décision dans le délai d'un mois, ce qui équivaut à rejet, il y a lieu de procéder à l'installation des conseillers élus. L'installation consiste dans la prestation de serment. Ni la loi de 1831 ni celle de 1855 n'enjoignent aux conseillers municipaux la prestation de serment; mais on induit cette obligation du sénatus-consulte du 25 décembre 1852 (modifiant la constitution du 14 janvier), comme on l'induisait, sous la monarchie constitutionnelle, des termes de la loi du 31 août 1830. Les conseillers municipaux sont compris dans les mots « fonctionnaires publics » et le refus de serment vaut démission de leur part (circ. du 30 nov. 1831).

Les conseils municipaux sont nommés pour cinq ans, avec renouvellement intégral à l'expiration de ce temps. C'est une innovation de la loi de 1855 (art. 8). Sous les lois antérieures, ils étaient nommés pour six ans, avec renouvellement par moitié tous les trois ans. Mais on a toujours décidé que les membres sortants seraient rééligibles. En cas de vacance dans l'intervalle des élections quinquennales, il est procédé au remplacement, mais seulement quand le conseil municipal se trouve réduit aux trois quarts de ses membres. Si les membres qu'il s'agit de remplacer avaient été nommés par des sections distinctes, les mêmes sections seraient appelées à voter pour le remplacement (Ibid., art. 28).

Le conseil municipal composé, on en dresse le tableau d'après le nombre des suffrages obtenus et en suivant l'ordre des scrutins (Ibid., art. 4.)

Nous allons maintenant voir le conseil municipal à l'œuvre et le suivre dans ses attributions.

§ 2. — Rôle et attributions du conseil municipal.

Le titre de conseiller municipal donne quelquefois, par exception, l'exercice d'un pouvoir individuel. Nous avons déjà vu qu'un conseiller municipal pouvait être appelé à présider une section électorale. Il faut ajouter que, lorsque le maire et les adjoints sont empêchés, c'est un conseiller municipal qui les remplace par délégation spéciale ou générale (L. 1855, art. 4.—L. 1837, art. 14 et 25).

Mais en règle ordinaire, les fonctions du conseil municipal sont éminemment délibératives ; c'est par la réunion que ses membres sont quelque chose, et le mandat qu'ils ont reçu doit être rempli en commun. La présence de tous n'est pas cependant nécessaire pour la validité des délibérations; il suffit que la majorité des membres en exercice assiste à la séance. De plus, pour empêcher que le mauvais vouloir de quelques uns n'entrave la marche des affaires de la commune, la loi admet que « lorsqu'après deux convocations successives à huit jours d'intervalle et dûment constatées, les membres du conseil municipal ne sont pas réunis en nombre suffisant, la délibération prise sur une troisième convocation est valable, quel que soit le nombre des membres présents. » (L. 1855, art. 17). L'unanimité des suffrages n'est pas davantage exigée ; la majorité absolue suffit pour que les décisions soient valablement prises. Le vote peut être fait à haute voix, mais toutes les fois que trois des membres présents le réclament, on vote au scrutin secret (Ibid., art. 18).

Quelques mesures sont prises pour assurer l'indépendance des conseillers municipaux. Ceux qui ont personnellement, ou comme mandataires, quelque intérêt dans une affaire soumise au conseil, doivent être écartés des délibérations qui s'y rapportent. On a craint aussi que la présence du public ne détournât les délibérations de leur objet, n'excitât chez les membres la passion ou la crainte, et, pour ce motif, on a décidé que les débats ne seraient pas publics ; mais on a donné en même temps à tout habitant ou contribuable le droit de prendre communication et copie des délibérations (Ibid., art. 21, 22).

Le conseil municipal n'est pas un corps permanent : il se réunit par sessions ordinaires et extraordinaires. Les premières ont lieu tous les trois mois et peuvent durer dix jours. Les secondes ne peuvent avoir lieu sans un arrêté du préfet ou du sous-préfet, qui fixe en même temps leur durée. Les convocations extraordinaires sont, ou prescrites d'office par le préfet ou sous-préfet, ou autorisées par eux sur la demande du maire. Le conseil municipal a aussi une certaine initiative à cet égard ; il peut demander au préfet la convocation pour un objet spécial et déterminé, et il suffit que le tiers de ses membres ait formulé cette demande, pour que le préfet ne puisse la rejeter, sans un arrêté motivé, susceptible de pourvoi devant le ministre. Hors de ces réunions, qui seules sont légales, les délibérations sont frappées de nullité. (Ibid., art. 15 et 24.)

Il nous semble que, même au temps des sessions ordinaires, dont la loi a pris soin de fixer les époques, le conseil municipal ne pourrait se réunir sans convocation. Le maire est son président de droit ; et il serait contraire à toute hiérarchie que le conseil convoquât son président ou s'assemblât sans lui. La seule ressource, si le maire refusait ou retardait la convocation, serait, pour le conseil municipal, de s'adresser à l'autorité administrative supérieure, pour vaincre sa résistance.

Quels sont, dans les réunions ainsi formées, les objets des délibérations du conseil municipal ? Il est à remarquer d'abord que, s'il est réuni en session extraordinaire, sa tâche est définie à l'avance, car la convocation doit, dans ce cas, faire mention des objets qui nécessitent la réunion. Le conseil ne peut alors s'occuper que des matières pour lesquelles il a été exclusivement convoqué. Au contraire, dans les sessions ordinaires, rien n'est indiqué à l'avance, car la convocation est muette. Les conseillers municipaux peuvent alors passer en revue et soumettre à leur examen toutes matières intéressant la commune, pourvu qu'elles rentrent dans leurs attributions. Or, elles y peuvent rentrer à trois titres différents : comme objets, ou d'un règlement à rendre, ou d'une délibération à prendre, ou d'un simple avis à donner. Ces trois cas doivent être soigneusement distingués.

Les *règlements* des conseils municipaux sont obligatoires par eux-mêmes ; ils n'ont besoin d'aucune approbation supérieure. La loi réserve seulement au préfet le droit de les annuler d'office, soit dans l'intérêt public, lorsqu'ils sont rendus en violation d'une disposition de la loi ou d'un règlement d'administration publique, soit même dans un intérêt privé, sur la réclamation d'une partie intéressée. Si, dans le délai de trente jours, depuis la réception d'une expédition de la délibération, le préfet ne l'a pas annulée, elle est définitivement exécutoire, sauf le droit, pour le préfet, d'en suspendre l'exécution pendant un nouveau délai de trente jours (L. de 1837, art. 17 et 18).

Les simples *délibérations* n'ont, au contraire, aucune force par elles-mêmes. Il leur faut, de toute nécessité, l'approbation de l'autorité supérieure, le plus souvent celle du préfet, quelquefois celle du ministre ou du chef de l'État (Ibid., art. 19 et 20).

Enfin, l'influence du Conseil municipal est encore moindre quand il ne donne que son *avis* ; l'avis n'est jamais obligatoire (Ibid., art. 21).

La loi du 18 juillet 1837 contient, pour chacun de ces modes d'intervention du conseil municipal, dans la gestion des intérêts communs, une énumération étendue, mais non limitative, car elle n'exclut pas l'application des lois particulières. Ce n'est pas ici le lieu de la reproduire ; les éléments s'en présenteront en détail, quand nous examinerons le patrimoine communal. Remarquons seulement que chaque liste se réfère à une nature d'objets distincts. Les actes qui ne peuvent compromettre le fond même de la propriété communale et qui n'en affectent la jouissance que pour un temps limité, les actes d'administration proprement dite, sont réglés par le conseil municipal seul. Ceux qui intéressent plus sérieusement la conservation de la fortune de la commune, qui engagent un long avenir, qui peuvent porter une grave atteinte à des intérêts particuliers ou à l'intérêt public, sont soumis à une délibération que l'approbation du préfet doit rendre exécutoire. Enfin, les questions qui n'intéressent qu'indirectement la commune, parce qu'elles rentrent plus particulièrement dans le ressort d'administrations spéciales, ne réclament du conseil municipal qu'un simple avis. Dans certains cas cet avis est une mesure d'instruction nécessaire pour le gouvernement qui doit statuer ; dans d'autres il peut ne pas être demandé.

De plus, en dehors du cercle ordinaire de leurs attributions, la loi reconnaît aux conseils municipaux le droit d'exprimer des vœux, pourvu que ce soit sur des matières d'intérêt local ; mais il leur est interdit de faire aucune protestation, proclamation ou adresse (L. de 1837, art. 24).

Telle est, en résumé, la nature des attributions du conseil municipal. Là où la loi générale ou spéciale ne sanctionne pas son intervention, il doit s'abstenir, sous peine de voir sa délibération déclarée nulle par le préfet en conseil de préfecture. La peine serait même plus sévère s'il devenait une cause de trouble, en publiant des proclamations et adresses, ou s'il se mettait en correspondance avec d'autres conseils. Il encourrait alors la suspension (L. de 1855, art. 23 et 25). La suspension diffère de la dissolution en ce qu'elle est temporaire. Elle en diffère encore par l'autorité qui la prononce. C'est le préfet qui suspend, l'empereur qui dissout. La suspension prononcée par le préfet est de deux mois, mais elle peut être prolongée par le ministre de l'intérieur jusqu'à un an. L'intérim du conseil municipal est fait par une commission nommée par le préfet, en cas de suspension ; nommée encore par lui, en cas de dissolution, à moins que la commune ne soit chef-lieu de département, arrondissement ou canton, ou qu'elle ne compte trois mille habitants, auxquels cas c'est l'empereur qui la nomme. Dans tous les cas, la commission ne doit pas être composée d'un nombre de membres inférieur à la moitié de celui des conseillers municipaux. Un point intéressant à remarquer, c'est que, lorsqu'elle est nommée en cas de dissolution, elle peut être maintenue en fonctions jusqu'au renouvellement quinquennal. Il y a là un moyen puissant d'intervention prolongée donné à l'autorité supérieure par la loi de 1855 (art. 13). Avant cette loi, on procédait à de nouvelles élections, après expiration d'un certain délai, à partir de la dissolution (1).

Il existe un cas particulier où la dissolution doit nécessairement être prononcée ; c'est lorsqu'il y a réunion ou fractionnement de communes (L. de 1837, art. 8).

Du peuple et du corps délibérant passons à l'administrateur, proprement dit, de la commune, c'est-à-dire au maire, et à l'adjoint qui agit à son défaut.

SECTION III.

Maire et adjoints.

§ 1er. — Nomination des maires et adjoints.

1. A la différence de ce que nous avons vu pour les conseillers municipaux, le choix du maire n'appartient plus aujourd'hui aux membres de la commune. On ne peut même pas dire qu'il émane indirectement de l'élection, puisque la qualité préalable de membre du conseil municipal n'est plus exigée. Les variations de la législation, au sujet du mode de nomination des maires, s'expliquent facilement : elles sont dues à la difficulté de concilier, dans une représentation unique, deux intérêts distincts. Les fonctions du maire sont, en effet, complexes. Il ne représente pas seulement la commune, ainsi que le fait le conseil municipal. Au lieu de préposer dans chaque commune, à côté de l'agent municipal, un fonctionnaire du pouvoir central chargé d'y faire pénétrer l'action de ce pouvoir et d'y veiller à l'exécution des lois, les diverses constitutions qui se sont succédé depuis 1789 (sauf celle

_____

(1) Ce délai fixé à trois mois par la loi du 21 mars 1831 (art. 27) avait été porté à un an par la loi du 7 juillet 1852 (art. 9).

du 5 fructidor an III), ont donné ce rôle au maire. Or, le gouvernement et la commune ayant, par la force des choses, des procédés différents pour choisir leurs mandataires, la réalisation d'un choix commun eût été difficile : il fallait donc donner la prépondérance soit à l'État, soit à la commune. Les deux systèmes se sont produits : en 1789, le pouvoir local s'arrogea le droit de choisir pour lui et pour le pouvoir central ; mais ce dernier, devenu plus puissant, sous la constitution de l'an VIII, reprit le droit de nomination dans toute sa plénitude. Entre ces deux extrêmes, la loi de 1831, d'accord avec les principes du nouveau gouvernement, avait cherché un procédé de conciliation, fondé sur une sorte de confiance réciproque entre les deux pouvoirs intéressés. La commune présentait ses candidats au gouvernement, en les faisant entrer par l'élection dans le conseil municipal, et c'était parmi eux que le gouvernement devait choisir. Mais des inconvénients pratiques ont été reconnus, sans doute (1), et, aux termes de la loi du 5 mai 1855 (art. 2), c'est l'empereur qui nomme les maires dans les chefs-lieux de département, d'arrondissement et de canton, ainsi que dans les communes de trois mille âmes. Le préfet, au nom de l'empereur, les nomme dans les autres. Cette disposition n'est que la reproduction de la loi du 7 juillet 1852 (art. 7), sauf que, dans cette dernière loi, le préfet nommait les maires dans les chefs-lieux de canton.

Quant aux conditions d'aptitude, outre celles que doit remplir tout fonctionnaire public, deux sont spécialement demandées au maire : l'âge de vingt-cinq ans et l'inscription dans la commune au rôle de l'une des quatre contributions directes. La condition de domicile réel dans la commune, pas plus que le titre de conseiller municipal, n'est aujourd'hui exigée.

Il y a pour l'exercice des fonctions de maire des incompatibilités, et, d'abord, les mêmes que celles qui concernent les fonctions de conseiller municipal ; mais, en outre, il en existe quelques-unes qui lui sont propres. Telles sont celles qui frappent les membres des cours, tribu-

---

(1) La loi du 3 juillet 1848 était allée plus loin encore. Elle ne laissait la nomination au pouvoir exécutif que dans les chefs-lieux et les communes de plus de six mille âmes. Dans les autres, c'était le conseil municipal qui choisissait les maires dans son sein (art. 10).

naux et justices de paix (sauf les juges suppléants) ; les ingénieurs des ponts et chaussées et des mines en activité de service, conducteurs des ponts et chaussées et agents voyers; les agents et employés des administrations financières et des forêts ; les gardes des établissements publics et des particuliers ; les fonctionnaires et employés des colléges communaux et les instituteurs primaires communaux ou libres (L. 1855, art. 5). Les motifs de ces incompatibilités sont clairs. Pour les unes, c'est le principe de la séparation des pouvoirs administratif et judiciaire; pour les autres, c'est l'état de dépendance où sont placées certaines fonctions relativement à l'autorité municipale; ou, en sens inverse, l'état de dépendance de cette autorité vis-à-vis d'elles. Pour d'autres, enfin, c'est la nature de certains emplois qui tiennent ou peuvent tenir ceux qui les remplissent éloignés de la commune. A cette dernière cause se rattache l'état de disponibilité des militaires. Pour le conseil municipal, au contraire, l'activité de service seule crée une incompatibilité; et cette différence s'explique. En effet, la possibilité d'un éloignement forcé suffit pour écarter des fonctions de maire, rien ne pouvant suppléer à cet éloignement, s'il n'est point purement accidentel. Au contraire, une chance d'éloignement ne suffit point pour écarter du conseil municipal, parce que l'absence d'un et même de plusieurs membres (pourvu que le nombre des absents n'atteigne pas le quart des membres en exercice), n'empêche pas le conseil de fonctionner (1). Remarquons, du reste, que, dans quelques-unes des incompatibilités, il y a concours de plusieurs des causes indiquées.

Les maires sont nommés pour cinq ans, mais rien ne s'oppose à ce que leur mandat soit renouvelé pour une nouvelle période de cinq ans. C'est l'installation de leurs successeurs qui est la limite de l'exercice légal de leurs fonctions. Jusque-là, non-seulement ils peuvent continuer à administrer, mais ils le doivent. De même, aussi, s'ils donnent

---

(1) Une différence qui présente quelque analogie avec celle-là a lieu pour les fonctions du culte. Les ministres du culte ne peuvent être maires nulle part. Au contraire, les ministres des divers cultes *en exercice dans la commune* sont seuls exclus du conseil municipal. Pour les fonctions municipales, en général, il faut l'indépendance; mais pour celles de maire il faut de plus la présence assurée.

leur démission, ils doivent continuer leur administration jusqu'à ce que leur démission soit acceptée.

Le gouvernement, qui nomme les maires, a le droit de les suspendre et de les révoquer. Mais la révocation n'appartient jamais au préfet, alors même que c'est lui qui a été chargé de la nomination : il faut toujours un décret impérial. En sens inverse, le préfet, alors même qu'il n'a pas la nomination, a toujours le droit de prononcer une suspension dont l'effet, toutefois, est subordonné à la confirmation du ministre (1). La durée de la suspension n'est pas limitée à un an, comme elle l'est pour les conseils municipaux. Les maires, fonctionnaires du gouvernement, sont plus à sa discrétion que les conseils municipaux.

Remarquons que la révocation du maire ne lui enlève pas sa qualité de membre du conseil municipal, s'il la tient de l'élection de ses concitoyens. C'est ce qu'on décidait avant 1852, et ce qui avait lieu toujours. Il n'y a pas de motif pour décider autrement aujourd'hui, quand le gouvernement a élevé à la mairie un membre de ce conseil. Mais si le maire ne fait partie du conseil qu'en sa qualité et comme président, il en sort par la cessation de ses fonctions de maire, de quelque manière qu'elle arrive.

II. Le nom d'adjoint apparaît, pour la première fois, dans la constitution du 5 fructidor an III : depuis lors, il a toujours été conservé. L'adjoint n'a pas un pouvoir propre; il ne fait que remplacer le maire empêché, et il ne peut agir qu'en vertu d'une délégation faite par le maire lui-même ou par la loi. De ce que l'adjoint est éventuellement appelé à remplacer le maire, résulte la conséquence que sa nomination doit être soumise aux mêmes règles que celle du maire. Cette similitude se rencontre dans la loi de 1855, comme dans les lois qui l'ont précédée. Pour l'adjoint et pour le maire, le pouvoir qui choisit est le même; les conditions d'aptitude sont semblables, les incompatibilités identiques. Seulement, comme les fonctions d'adjoint, bien qu'inférieures à celles du maire, doivent conserver une certaine dignité et surtout une grande indépendance, on a considéré comme créant une

(1) La confirmation doit avoir lieu dans le délai de deux mois (L. 1855, art. 2).

incompatibilité particulière à l'adjoint la situation d'agent salarié du maire. Il faut que l'adjoint soit pour le maire un auxiliaire et un suppléant, non un prête-nom responsable. Les règles relatives à la durée des fonctions, à la suspension et à la révocation des maires sont applicables aux adjoints.

Le nombre des adjoints varie avec la population des communes. Dans les communes de deux mille cinq cents habitants et au-dessous, un seul adjoint suffit; dans celles de deux mille cinq cent un à dix mille habitants, la loi en exige deux. Au-dessus de dix mille, chaque excédant de vingt mille habitants autorise la nomination d'un nouvel adjoint (L. 1855, art. 3). Sous la loi du 28 pluviôse an VIII et celle de 1831, c'était là non une faculté, mais une règle impérative.

Comme les conseillers municipaux, le maire et les adjoints doivent prêter serment; c'est en cela que consiste leur installation. Le serment est le plus souvent prêté par le nouveau maire entre les mains de son prédécesseur ou des adjoints de ce dernier. Le serment du nouvel adjoint est reçu par le nouveau maire. Cette formalité s'accomplit devant le conseil municipal assemblé.

§ 2. — Rôle et attributions des maires et des adjoints.

I. Les fonctions du maire étant complexes, nous ne nous occupe-rons ici que de celles où il agit comme représentant de la commune. Nous avons donc à mettre de côté tout d'abord les fonctions qui ne tou-chent pas à l'administration, à savoir celles qu'il remplit comme officier de police judiciaire, comme officier du ministère public ou comme juge au tribunal de simple police, enfin, comme officier de l'état civil, fonctions dans lesquelles le maire relève du procureur impérial. A s'en tenir même aux seules matières administratives, le maire tire, comme nous l'avons dit, son pouvoir de deux sources : il est à la fois représentant de la commune et agent du gouvernement. A ce dernier titre, il est chargé « de la publication et de l'exécution des lois et règle-ments, de l'exécution des mesures de sûreté générale et des fonctions spéciales qui lui sont attribuées par les lois (L. 1837, art. 9). » Il est quelquefois aussi, dans certaines matières urgentes, constitué juge

administratif (1). Mais, dans tous ces cas, il agit, comme le dit la loi
de 1837, sous l'autorité de l'administration supérieure. Au contraire,
comme mandataire de la commune, il est, en principe, indépendant ;
il n'est, comme le dit encore la loi de 1837, soumis qu'à la surveillance de l'administration supérieure.

A ce titre d'administrateur de la commune, le maire, outre qu'il
préside le conseil municipal avec voix prépondérante en cas de partage, est chargé de la gestion active des intérêts communaux. C'est
lui qui pourvoit à la conservation et à l'administration des propriétés
de la commune et de ses revenus, à la direction des travaux ; c'est lui
qui souscrit les marchés, les actes de vente, qui passe les baux, qui
exerce les actions, etc. ; mais, dans tous ces actes que nous retrouverons en détail, son rôle se borne à provoquer et exécuter les délibérations du conseil municipal. Sans ces délibérations, il est incapable
d'agir, sauf en cas d'urgence, et pour les actes purement conservatoires.

Son action est différente dans une autre branche importante de ses
attributions : la police. Lorsqu'il s'agit de prendre des mesures intéressant la sécurité et la salubrité de la commune, il est naturel que
le maire en soit chargé ; aussi la loi de 1837 (art. 10) lui attribue-
t-elle la police municipale, la police rurale, la voirie municipale et le
soin de pourvoir à l'exécution des actes de l'autorité supérieure qui
y sont relatifs. Le maire agit alors par sa propre initiative.

Dans les limites de ses attributions, les mesures sont prises par le
maire sous forme d'arrêtés. Le droit de prendre des arrêtés de police,
déjà reconnu au pouvoir municipal antérieurement, fut attribué au
maire par la loi du 28 pluviôse de l'an VIII. La loi de 1837 a déterminé
l'étendue et la force de ces arrêtés qui ne sont plus, du reste, limités aux
matières de police. C'est une disposition commune à tous, que le préfet
peut les annuler ou en suspendre l'exécution ; aussi les arrêtés pris par
le maire doivent-ils être immédiatement adressés au sous-préfet. Seulement, si l'on suppose un arrêté portant règlement permanent, c'est-

---

(1) V. notamment la loi du 30 mai 1851 (art. 20 et 21) ; L. du 28 avril 1816 (art. 49),
L. du 5 mai 1855 (art. 34), et L. du 18 juillet 1837 (art. 10), etc.

à-dire pour un temps non défini et d'une manière générale, il ne sera pas immédiatement exécutoire : il ne le deviendra qu'au bout d'un mois, après la remise de l'ampliation constatée par les récépissés donnés par le sous-préfet. Si, au contraire, le maire ne statue que sur des demandes particulières, ou s'il ne prend que des mesures accidentelles et transitoires, ses arrêtés seront exécutoires sans délai (L. 1837, art. 11). Au moyen de cette distinction entre les règlements permanents et non permanents, on est arrivé à donner au préfet la possibilité de prévenir le mal qui pourrait résulter d'un arrêté dangereux, sans cependant mettre le maire dans la situation inférieure qui serait résultée pour lui de la nécessité d'une autorisation préalable. Faut-il s'en tenir à la lettre de la loi et décider qu'un arrêté, portant règlement permanent, ne pourra jamais être exécutoire avant l'expiration du délai d'un mois ? Il semblerait que, si le préfet donne son approbation avant ce délai, rien ne devrait plus s'opposer à l'exécution ; cependant, la Cour de cassation tient l'opinion contraire.

La surveillance de l'autorité administrative n'est pas la seule garantie donnée aux habitants. Il est de jurisprudence que les tribunaux judiciaires ont le droit, avant de prononcer, d'examiner si les arrêtés de police, pris par les maires, ont été rendus dans les limites de leurs attributions et de leur compétence, et qu'ils peuvent se refuser à appliquer la peine du règlement, s'il y a eu, de la part du maire, excès de pouvoir. De même encore, si les arrêtés, rendus compétemment, organisent une pénalité excessive, qui dépasse les peines prononcées d'une manière générale ou spéciale par le Code pénal (art. 471), ou par les lois particulières, il est du devoir des tribunaux de simple police de ramener la peine dans les limites légales.

Les arrêtés du maire, au moins s'ils sont généraux, doivent être portés à la connaissance du public, c'est-à-dire affichés.

Au maire est encore attribué le droit de nommer à tous les emplois communaux pour lesquels la loi ne prescrit pas un mode spécial de nomination. Il suspend et révoque les titulaires de ces emplois. Cependant les pâtres communs ne sont nommés par lui que sauf approbation du conseil municipal. Quant aux gardes champêtres, dont la loi de 1837 (art. 13) attribuait la nomination au maire, sous la même approbation, ils sont aujourd'hui nommés par le préfet (décr. du 25 mars 1852, art. 5).

II. L'adjoint tire son pouvoir d'une délégation qui peut être volontaire ou légale. En cas d'absence ou d'empêchement du maire, la loi défère la totalité de ses attributions à l'adjoint le plus ancien, en suivant l'ordre des nominations; le maire n'a pas alors le choix de celui qui est appelé à le remplacer. Au contraire, lorsqu'il y a empêchement partiel, le maire est libre de déléguer à celui ou ceux des adjoints qu'il choisit la partie de ses fonctions que l'étendue de son administration, ou toute autre cause d'empêchement, ne lui permet pas de remplir. Il y a entre ces deux situations une différence complète. Comme on l'a dit à la Chambre des députés en 1837 : « La délégation légale est intégrale; elle met un nouveau maire à la place du maire qui se trouve hors d'état d'exercer ses fonctions. » Au contraire, le maire qui fait une délégation volontaire « reste maire, il reste l'administrateur de la commune. » L'adjoint auquel a été faite une délégation partielle doit s'en tenir aux fonctions qui lui ont été déléguées. Celles-ci peuvent être, du reste, relatives, non-seulement à l'administration communale, mais encore à tout ce qui fait partie des attributions du maire, dans l'ordre administratif ou judiciaire. Lorsque l'adjoint supplée le maire, il a les mêmes droits que lui à la présidence du conseil municipal; mais, hors ce cas, il ne peut y siéger qu'avec voix consultative, s'il a été choisi en dehors de ce conseil (L. 1855, art. 19).

A côté des autorités municipales que nous venons de passer en revue, il existe, dans les communes, des agents d'attributions diverses. Nous mentionnerons les commissaires de police, les receveurs municipaux, les instituteurs communaux, tous soumis à des règles spéciales de nomination; les secrétaires de mairie, les employés de bureau, qui n'ont aucun caractère officiel. Mais nous nous écarterions de notre sujet en nous arrêtant à l'étude de ces fonctions qui ne concourent point, ou qui ne participent que très-secondairement à la représentation de la commune. A ce point de vue, nous nous en tenons au maire, à l'adjoint et au conseil municipal.

Remarquons cependant la disposition de l'art. 15 de la loi de 1837.

« Dans le cas où le maire refuserait ou négligerait de faire un des actes qui lui sont prescrits par la loi, le préfet, après l'en avoir requis, pourra y procéder d'office par lui-même ou par un délégué spécial ». Cette disposition serait exorbitante, si elle n'était limitée. Mais il résulte de ses termes, comme du rapport fait sur la loi à la Chambre des députés, que le préfet ne doit user de ce droit que pour les actes formellement imposés au maire par la loi, et qu'il ne peut se prévaloir de cet article pour annuler l'autorité municipale et y substituer la sienne.

Nous avons achevé d'exposer l'organisation de la commune (1). Nous avons vu quels sont les représentants chargés de traduire au dehors sa personnalité, quel est le mode de leur nomination, quelle est l'autorité de leurs actes; toutes choses indispensables pour juger jusqu'à quel point leur gestion peut être réputée émaner des communes elles-mêmes. La puissance active de l'être moral connue, ses droits nous restent à connaître, et, avec ses droits, ses obligations; car, pour les corporations aussi bien que pour les individus, la fortune, le patrimoine, ne sont pas autre chose que l'ensemble des droits actifs dégagés des obligations qui les grèvent.

_____

(1) Nous nous sommes occupé des communes en général, sans parler de l'organisation donnée à certaines villes, comme Paris et Lyon, qui sont dans une situation exceptionnelle.

CHAPITRE DEUXIÈME.

FORTUNE ET DROITS DES COMMUNES.

Nous suivrons ici, comme nous l'avons fait en droit romain, la division des droits réels et personnels, mais en remarquant que, la convention ayant, dans notre droit, et en tant qu'il s'agit de corps certains, l'effet direct de transporter la propriété et ses démembrements, nous parlerons des contrats, non-seulement comme modes de création d'obligations, mais encore comme modes d'acquisition de droits réels.

SECTION Iʳᵉ.

Droits réels.

En tête des droits réels se place la propriété qui en est le type.

§ 1ᵉʳ. — De la propriété communale.

L'idée d'appropriation, considérée dans sa nature intime, comme dans l'étymologie première du mot qui la traduit, repose sur un rapport créé entre une personne et un objet, rapport tellement étroit et exclusif qu'il ne reste place pour aucune autre personne à un droit de même nature sur cet objet. On peut donc trouver, au premier abord, quelque chose d'incohérent dans l'idée exprimée par les mots : « propriété commune. » Cependant cette apparente contradiction disparaît, si l'on s'isole des individus, pour ne considérer que le groupe. Mettant, alors, d'un côté la réunion de ceux qui participent comme maîtres aux avantages de la chose, et, de l'autre ceux qui en sont privés, on crée pour les premiers, à l'exclusion des seconds, un droit qui leur est propre, et qu'il devient logique d'appeler *propriété* ou plutôt *copropriété*. Mais on ne conçoit la propriété communale, et, en général, la propriété d'un être moral que par une nouvelle abstraction. Il ne suffit plus d'établir une opposition entre l'association de personnes, et les personnes qui y sont étrangères. Il faut pénétrer au sein de l'association même, et, considérant les membres qui la composent à deux points de vue différents, les opposer à eux-mêmes, comme individus et comme ensemble. On voit alors qu'investis, pour leur compte, de droits auxquels ne participe point directement la masse, les individus n'ont, par un juste retour, aucune participation aux droits de celle-ci, et que, s'ils en tirent avantage, ce n'est que d'une manière indirecte. Le droit de propriété de la commune échappe donc aux habitants de son territoire, considérés *ut singuli*, et ils ne peuvent y prétendre pour aucune fraction. Nous croyons, en effet, qu'il ne serait pas plus vrai d'attribuer aux habitants un droit réel de jouissance, qu'il n'est vrai de leur accorder en principe un droit de propriété. Sur les COMMU- NAUX proprement dits, les membres de la commune ont incontestable- ment une jouissance individuelle ; mais, à notre sens, ainsi que nous aurons l'occasion de le redire, c'est bien plutôt une jouissance pré- caire qu'un démembrement de la propriété.

Il existe cependant certains objets sur lesquels chacun des membres de l'association communale paraît avoir un droit acquis d'usage di- rect. Nous voulons parler des rues, places, voies publiques : ce sont des choses dont l'utilité n'est susceptible de se produire que dans un usage individuel, et cela est si vrai que toute modification qui tendrait à les soustraire à cet usage, est prohibée. Mais, si les membres de la commune ont un droit d'usage *ut singuli*, il faut reconnaître aussi qu'ils ne l'ont pas exclusivement. Tous les nationaux, par le droit du pays, les étrangers eux-mêmes, par le droit des gens, peuvent y prétendre. En d'autres termes, les rues, places, voies vicinales, appartiennent au domaine public. Seulement, comme elles se placent dans les limites du territoire de la commune, comme c'est elle qui les crée et les entretient avec ses ressources particulières, on les a classées à part; on les a quelquefois groupées sous le nom de domaine public municipal.

Soumises aux lois du domaine public, ces choses sont inaliénables et imprescriptibles. Lors seulement que leur affectation publique cesse d'être nécessaire, elles deviennent susceptibles de propriété privée, et elles entrent, à ce titre, dans le patrimoine communal.

Les établissements publics, prisons, hospices, colléges, et aussi les hôtels de ville et mairies, sont affectés à un usage moins général que les rues et chemins; cependant le droit de la commune est encore trop subordonné à l'usage public pour être considéré comme un véritable domaine de propriété. Il en est de même des cimetières et des églises. Ce sont des biens publics communaux.

A côté de ces choses consacrées à un usage public, il y a pour la la commune un domaine privé pleinement caractérisé auquel nous devons nous arrêter. Tous les objets qui sont dans le commerce et qui peuvent entrer dans le patrimoine des particuliers peuvent aussi entrer dans celui de la commune. Les immeubles se présentent en première ligne; viennent ensuite les meubles. Les immeubles peuvent consister en bâtiments, maisons, usines, etc., en fonds de terre cultivés, ou en pâturages, forêts, landes, terres vaines et vagues, etc. Nous verrons plus loin que, pour le mode de jouissance, il y a quelque intérêt à faire ces distictions. Quant aux meubles, ce sont des meubles meublants, des collections de livres, de tableaux, etc., enfin des valeurs pécuniaires.

Suivons cette propriété dans ses diverses phases, et voyons successivement comment la commune l'acquiert, comment elle en jouit, comment elle la perd.

I. Modes d'acquisition. — La commune peut acquérir à titre onéreux ou à titre gratuit. Mais toute acquisition modifie le patrimoine de la commune et l'expose à des chances de gain ou de perte. Aussi a-t-on reconnu depuis longtemps la nécessité de faire intervenir pour ces actes la protection d'une autorité supérieure à l'administration locale, qui puisse la contrôler et la guider.

1° *Acquisitions à titre onéreux.* — Nous parlerons d'abord des acquisitions d'immeubles. Elles peuvent provenir d'une vente volontaire, d'une adjudication, ou d'une expropriation pour cause d'utilité publique.

En cas de vente volontaire, le maire, qui, ainsi que nous l'avons vu, n'est que le simple exécuteur des délibérations du conseil municipal, doit convoquer ce conseil et le mettre à même de délibérer. La délibération du conseil municipal n'est pas ici exécutoire par elle-même, elle ne le devient que par l'approbation de l'administration supérieure. Voilà le principe; passons aux détails.

L'autorité qui est appelée à statuer doit le faire en connaissance de cause. Il faut, pour cela, qu'elle ait sous les yeux, outre la délibération du conseil municipal, les renseignements qui peuvent l'éclairer. Ces documents sont relatifs à l'objet et au prix de la vente, au consentement de la partie avec laquelle la commune veut contracter, à l'avantage que celle-ci peut avoir à le faire. L'immeuble, objet de la vente, doit être déterminé quant à sa nature, sa situation, son étendue : un plan figuré des biens donne tous ces détails. Le prix doit être fixé approximativement par une estimation d'experts. Le consentement du vendeur doit être attesté par une promesse écrite et signée de lui, au bas du procès-verbal d'estimation. L'intérêt de la commune à acquérir est apprécié d'après une enquête *de commodo et incommodo*, reçue par un commissaire enquêteur que nomme le préfet, et à laquelle tous les habitants de la commune sont appelés à prendre part. Le budget de la commune et l'avis du sous-préfet doivent y être joints.

Quelle est l'autorité chargée de donner l'autorisation? Après la révolution de 1789, l'intervention du pouvoir législatif avait été imposée pour les acquisitions des communes (1). Mais, sans abrogation expresse,

----

(1) L. des 5-10 août 1791 (art. 7); L. du 2 prairial an V (art. 2).

cette exigence tomba en désuétude et la simple autorisation par décret tendit à s'y substituer. La loi du 18 juillet 1837 vint régulariser cet état de choses. Les autorisations durent émaner, soit du préfet, soit du chef de l'État. Selon l'art. 46 de cette loi, les deux raisons de distinguer étaient la valeur de la chose et la richesse de la commune. Quand il s'agissait d'une valeur n'excédant pas trois mille francs pour les communes dont le revenu était inférieur à cent mille francs, et vingt mille francs pour les autres communes, c'était un arrêté du préfet, en conseil de préfecture, qui rendait exécutoire la délibération du conseil municipal; s'il s'agissait d'une valeur supérieure, il fallait recourir au chef de l'Etat. Aujourd'hui le décret du 25 mars 1852, sur la décentralisation administrative, donne aux préfets, dans tous les cas, le droit de statuer sur les acquisitions à faire par les communes. (Tab. A-41).

L'autorisation préfectorale donnée, le maire peut acquérir, sans être astreint à aucune formalité particulière. L'acte de vente peut être indifféremment sous seing privé, ou passé devant notaire. Le prix est payé par le receveur sur la remise des pièces qui doivent garantir la commune contre toute éviction, et sur la justification que les formalités de la purge des hypothèques ont été remplies. Cependant une ordonnance du 18 avril 1842 laisse aux communes la faculté de se dispenser de la purge pour les acquisitions faites par elles à l'amiable et n'excédant pas cent francs. La modicité du prix d'achat et l'élévation possible des frais de purge ont motivé cette disposition. Mais le maire n'est pas appréciateur de l'opportunité de son application. C'est le conseil municipal qui décide, sauf l'approbation du préfet, s'il y a lieu de se dispenser de la purge.

Au lieu de traiter de gré à gré, la commune peut avoir à acquérir sur adjudication, par suite de licitation, ou de saisie. Les règles précédentes relatives à l'autorisation de l'administration devront être suivies. Si c'est la commune qui requiert la mise aux enchères des immeubles de son débiteur et qui est déclarée adjudicataire pour la mise à prix, aux termes de l'art. 706 du C. de Pr., en qualité de poursuivant, une autorisation spéciale à l'effet d'acquérir ne sera pas nécessaire; celle qui a dû précéder les poursuites en saisie sera suffisante.

Enfin, si la commune cherche à acquérir un immeuble pour l'exécution de travaux d'utilité publique, le conseil municipal provoque la déclaration d'utilité publique, et on procède suivant les formes de l'expropriation tracées par la loi du 3 mai 1841. Dans ce cas la dispense de purger est, aux termes de l'art. 19 de cette loi, admise, quand l'acquisition n'excède pas cinq cents francs.

Une espèce particulière d'expropriation concerne les chemins vicinaux, non quant à leur création, pour laquelle les règles sont celles de la loi de 1841 (art. 12), mais quant à la fixation et reconnaissance de leur largeur. Lorsqu'un préfet rend un arrêté déclaratif de vicinalité d'un chemin déjà existant, ou fixe la largeur d'un chemin vicinal, la propriété du terrain compris entre les limites ainsi déterminées est acquise au chemin, et les particuliers, sur qui le terrain est pris, ne peuvent réclamer l'indemnité préalable. L'arrêté du préfet est immédiatement translatif de propriété et l'indemnité est réglée soit à l'amiable, soit par le juge de paix du canton, sur rapport d'experts (L. du 21 mai 1836, art. 15).

L'acquisition des objets mobiliers réclame également une délibération du conseil municipal. Si la dépense qu'exige leur achat a été nominativement portée au budget, l'approbation donnée au budget par l'administration supérieure autorisera implicitement cette acquisition. Sinon il faudra demander l'homologation du préfet, mais l'enquête *de commodo et incommodo* et l'expertise ne seront pas exigées. A l'égard des objets dont l'acquisition par la commune est fréquemment nécessaire, on procède par marchés de fournitures. Pour les fournitures dont la valeur n'excède pas trois mille francs la commune peut traiter de gré à gré, sauf approbation par le préfet. Elle peut encore traiter de gré à gré, à quelque prix que s'élèvent les fournitures, et toujours sauf approbation du préfet (1), quand il s'agit d'objets qui, par diverses raisons, sont peu répandus dans le commerce, ou qui n'ont amené aucune offre aux adjudications, ou à l'égard desquels il n'a été

---

(1) L'ordonnance du 14 novembre 1837 exigeait, dans ce cas, l'approbation du ministre (art. 2); mais, d'après le décret du 25 mars 1852 (Tab. A, — 48), celle du préfet est suffisante.

proposé que des prix inacceptables. En tout autre cas, on aura recours à des adjudications sur soumissions cachetées. L'adjudication des fournitures ne sera faite que dans les limites d'un maximum et d'un minimum fixés d'avance ; elle ne sera admise que sur présentation de solides garanties déterminées par le cahier des charges et elle ne sera valable qu'après approbation du préfet (ordonn. du 14 novembre 1837).

Les communes peuvent avoir à acquérir des rentes sur l'État. C'est pour elles un mode de placement de leurs fonds. Il faudra une délibération du conseil municipal approuvée par le préfet. En vertu de cette délibération, les capitaux disponibles seront versés au receveur général, qui fera faire l'achat des rentes et remettra les inscriptions au receveur municipal.

Outre l'achat, un moyen d'acquisition à titre onéreux, est l'échange. Les règles sont à peu près les mêmes ; la délibération du conseil municipal et l'approbation du préfet sont exigées. C'est par les mêmes moyens qu'on met l'autorité administrative en situation de se prononcer avec connaissance de cause. Seulement comme, au lieu de prix, le contrat contient transmission d'un second objet, il faudra deux plans détaillés et une double estimation. Du reste, l'échange d'immeubles entraînant aliénation immobilière, en même temps qu'il opère acquisition, il est facile de comprendre que l'autorité doit se montrer sévère pour l'approuver. Les intérêts particuliers trouvent souvent leur compte dans ces échanges ; aussi l'administration a-t-elle à se tenir en garde contre eux, en n'autorisant l'échange que lorsqu'il y a utilité publique, ou avantage évident pour la commune.

2° *Acquisitions à titre gratuit.* — Les communes sont capables de recevoir par donations et legs, mais le gouvernement, au nom de l'intérêt général, ne leur permet pas de le faire sans son autorisation. Outre le double intérêt politique et fiscal que peut avoir l'État à ce qu'une trop grande masse de biens ne soit pas retirée de la circulation, en entrant dans le patrimoine des communes, les libéralités à leur profit n'étant pas toujours faites purement et simplement, et les conditions qui y sont mises pouvant les rendre onéreuses, le conseil municipal n'est pas laissé maître de prendre une délibération définitive sur cet objet important. D'après le Code Napoléon, c'était le chef de l'Etat qui devait autoriser l'acceptation des dons et legs faits « aux pauvres d'une commune et établissements d'utilité publique (art. 910) ». Une première brèche fut faite à ce système par une ordonnance du 2 avril 1817, qui permit l'acceptation, sur simple autorisation du préfet, des dons et legs d'argent et d'objets mobiliers, pourvu que leur valeur n'excédât pas trois cents francs. La loi du 18 juillet 1837 éleva ce chiffre ; en même temps, elle admit une distinction qui seule subsiste aujourd'hui. Suivant l'art. 48 de cette loi, un arrêté du préfet suffisait pour valider l'acceptation des dons et legs, toutes les fois que la libéralité mobilière n'excédait pas trois mille francs et qu'il n'y avait pas réclamation des prétendants droit à la succession. Hors ces cas, si la donation était immobilière d'un chiffre quelconque, ou si, mobilière, elle excédait trois mille francs, ou s'il y avait réclamation de la part des héritiers, c'était une ordonnance royale qui devait intervenir. Mais, en vertu du décret du 25 mars 1852, il n'y a plus à rechercher ni la nature, ni la valeur de la donation. C'est l'autorité préfectorale qui est compétente pour approuver la délibération du conseil municipal. Le chef de l'État n'est appelé à statuer que lorsqu'il y a réclamation des familles sur tout ou partie de la libéralité.

Les réclamations dont il s'agit, ne sauraient être celles qui s'attaquent à la validité de la donation ou de legs, par rapport aux règles du droit civil. Tout ce qui touche à la forme des donations et testaments, à la capacité de donner, à la quotité disponible, est du ressort des tribunaux ordinaires et échappe à la compétence administrative. Les voies d'attaque contre la validité de la donation ou du legs restent ainsi ouvertes sans aucun doute aux intéressés ; mais ils ont de plus le droit de s'adresser à l'administration et de faire valoir devant elle des raisons particulières, propres à lui prouver que la libéralité faite à la commune, bien que valable en pur droit, est une spoliation injuste et dont les résultats sont funestes.

Pour les donations, comme pour les achats et échanges, nous dirons que l'autorité appelée à donner son approbation doit être renseignée, de manière à pouvoir apprécier sainement s'il y a lieu d'accepter ou de refuser la libéralité. L'acte de donation, ou une expédition du testament, l'estimation des objets donnés ou légués, le budget de la commune, devront, avec la délibération du conseil municipal et l'avis du sous-préfet, être envoyés au préfet ou au ministre de l'intérieur ; des renseignements sur la situation de fortune du donateur ou testateur y seront joints.

L'acceptation des donations n'est définitivement valable que lorsqu'elle a reçu la sanction de l'autorité supérieure (art. 937 C. N.). Mais l'art. 48 (*fin*) de la loi de 1837 a reconnu au maire la faculté d'accepter, à titre conservatoire, les dons et legs en vertu de la délibération du conseil municipal et sans attendre la décision du préfet ou du chef de l'État. L'utilité de l'acceptation provisoire s'explique par la rétroactivité attachée dans ce cas à l'autorisation qui intervient postérieurement. Les retards de l'administration ne peuvent nuire à la commune ; et quand, par l'entremise de son maire, celle-ci a fait tout ce qui était possible pour conserver son droit, ce droit lui appartient tout entier dès le premier jour. Peu importe dès lors que le donateur soit mort, qu'il ait révoqué la donation, ou aliéné la chose donnée, dans l'intervalle de l'acceptation provisoire à l'autorisation. Pourvu que l'acceptation ait été faite par le maire dans les formes tracées par le Code Napoléon (art. 932), la donation, une fois autorisée, remontera, par ses effets, au jour de l'acceptation ou de la notification. Les fruits même de la chose, ou les intérêts de la somme donnée, seront dus à la commune du jour de l'acceptation provisoire ou de sa notification, puisque c'est de ce jour que le contrat est censé formé.

Par la même raison, il nous semble juste d'admettre qu'en matière de legs, la demande en délivrance faite par le maire après acceptation provisoire, mais antérieurement à l'autorisation du gouvernement, sert de point de départ aux intérêts qui seront dus, lorsque l'autorisation viendra rétroactivement confirmer l'acceptation. La raison est la même : les lenteurs administratives ne doivent pas nuire à la commune. Ainsi l'a jugé la Cour de Paris par un arrêt du 19 mai 1851 : elle l'avait déjà préjugé dans un arrêt du 27 janvier 1851, statuant en matière de legs fait à un établissement public. La Cour refusait tout effet rétroactif à la demande en délivrance formée par l'administrateur de l'hospice ; par ce motif, entre autres, que l'art. 48 de la loi de 1837 créait une disposition exceptionnelle, spéciale aux communes, et qui ne pouvait être appliquée à d'autres qu'elle. On argumenterait en vain d'un arrêt de rejet du 13 novembre 1849 : il se borne à faire à un *établissement public* l'application du principe ordinaire de l'art. 1014 du Cod. N., et l'art. 48 est hors de cause. Il est vrai que, par un arrêt du 21 mars 1852, la Cour de cassation, toujours en matière d'établissements publics, a posé d'une manière générale, et semble même avoir appliqué aux communes, dans ses motifs, le principe que la faculté de faire des actes conservatoires doit s'entendre seulement des actes qui ont pour but d'éviter une déchéance ou une prescription, et non de la demande en délivrance d'un legs. Mais nous croyons qu'en décidant ainsi, la Cour a eu en vue l'art. 55 bien plutôt que l'art. 48 de la loi de 1837. C'est, en effet, en se fondant sur l'art. 55, que le tribunal de la Seine avait d'abord admis un hospice à réclamer les intérêts échus depuis le jour de la demande en délivrance d'un legs, formée avant l'autorisation de l'accepter. La Cour de Paris avait réformé et jugé qu'une demande d'intérêts ne pouvait être considérée comme un simple acte conservatoire, à moins d'exception écrite dans la loi. C'est par les mêmes principes que la Cour de cassation a rejeté le pourvoi; ce qui laisse toute sa portée à l'art. 48, lequel constitue précisément pour les communes cette exception légale dont parlait la Cour de Paris (1). Au surplus, la distinction entre les libéralités faites aux communes et celles faites aux établissements publics se trouve nettement formulée, dès l'origine, dans les instructions données par le ministre de l'intérieur (2), pour l'application de l'art. 48, et c'est à son aide que l'on peut mettre l'accord dans la jurisprudence. Mais ajoutons que cette distinction a cessé depuis la loi du 7 août 1851 (art. 11), qui a reproduit pour les hospices une disposition analogue à celle de l'art. 48. Le président de la commission des hospices est autorisé aujourd'hui à accepter les dons et legs à titre conservatoire, et l'autorisation qui intervient ensuite a son effet du jour de cette acceptation. Nous croyons qu'en présence de ce texte il faudrait aujourd'hui décider pour les hospices, comme nous pensons qu'il a toujours fallu le faire pour les communes depuis 1837.

---

(1) Sir-Devill.; 1850, 1. 198; 1851, 2. 72 et 368; 1852, 1. 397.
(2) Inst. minist., 11 juillet 1839.

Il peut arriver qu'une donation contienne des libéralités au profit d'une commune, et en même temps au profit d'un établissement soumis, quant à l'acceptation, à un régime différent. L'autorisation devra être, dans ce cas, demandée au chef de l'État. On considère qu'il y a entre les deux dispositions une connexité qui ne permet pas de les scinder et de déférer l'une sans l'autre à la connaissance de l'autorité la plus élevée.

La loi du 18 juillet 1837 prévoyait le cas où le conseil municipal aurait refusé d'accepter les dons et legs. C'était alors un acte du chef de l'État qui devait intervenir, sans distinction. Le décret du 25 mars 1852 est muet sur ce point; mais comme il a décentralisé, en général, « les affaires relatives aux dons et legs, » et qu'aucune exception n'est portée pour le cas de refus, on doit conclure que c'est aujourd'hui le préfet qui statue.

La commune, déjà soumise à la condition de la transcription pour rendre sa propriété immobilière opposable aux tiers, lorsqu'elle l'avait acquise par donation, doit accomplir la même formalité pour ses acquisitions à titre onéreux, depuis la loi du 23 mars 1855.

Enfin, outre les acquisitions qui résultent pour la commune d'un contrat ou d'un testament, il en est d'autres qui lui profitent en vertu de la loi. Les règles sur l'accession lui sont applicables ; il en est de même de la prescription. Dans ces cas, aucune autorisation n'est nécessaire. De même encore si la commune n'a qu'une créance de choses indéterminées, la tradition lui en transportera la propriété, et il ne sera pas nécessaire qu'une homologation supérieure approuve cette tradition. L'autorisation intervenue pour le contrat garantit en même temps les conséquences de son exécution.

Nous allons supposer maintenant la propriété entrée dans le patrimoine communal et examiner quels sont les modes de jouissance qui s'y appliquent.

II. MODES DE JOUISSANCE. — Ici se place une distinction importante dans les biens appartenant à la commune. Suivant des locutions consacrés, les uns sont *patrimoniaux*, les autres *communaux*.

1° *Jouissance des biens patrimoniaux.* — Les moyens employés par la commune, pour tirer parti de ses biens, sont ceux qui sont ouverts aux particuliers. L'article 1712 du Code Napoléon mentionne les baux faits par les communes, en annonçant qu'ils sont soumis à des règles particulières. Voyons quelles sont ces règles.

Tout bail n'est pas au même titre un acte d'administration. En général, d'après nos lois, il n'y a que le bail de neuf années qui ait ce caractère. C'est le seul qui soit permis à l'usufruitier, au mari (art. 595, 1429, C. N.) et au tuteur. Mais, pour les biens des communes, on a senti le besoin d'étendre ce terme. Après une loi du 25 mai 1835, qui avait déjà statué en ce sens, la loi du 18 juillet 1837 a donné le caractère de simple acte d'administration aux baux n'excédant pas dix-huit ans, mais pour les biens ruraux seulement. Selon cette loi, le conseil municipal fait un règlement exécutoire par lui-même, à l'expiration du délai de trente jours, toutes les fois qu'il est appelé à délibérer sur l'opportunité et les conditions de la mise à ferme pour dix-huit ans d'un bien rural, et de la mise à loyer pour neuf ans d'un autre bien. Sa délibération n'est, au contraire, exécutoire qu'après approbation du préfet (1), lorsque les baux de biens ruraux doivent excéder dix-huit ans et les autres neuf ans (art. 17, § 2 et 19, § 5).

Mais la délibération du conseil, même homologuée, ne fait qu'autoriser la location et régler ses conditions. Après elle, il reste à rédiger un acte de bail. Or, cette rédaction étant d'une grande importance, puisqu'elle doit faire la loi des parties, on n'a pas pensé pouvoir s'en remettre exclusivement au maire. L'acte passé par lui doit être, quelle que soit la durée du bail, soumis à l'approbation du préfet.

Quant aux formalités qui précèdent et accompagnent la passation du bail, voici quelles elles sont : Le maire dresse le cahier des charges; le public est prévenu par des publications, affiches et annonces de la mise à ferme, ainsi que du jour auquel est fixée l'adjudication. Ce jour arrivé, le plus fort enchérisseur est déclaré adjudicataire. L'adjudication est faite par le maire assisté de deux membres du conseil municipal, désignés d'avance par ce conseil ou, à défaut de cette désignation, appelés dans l'ordre du tableau. Le receveur municipal est présent. C'est là un cas où le maire a des attributions contentieuses :

_____

(1) La loi de 1837 (art. 47) allait même plus loin : dès que le bail excédait dix-huit années, il fallait recourir à une ordonnance royale; mais le décret du 25 mars 1852 (Tab. A, art. 44) renvoie au préfet dans tous les cas.

l'art. 16 de la loi de 1837 lui donne le droit de résoudre, séance te-
nante, toutes les difficultés qui peuvent s'élever sur les opérations pré-
paratoires de l'adjudication.

Les formalités de l'adjudication accomplies, il n'y a plus qu'à rédiger
le bail ; nous savons qu'au maire incombe ce soin ; sauf approbation du
préfet. Mais on s'est demandé si l'acte de bail pouvait être sous seing
privé, ou s'il fallait recourir nécessairement au ministère d'un notaire.
Nous avons vu que pour les acquisitions, et nous verrons que pour les
aliénations, l'authenticité de l'acte de vente n'est exigée dans aucun
texte ; et il serait singulier de se montrer plus exigeant sur ce point
pour un louage que pour une vente. Cependant la difficulté naît d'un
décret du 12 août 1807 qui veut que les baux des hospices et autres
établissements publics soient faits devant un notaire désigné par le préfet.
On invoque aussi (une décision ministérielle s'est fondée sur cet argument) une ordonnance du 7 octobre 1818, qui autorise, à certaines
conditions, la mise en ferme des communaux proprement dits. Or,
parmi ces conditions, se trouve précisément l'obligation de passer acte
de l'adjudication devant un notaire désigné par le préfet, conformément au décret précité de 1807. On peut répondre que le décret de
1807 n'est relatif qu'aux établissements publics dont les baux sont
toujours faits aux enchères par devant un notaire, lequel, par suite,
est appelé à rédiger l'acte de bail. Au contraire, dans les baux des
biens des communes, les enchères sont reçues par le maire. Si l'ordonnance de 1818 exige l'intervention d'un notaire, c'est dans le cas
spécial qu'elle prévoit et qui ne doit pas nécessairement être étendu.
On peut ajouter que, pour la mise en ferme des biens domaniaux, le
ministère d'un notaire n'est pas requis.

Un point qui ne saurait faire difficulté, c'est que le bail notarié seul
a force exécutoire et peut contenir constitution d'hypothèque. Cette
hypothèque ne peut, du reste, avoir lieu, que si elle a été expressément réservée.

Nous venons de supposer un bail inférieur à dix-huit années. S'il
s'agissait d'un bail qui dût excéder ce terme, il faudrait, aux formalités que nous avons indiquées, ajouter une enquête *de commodo et
incommodo*. Telle était l'exigence du décret du 7 germinal an IX, auquel l'ordonnance du 7 octobre 1818 (art. 7), renvoie, tant pour les

biens patrimoniaux, que pour les communaux. Pour rendre ce même bail opposable aux tiers, il faudrait aussi la transcription, depuis le décret du 23 mars 1855 (art. 2-4°).

2° *Jouissance des biens communaux.* — La jouissance, comme nous l'avons indiqué, est ici beaucoup plus directe pour les membres de la communauté. Chaque habitant perçoit individuellement les produits de la chose commune pour sa part. A quel titre et par quel droit? C'est la première question à résoudre. Selon M. Proudhon, il faut voir dans le droit des habitants aux communaux un droit réel, qui n'est ni l'usufruit, ni cet usage dont les règles sont exposées dans le Code Napoléon, mais un usage d'une nature particulière constituant une servitude réelle. Nous pensons aussi qu'on ne saurait voir dans le droit aux communaux ni un usufruit, puisqu'il ne s'éteint pas avec chacun des ayants droit, et que la commune peut, en cas de besoin, se faire autoriser à dénaturer leur jouissance; ni un usage personnel, puisque les avantages que peuvent prétendre les habitants ne sont bornés ni à l'étendue de leurs besoins, ni à la durée de leur vie. Mais nous croyons qu'il faut aller plus loin et refuser aux habitants tout droit réel. En effet, s'ils avaient sur les produits du bien communal un droit réel, la commune ne pourrait y porter atteinte. Cependant, nous verrons que leur droit est à la discrétion de la commune; ainsi le conseil municipal règle le mode de jouissance et de répartition des fruits communaux; la commune a le droit de transformer un bien communal en bien patrimonial et de le donner à ferme; enfin, elle a le droit de l'aliéner, et assurément elle ne le transmet pas à l'acquéreur sous la charge de respecter le droit des habitants. Concluons que la jouissance des communaux ne constitue pas plus un droit de servitude qu'un droit de propriété. Le droit des habitants se doit comprendre comme le résultat d'une simple mesure d'administration locale, comme une concession précaire de la commune qui n'abdique en rien la plénitude de sa propriété.

Les fonds mis en culture ne se prêtent guère à la jouissance commune. Celle-ci ne peut être admise, sans grand désavantage, que sur les terrains en nature de pâturage et sur les forêts. Dans le premier cas, les communaux sont le plus souvent des terres vaines et vagues, des landes, des friches. Le droit des membres de la commune consiste à conduire leurs bestiaux à la dépaissance, ou à prendre part à la distribution des herbes, joncs, etc., que ces terrains peuvent produire. Dans les forêts, le droit des habitants peut également ne consister qu'en pâturage; seulement, leur jouissance est soumise à une restriction : les ayants droit doivent réunir leurs bestiaux sous la conduite d'un pâtre commun. Un autre droit, plus important, dans les forêts, est l'affouage, c'est-à-dire la distribution des bois entre les habitants. Ces bois peuvent être destinés au chauffage ou à la réparation des maisons ; mais, dans aucun cas, l'exploitation de la coupe n'est abandonnée aux ayants droit. La coupe doit être faite par un entrepreneur agréé par l'administration forestière. Elle est divisée en lots, et l'attribution des lots se fait par tirage au sort; néanmoins les habitants sont libres de vendre ou échanger leurs lots,

Deux questions se présentent ici à examiner : la première, quels sont les ayants droit à la jouissance des biens communaux? la seconde, quelles sont les bases de la répartition, et quelle est l'autorité qui est chargée de la faire ?

Sur la première question, nous remarquerons que la loi du 10 juin 1793, et l'art. 542 du C. Nap., emploient le mot *habitants*. Mais que faut-il entendre par « habitants? » Nous croyons qu'il faut s'en tenir à la notion du domicile réel ; c'est ainsi que l'art. 105 du Code forestier décide pour l'affouage. Il est vrai que l'art. 3 (sect. 2) de la loi du 10 juin 1793 exigeait, pour donner droit au partage des communaux, que l'on eût été domicilié un an avant le jour de la promulgation du décret du 14 août 1792, qui avait posé le principe du partage des biens communaux. Mais c'est là une disposition toute particulière, statuant sur une matière qui n'est pas la nôtre, puisqu'il s'agissait d'un partage de propriété et non d'une répartition de jouissance. Nous en dirons autant de l'art. 6 de la constitution de l'an VIII et de l'art. 4 (tit. III) de la loi du 10 vendémiaire an IV, qui exigent, pour les cas qu'ils prévoient, une année de résidence; il s'agit dans l'un, du droit de vote; dans l'autre, d'une question de police. Pour les jouissances communales, au contraire, nous ne voyons nulle part qu'il ait été dérogé au droit commun. Nous pensons même que la condition de domicile est suffisante, et que la qualité de Français n'est pas indispensable. L'étranger, du moment qu'il est autorisé à établir son domicile en France, participe inconctestablement aux droits civils (art. 13, C. Nap.), et, en première ligne, au droit de domicile et à ses conséquences. A ce titre, les jouissances communales doivent lui être permises. Ainsi l'a jugé la Cour de cassation par arrêt du 26 février 1838 (1). Ajoutons enfin que l'inscription au rôle des contributions ne doit pas être exigée : les jouissances communales sont surtout établies pour les pauvres. Il ne faut pas voir seulement en elles une compensation aux charges que supportent les gens aisés.

Outre la condition de domicile, il en est d'autres qui sont requises ; mais elles dépendent du mode de répartition de la jouissance. C'est l'objet de notre seconde question.

On peut concevoir plusieurs systèmes de répartition : l'un, consisterait à attribuer la jouissance aux seuls propriétaires de la commune, en mesurant l'étendue de cette jouissance sur l'étendue de leur domaine. Il paraît avoir été en vigueur, avant la révolution, dans certaines parties de la France ; mais il est aujourd'hui interdit par les décrets des 20 juin 1806 et 6 juin 1811, et les avis du conseil d'État des 20 juillet 1807 et 26 avril 1808. Reste alors le fait de l'habitation ; mais deux modes d'application sont encore possibles : ou bien, admettant une égalité absolue, on ferait participer à la jouissance chacun des habitants, majeur ou mineur, c'est la division par têtes ; ou bien on appellerait les seuls chefs de famille, c'est la division par feux. De ces deux modes, le premier était préféré par la loi du 10 juin 1793. Les décrets de 1806 et 1811, ainsi que les avis du conseil d'État déjà cités, montrent que le second ne tarda pas à prévaloir, et l'art. 105 du Code forestier décide de même en faveur du partage par feux.

Quant à l'autorité compétente pour déterminer le mode de répartition, nous voyons que la loi du 10 juin 1793, statuant sur le partage par tête de la propriété des biens communaux, dont elle accordait la

_____

(1) Un autre arrêt du 11 mai 1838 de la C. de cass. a décidé dans le même sens, mais par d'autres motifs, et en s'appuyant sur ce que le droit à la jouissance est un droit réel établi pour l'utilité des habitations et héritages de la commune.

faculté à une assemblée de tous les habitants de la municipalité, laissait en même temps à l'assemblée la liberté de décider que la jouissance en commun continuerait pour tel ou tel bien, et lui reconnaissait (sect. 3, art. 12) le droit de fixer, dans ce cas, « les règles qu'elle croirait les plus utiles pour en régler la jouissance commune. » Aujourd'hui, d'après la loi de 1837, c'est le conseil municipal qui règle « le mode de jouissance et la répartition des pâturages et fruits communaux autres (1) que les bois » (art. 17, § 3). La délibération du conseil municipal sur cette matière est un règlement proprement dit. Concluons-en qu'il n'a pas besoin d'être approuvé par le préfet, sauf pour celui-ci le droit ordinaire de l'annuler dans les trente jours, et de suspendre son exécution pendant un délai égal.

Mais quelle latitude est laissée au conseil municipal pour cette réglementation ? A-t-il toute liberté ? Un décret du 9 brumaire de l'an XIII disposait que les anciens partages étaient maintenus et ne pouvaient être changés par les communes dans les cas où elles n'auraient pas profité du bénéfice de la loi du 10 juin 1793, et auraient conservé leurs anciens modes de jouissance. Pour les changer, il fallait alors un décret du chef de l'Etat rendu sur la demande des conseils municipaux, après avis du sous-préfet et du préfet. Si, au contraire, les communes avaient, en exécution de la loi de 1793, établi un nouveau mode de jouissance, ce mode pouvait être changé sans l'intervention du chef de l'Etat. Une délibération du conseil municipal, avec l'avis du sous-préfet, était soumise à l'approbation du préfet en conseil de préfecture, sauf, de la part du conseil municipal et même d'un ou plusieurs habitants ou ayants droit, le recours au conseil d'Etat. Faut-il dire que cette distinction est encore en vigueur ? La loi du 1837, dans l'attribution formelle et générale qu'elle donne au conseil municipal, semble l'exclure. Cependant, même postérieurement à cette loi, la jurisprudence du conseil d'Etat a admis que, lorsque le mode de jouissance aurait été réglé par un acte du gouvernement, il faudrait un décret pour le changer. Les traces de cette jurisprudence se retrouvent jusque dans le décret du 25 mars 1852 qui donne aux

---

(1) La même exception pour les bois se trouvait dans la loi de 1793.

préfets le droit d'approuver les délibérations du conseil municipal sur le mode de jouissance en nature des biens communaux « quelle que soit la nature de l'acte primitif qui ait approuvé le mode actuel. » En résumé, sauf le cas où cet acte primitif émanera du chef de l'État, l'autorisation du préfet ne sera pas nécessaire, et le règlement du conseil municipal aura pleine force par lui-même.

Mais il va de soi que, si le conseil municipal peut changer le mode de jouissance par mesure générale, il ne peut exclure arbitrairement tel ou tel individu. Il y aurait alors recours par la voie administrative contentieuse, à notre sens, et non devant les tribunaux judiciaires, comme le pensent ceux qui voient dans le droit de jouissance des habitants un droit réel d'usage.

Le conseil municipal n'est pas, d'après la loi de 1837, appelé seulement à fixer le mode et la répartition de la jouissance des biens communaux ; il fixe aussi les conditions à imposer aux parties prenantes. Il y a, dans toute jouissance commune, des mesures de précaution qui doivent être définies d'avance. En outre, la commune peut ne livrer ses biens en jouissance qu'à la charge d'une redevance. C'est sur ces points que le conseil municipal doit prononcer. Mais il faut bannir l'idée de toute rétribution que les nouveaux habitants devraient payer à la commune comme droits d'entrée en jouissance des biens communaux. Cet abus a été l'objet d'une instruction ministérielle de 1838. D'anciens usages semblaient autoriser à imposer une telle redevance aux personnes qui n'étaient pas nées sur le territoire de la commune (droits d'entrée en jouissance, de bourgeoisie, d'incolat) ; mais aujourd'hui, comme nous l'avons dit en commençant, l'origine n'est point à prendre en considération pour la formation de la commune. Dès que le domicile existe, il y a égalité entre les anciens et les nouveaux domiciliés. Aussi l'instruction avertit-elle que les règlements des conseils municipaux qui imposeraient des taxes de cette nature devraient être annulés. Un avis du conseil d'État du 4 juin 1807 avait déjà proscrit la perception du droit dit *de bourgeoisie*.

Nous venons d'indiquer les deux manières différentes dont les communes jouissent de leurs biens. Nous nous demanderons maintenant si elles peuvent indifféremment convertir en jouissance amodiée la jouissance commune. Le décret du 9 brumaire an XIII avait décidé que le mode de jouissance des biens communaux, qui n'avait pas été changé par l'application de la loi de 1793, ne pouvait être changé que par un acte du chef de l'État, sur la demande des conseils municipaux ; que si, par application de cette loi, un nouveau mode avait été introduit, l'approbation du préfet était suffisante. Une ordonnance du 7 octobre 1818 dérogea à ces dispositions. Elle porte que les biens des communautés d'habitants restés en jouissance commune, depuis la loi de 1793, et que les conseils municipaux ne jugeront pas nécessaires à la dépaissance des troupeaux, pourront être affermés sans autorisation du roi, lorsque la durée des baux n'excédera pas neuf années. Le maire dressera le cahier des charges, tel qu'il résultera de la délibération du conseil municipal, et après l'avoir soumis à l'approbation du préfet, il procédera à l'adjudication. L'acte sera passé par-devant notaire. L'adjudication ne sera définitive qu'après l'approbation du préfet ; et les habitants auront le droit de former près de lui opposition au changement de jouissance. Quant aux baux à longue durée de biens communaux, on renvoyait aux formes plus compliquées du décret du 7 germinal an IX. Les règles de l'ordonnance doivent être modifiées aujourd'hui par celles qui donnent au conseil municipal le droit de statuer par sa délibération sur les baux de moins de dix-huit ans, et par le décret du 25 mars 1852, qui attribue aux préfets l'approbation des baux, quelle qu'en soit la durée. Non-seulement la mise en ferme, l'amodiation des biens communaux est possible, mais elle doit être favorisée. La jouissance commune est souvent contraire à l'intérêt bien entendu des communes ; elle exclut les améliorations, ou, pour mieux dire, elle exclut toute culture. La mise en ferme, au contraire, transforme en terres productives les landes stériles. Dans l'intérêt général, aussi bien que dans l'intérêt de la commune, il peut y avoir tout à gagner à faire ce changement.

Nous ajouterons un mot sur la jouissance des meubles. Leur usage est ordinairement indiqué par leur nature, et la commune en tire parti comme toute autre personne. Mais, pour les capitaux, il y a une variété infinie d'emplois possibles et le mauvais choix peut être dangereux. La commune ne doit pas être admise à courir les hasards des spéculations. C'est le Trésor qui recevra ses fonds ; ou, encore, elle les placera en rentes sur l'Etat. Dans les deux cas, il faudra une délibération du conseil municipal homologuée par le préfet.

Passons à l'examen des modes d'extinction de la propriété communale.

III. Modes d'extinction. — Le patrimoine de la commune n'est pas assuré aux générations futures par l'inaliénabilité ; mais des précautions sont prises pour qu'il ne soit pas imprudemment dissipé. Le droit d'autoriser les aliénations des propriétés de la commune, après avoir été attribué par la loi du 2 prairial an v au pouvoir législatif, était passé, en fait, au chef de l'Etat. Sous l'Empire et la Restauration, il fut, en effet, statué sur les autorisations d'aliéner par simples décrets. La loi de 1837 a divisé, entre le préfet et le chef de l'Etat, l'autorisation à donner aux projets d'aliénation, suivant les mêmes distinctions qu'elle avait suivies pour les acquisitions ; mais, le décret du 25 mars 1852 a généralisé sur ce point encore le pouvoir préfectoral (tab. A. 41).

Les formalités préalables à accomplir, pour l'aliénation des immeubles, sont une enquête de *commodo* et *incommodo* devant un commissaire nommé par le préfet et qui doit être autre que le maire ; une estimation par experts de l'immeuble à vendre, l'indication des offres, s'il y en a, et l'avis du sous-préfet. Un cahier des charges est rédigé et publié par le maire après l'autorisation, et l'on passe à l'adjudication.

C'est, en effet, par cette voie que se font régulièrement les ventes de biens des communes. On applique alors l'art. 16 de la loi de 1837, comme nous l'avons vu appliqué en matière de baux par adjudication. Nous pensons aussi que, dans l'intérêt des communes, les étrangers devront être admis à enchérir. Mais, si l'adjudication est la règle ordinaire, il est certains cas qui en dispensent. Qu'une personne détienne indûment quelque bien d'une commune, l'ordonnance du 23 juin 1819, art. 3, donne à l'usurpateur un moyen d'échapper aux poursuites en restitution. Il n'aura qu'à faire la déclaration des biens communaux dont il jouit sans droit, après quoi il pourra, sur la proposition du conseil municipal et de l'avis du sous-préfet et du préfet, être maintenu en possession, en payant les quatre cinquièmes de la valeur desdits biens. On peut encore citer le cas de rachat de servitude ; celui d'abandon d'un chemin vicinal, qui donne aux riverains un droit de préemption, exclusif d'une adjudication publique (art. 19, loi du 21 mai 1836). Une circulaire ministérielle a indiqué, en outre, les cas de vente faite à un établissement public et d'exécution d'aligne- ments, en matière de voirie urbaine ou vicinale (circ. min., 23 jan- vier 1836). Du reste, la vente aux enchères n'est point formellement imposée par la loi et il n'est pas douteux que l'administration supé- rieure peut dispenser la commune de recourir à cette forme, surtout si l'objet n'a qu'une médiocre valeur ou si l'aliénation de gré à gré présente un avantage évident pour la commune, d'après les offres de l'acheteur.

L'adjudication est faite devant le maire assisté de deux membres du conseil municipal. La présence d'un notaire et la rédaction par lui de l'acte de vente ne sont point exigées. Cela résulte clairement d'une instruction ministérielle du 19 décembre 1840. En l'absence de tout texte qui autorise, après l'adjudication d'un bien de commune, la surenchère permise par l'art. 965 du Code de procédure, sur alié- nation des biens des mineurs, nous ne pensons pas qu'il y ait lieu de l'admettre.

Les règles pour l'aliénation des meubles corporels sont les mêmes que pour l'aliénation des immeubles, en ce sens qu'il faut aussi l'au- torisation du préfet et les enchères publiques. Quant aux rentes sur l'État, l'aliénation en est également autorisée par le préfet, à la de- mande du conseil municipal; et, sur le vu de cette autorisation, les receveurs généraux font procéder à la vente des inscriptions de rentes, suivant les formes usitées pour ces valeurs.

Le droit pour les communes d'aliéner à titre gratuit ne peut guère leur être refusé en présence de la généralité des termes de l'art. 19-3° de la loi de 1837; mais la surveillance de l'administration devra être scrupuleusement exercée, et ces aliénations ne devront être approu- vées par elle que dans des cas rares.

Nous avons parlé plus haut de l'échange comme moyen d'acquisi- tion, et par là même comme mode d'aliénation.

Outre les aliénations que fait la commune dûment autorisée, la pro- priété peut encore lui échapper par la prescription. Le caractère d'im- prescriptibilité n'est reconnu qu'aux choses de la commune qui ont une destination publique. Remarquons, toutefois, que le maire ne peut prescrire contre la commune dont il est l'administrateur, et pour laquelle il doit faire tous les actes conservatoires, dans lesquels sont compris les actes interruptifs de prescription. De graves auteurs (1) vont plus loin et admettent que l'État ne pourrait non plus prescrire contre la commune dont il est en quelque sorte le tuteur.

IV. PARTAGES. — Le partage, considéré dans sa nature intime, et à part la fiction de l'art. 883 qui le rend simplement déclaratif de propriété, est une véritable aliénation, car il implique un échange. En outre, il existe une certaine espèce de partage, en matière de biens communaux, qui n'est autre qu'un abandon véritable de la propriété; nous sommes ainsi fondé à parler des partages comme modes d'extinction de la propriété communale. Le partage, en ce qui concerne les communes, se présente à deux points de vue : il peut y avoir partage de biens indivis entre plusieurs communes ou entre une commune et un particulier; en second lieu, il peut y avoir partage de biens communaux entre les habitants.

1° *Partage de biens indivis.* — « Nul ne peut être contraint à demeurer dans l'indivision, » porte l'art. 815 du Code Napoléon. Cette règle n'est pas spéciale aux individus. Les êtres moraux peuvent aussi s'en prévaloir, et si des biens se trouvent indivis entre deux communes, comme aussi entre une commune et un particulier, chacune des parties intéressées pourra provoquer le partage. L'art. 2 (section 4) de la loi du 10 juin 1793 consacre le principe pour deux communes indivises. L'art. 92 du Code forestier est formel quant aux bois indivis entre elles. Enfin, une circulaire du ministre de l'intérieur du 25 juillet 1830 ne met pas en doute ce droit des communes. Toutefois la délibération des conseils municipaux sur le partage ne sera exécutoire qu'après approbation du préfet, aux termes du décret du 25 mars 1852 (tab. A, 41) (2). Sous cette autorisation, rien n'empêche que le partage soit fait à l'amiable, car aucun texte n'exige pour les communes, comme l'art. 466, Code Nap., l'exige pour le mineur, un partage en

---

(1) M. Duranton, t. 21, n° 178.
(2) Avant ce décret, d'après la loi de 1837 (art. 46), il fallait, pour déterminer l'autorité chargée de statuer, faire les mêmes distinctions que quant aux acquisitions et aliénations.

justice. Les lots seront faits par experts nommés par les communes. Mais s'il s'élève des difficultés sur le fond du droit, comme il s'agit de discuter et de trancher une question de propriété, les tribunaux judiciaires devront préalablement être appelés à connaître du litige. Après leur décision, l'autorité administrative, c'est-à-dire le préfet, pourra faire procéder aux opérations du partage. D'après quelles bases? En d'autres termes, quel sera le terme de comparaison auquel il faudra s'arrêter pour apprécier la portée du droit de chaque commune? Tiendra-t-on compte de l'étendue territoriale de la commune, du nombre de ses habitants ou du nombre de feux? D'après la loi de 1793, il fallait s'arrêter au nombre de têtes d'habitants. Aujourd'hui, d'après les avis du conseil d'État du 20 juillet 1807, et du 26 avril 1808, c'est le partage par feux qui doit servir de base. Mais il faut remarquer qu'il n'y a lieu d'introduire l'élément du nombre de feux qu'à défaut de titres qui détermineraient l'étendue du droit de propriété de chaque commune sur l'immeuble indivis. La décision de l'autorité judiciaire déclarant l'existence du droit de propriété, en déclarerait alors la proportion, et là serait la base du partage. Au contraire, des contestations peuvent s'élever, non sur la question de propriété, mais sur les convenances ou sur les bases purement administratives du partage; c'est alors le conseil de préfecture qui est compétent.

L'indivision peut exister entre une commune et un particulier. L'autorité judiciaire est, dans ce cas, compétente. Mais la question est plus compliquée, si l'on suppose deux communes et un particulier en état d'indivision. Il nous semble qu'on peut sortir de cette difficulté en décidant que l'autorité judiciaire devra faire le partage entre le particulier, d'une part, et les deux communes de l'autre, et que, s'il n'y a pas un titre qui, en déterminant le droit de chacune de celles-ci, permette à l'autorité judiciaire de partager entre elles, elles seront renvoyées devant l'autorité administrative.

2° *Partage de biens communaux.* — Il ne s'agit plus ici du partage de l'art. 815, Code Nap., car il n'y a pas d'indivision à faire cesser. Pour qu'il y eût indivision entre les divers habitants d'une commune sur un bien communal, il faudrait qu'il y eût copropriété, et nous avons dit que la propriété demeurait entière à la personne morale. Du moment donc qu'un partage entre les habitants leur donne un droit exclusif de propriété sur leur part dans les biens communaux, il faut dire que la commune abdique son droit de propriété pour le faire passer, en le divisant, sur la tête de ses habitants. Cette conversion d'un droit précaire de jouissance en un droit de propriété a été l'objet d'une réglementation détaillée dans la loi du 10 juin 1793. Nous en dirons quelques mots.

La loi de 1793 reconnaissait aux communes le droit de partager leurs biens, de quelque nature qu'ils fussent, patrimoniaux ou communaux, à l'exception des bois, qui restaient soumis aux règles de l'administration forestière, des terrains renfermant des mines, dans certains cas, et des choses consacrées à un usage public. Le partage était facultatif. Une assemblée de tous les ayants droit, sans distinction de sexe, pourvu qu'ils eussent vingt et un ans, était appelée à se prononcer. Le tiers des voix suffisait pour que le partage fût décidé, et la délibération ainsi prise était définitive et irrévocable. L'assemblée nommait trois experts pris hors de la commune et deux indicateurs pris dans l'assemblée. Les experts procédaient au partage et à la fixation comparative et proportionnelle de chaque lot, suivant les différentes qualités du sol, avec bornages distinctifs, et en indiquant les voies d'accès, et d'écoulement des eaux, qui devaient rester d'utilité commune. Les lots étaient ensuite tirés au sort. Les ayants droit étaient tous les Français domiciliés (1) de tout âge et de tout sexe. Le partage fait, chaque habitant avait le droit de pleine propriété sur son lot (art. 12, sect. 2) qui restait pendant dix ans incessible et insaisissable (art. 13 et 16).

Des réclamations s'élevèrent contre cette loi et le 21 prairial an IV, une autre loi décida qu'il serait sursis provisoirement à toutes actions et poursuites en exécution de la loi du 10 juin 1793, mais que tous possesseurs actuels des biens communaux seraient maintenus en jouissance. Cet état provisoire dura jusqu'à la loi du 9 ventôse an XII, suivant laquelle les partages de biens communaux effectués en vertu de la loi du 10 juin 1793 et dont il avait été dressé acte devaient être exécutés. Quant aux détenteurs de biens communaux qui ne pour-

---

(1) Nous avons déjà dit qu'il fallait qu'ils fussent domiciliés dans la commune un an avant le jour de la promulgation du décret du 14 août 1792.

raient justifier d'aucun titre écrit, mais qui auraient fait sur les terrains auxquels ils prétendaient droit certains travaux, ils pouvaient devenir propriétaires incommutables, à la charge de faire certaines déclarations devant le sous-préfet et de s'engager à payer à la commune une rente de la moitié du produit annuel du bien estimé par experts (art. 3). Mais cette loi, en régularisant les situations résultant de partages consommés ou prétendus, ne fit nulle part cesser le sursis prononcé par la loi de Prairial à l'égard de nouveaux partages. C'est dans cette situation qu'on se demande aujourd'hui si le partage facultatif de la loi de 1793 peut encore, dans le silence de la loi de 1837, être appliqué aux biens communaux. L'art. 92 du Code forestier est formel pour la négative, quant aux bois des communes. En outre, un avis du conseil d'État du 21 février 1838 a décidé, pour les biens autres que les bois, que la loi de 1793 devait être considérée comme abrogée à cet égard. D'ailleurs la loi de 1837 n'est-elle pas conçue dans un esprit inconciliable avec cette idée du partage ? La loi de 1793 donnait le reflet des idées du temps où elle fut rendue. La haine de la concentration de la propriété l'emportait alors sur le soin de la conservation aux générations futures du patrimoine communal. Le principe purement démocratique éclatait partout, aussi bien dans la reconnaissance du droit au partage, que dans l'application qui en était faite par tête aux habitants. La loi de 1837 au contraire proteste par toutes ses dispositions contre l'aliénation des biens de la commune. Elle ne la permet, même à titre onéreux, que sous de fortes garanties. Comment croire qu'elle permette, sans aucune d'elles, un mode d'aliénation tel que le partage ? Mais il nous semble en même temps que l'autorité à laquelle la loi attribue le droit d'approuver les aliénations pourrait également autoriser un partage, lequel n'est autre chose qu'une série d'aliénations. Le décret du 25 mars 1852 qui donne ce droit au préfet dans tous les cas d'aliénation, le lui donne aussi pour les partages sans distinction (Tab., A, 41).

Nous avons dit plus haut que la circonscription de la commune peut recevoir des modifications par des lois ou des décrets. C'est ici le lieu de remarquer que ces réunions ou distractions n'altèrent pas les droits de la commune ou de la portion de commune qui subit la modification. Le droit d'être propriétaire n'appartient pas seulement à la commune dans le sens que l'on donne aujourd'hui à ce mot, mais aussi à la commune, telle que l'entendait la loi du 10 juin 1793, c'est-à-dire la section de commune. Si donc une commune, ou une section de commune, qui a des biens particuliers, est réunie à une autre, ses droits n'iront pas se perdre dans le patrimoine de celle à laquelle on l'agrège. Les édifices et autres immeubles servant à un usage public passeront, sans doute, à la nouvelle commune constituée par l'effet de la réunion, mais la section ou commune réunie en sera dédommagée par sa participation nouvelle à des choses de même nature. Au contraire les habitants de la commune, ou de la section réunie, conserveront la jouissance exclusive des biens dont les fruits étaient perçus en nature et la propriété des biens qui lui appartenaient exclusivement. Les biens seuls dont les revenus étaient appliqués aux dépenses générales de l'ancienne communauté devront être réunis à ceux de la nouvelle.

L'art. 6, dans le projet de la loi de 1837, après avoir posé le principe que les immeubles, servant à usage public dans la commune ou section, deviendraient propriété de la commune nouvelle, ajoutait : « sauf indemnité s'il y a lieu ». Ces mots ont été retranchés, mais il résulte de la discussion que l'on n'a pas voulu rejeter le principe de l'indemnité; seulement, la variété des cas dans lesquels cette indemnité peut être due a fait penser qu'il valait mieux laisser à l'acte même de réunion le soin de statuer sur l'indemnité. Ce sera donc au décret prononçant la réunion, ou à un décret spécial, lorsqu'elle est prononcée par une loi, à déterminer si une indemnité est due, à qui et par qui elle est due. Mais comme cette fixation présuppose la solution de questions de propriété, la loi réserve la connaissance de ces questions aux tribunaux ordinaires (Loi de 1837, art. 5, 6 et 7).

La propriété communale ne saurait être, plus que celle des particuliers, exempte des charges inhérentes à la propriété. Voyons le régime auquel elle est soumise.

V. Régime de la propriété communale. — Nous signalerons, en première ligne, l'impôt foncier qui, grevant toute propriété privée, atteint celle des communes. L'art. 100 de la loi du 3 frimaire an vii porte que la contribution foncière des propriétés des communes sera supportée et acquittée par elles. Si une section de commune a des propriétés distinctes, elle seule en supportera l'impôt. La charge de l'impôt n'atteint pas seulement le domaine patrimonial de la commune, mais encore ses biens dits communaux, auxquels sont assimilés, par présomption de propriété, les marais, les terres vaines et vagues, situés dans l'étendue du territoire de la commune, qui n'ont aucun propriétaire, ou ont été abandonnés.

En second lieu, les modifications générales, que la loi apporte à l'étendue illimitée du droit de propriété et qui sont tellement inhérentes à ce droit qu'on peut dire qu'elles en constituent l'état normal, frappent le domaine de la commune. L'expropriation pour cause d'utilité publique est la plus considérable de ces modifications. La commune pourrait, moins qu'un autre, se soustraire aux exigences de l'intérêt public qu'elle-même représente et dont elle profite à son tour. C'est à ces titres en effet qu'elle aussi a le droit de soumettre les propriétés des particuliers à l'expropriation pour les travaux d'utilité communale. L'art. 12 de la loi du 3 mai 1841 le lui reconnaît et en règle l'exercice. De là nous pouvons tirer cette conséquence que les propriétés que possède la commune sur son propre territoire ne peuvent être, à proprement parler, frappées d'expropriation pour les travaux d'utilité exclusivement communale. Si ces biens sont nécessaires à l'un de ces travaux, la commune s'en fait l'abandon à elle-même, par l'affectation qu'elle en fait à un service public. L'affectation exige une délibération du conseil municipal, homologuée par le préfet (L. 1837, art. 19-3°).

Dans les cas de véritable expropriation prononcée contre elle, elle a droit à une indemnité. La loi du 3 mai 1841 dispose que le maire peut valablement aliéner à l'amiable, après délibération du conseil municipal et autorisation du préfet, et qu'il peut, dans les mêmes formes, accepter les offres d'indemnité (art. 13 et 26).

D'autres restrictions moins générales au droit de propriété atteignent également la commune. Ainsi la loi du 16 septembre 1807 sur le dessèchement des marais, celle du 21 avril 1810 sur les mines, lui sont applicables. Elle est obligée de souffrir sur ses biens les travaux de recherches et d'exploitation des mines et de dessèchement des marais. A la vérité, elle pourra elle-même obtenir la concession, mais elle n'a aucun droit à être préférée à d'autres soumissionnaires. C'est la règle générale en matière de mines; et en matière de dessèchement, il y a là une dérogation introduite par l'art. 4 de la loi de 1807 à la règle posée par cette loi, que le propriétaire a le droit d'être préféré (art. 3).

La propriété des forêts communales est encore soumise aux mêmes règles restrictives que celle des forêts particulières. L'art. 91 du Code forestier prescrit formellement à la commune de se munir, pour défricher, de l'autorisation expresse et spéciale du gouvernement.

Elle supporte même une charge dont les particuliers sont aujourd'hui affranchis. L'art. 122 du Code forestier soumet les bois des communes au droit de choix et martelage, qui n'a été que temporairement établi sur les bois des particuliers. En général, on peut dire que la propriété des communes sur les bois et forêts est moins libre que celle des particuliers. Les règles sur la délimitation, l'aménagement de ces bois, sur les adjudications et exploitations des coupes sont tracées par la loi du 21 mai 1827 (tit. vi), qui les soumet au régime forestier(1). La fixation du nombre des gardes et le choix de ces gardes doit avoir l'approbation de l'administration forestière. Celle-ci a le droit de suspendre les gardes des bois des communes et le préfet celui de les destituer. Toutes opérations de conservation et de régie dans les bois des communes sont, d'ailleurs, faites par les agents et préposés de l'administration forestière ; et les frais en sont recouvrés par le gouvernement sur la contribution foncière des bois des communes. Un quart des bois communaux est mis en réserve pour croître en futaie. Aucune coupe ne peut être faite sur ce quart en réserve, que pour cause de nécessité constatée et pour subvenir à des dépenses urgentes. La réserve n'a cependant lieu que si les communes possèdent au moins dix hectares de bois, et elle ne s'applique pas aux bois peuplés totalement en arbres résineux (Code forestier, art. 93).

Enfin, les propriétés communales doivent subir les charges établies par la loi, et qui ont pour but l'utilité publique ou communale, telles que le marchepied et chemin de halage, l'extraction du caillou, les plantations d'arbres le long des routes (décret du 16 déc. 1811, articles 88, 89 et 90), la distance à observer pour les fouilles, etc. La

---

(1) Cela n'a lieu cependant que lorsque les bois taillis ou futaies des communes auront été reconnus susceptibles d'aménagement (art. 90).

commune, intéressée à l'observation des règlements administratifs, chargée de les faire respecter par les autres, ne saurait s'en affranchir elle-même.

D'autres restrictions que la commune peut avoir à souffrir dans son droit de propriété sont celles que le Code Napoléon désigne sous le nom de servitudes résultant de la situation des lieux et servitudes légales. Ce qui distingue ces charges de celles que nous venons d'indiquer, c'est qu'elles ont pour cause, non plus l'utilité générale, mais l'utilité privée. Il s'agit ici d'un conflit d'intérêts individuels ; de là la conséquence que l'assujettissement peut exister aussi bien d'un côté que de l'autre, en sorte que la propriété de la commune peut se trouver ou fonds dominant ou fonds servant. Parmi les servitudes de cette espèce, nous ne parlerons que du bornage. Il se présente à deux points de vue : ou comme délimitation du territoire de la commune, ou comme délimitation d'un fonds qui lui appartient privativement. Nous avons déjà parlé de la première sorte de délimitation, qui est du ressort de l'autorité administrative. Ajoutons ici que la plantation de bornes n'est point exigée, dans ce cas, comme règle générale. Les plans cadastraux suffisent habituellement pour faire retrouver les limites. Au contraire, s'il s'agit des propriétés privées de la commune, on rentre dans la règle, et, pour elle ou contre elle, le bornage est de droit. Peu importe, d'ailleurs, que la propriété voisine appartienne à une autre commune ou à un particulier, ou que la question de bornage s'élève entre deux sections de commune. Le débat sera porté, dans tous les cas, devant les tribunaux ordinaires.

§ 2. — Droits réels autres que la propriété.

Démembrements de la propriété, ces droits, sous le double aspect de l'augmentation ou de l'assujettissement de la propriété communale, se résument principalement dans les servitudes du fait de l'homme et dans l'usufruit.

I. SERVITUDES RÉELLES. — Des servitudes peuvent s'établir entre les communes et les particuliers, dans l'intérêt de leurs propriétés respectives. Elles se régleront par le droit commun. Ainsi, la servitude pourra s'établir par titre sur le fonds communal ou à son profit ; seulement, les servitudes étant des droits immobiliers, il faudra appliquer les règles relatives à l'acquisition et à l'aliénation de la propriété immobilière. Du reste, la prescription aura son effet ordinaire pour les servitudes continues et apparentes ; et, quant à la destination du père de famille, il ne sera pas besoin d'autorisation spéciale, pour qu'elle profite à la commune ou qu'elle la grève. L'autorisation d'acquérir ou d'aliéner le fonds dont le changement de maître emporte constitution de servitude, sera suffisante.

L'exercice des servitudes et leurs modes d'extinction auront lieu suivant les règles ordinaires.

Mais si ces servitudes réelles n'offrent point de particularités remarquables dans leur application au patrimoine communal, il en est d'une autre sorte, dont le rôle important demande plus d'explications. Quelquefois, les servitudes paraissent établies, non plus dans l'intérêt d'un fonds propre à la commune, mais au profit du territoire tout entier de la commune. L'art. 643 du Code Napoléon en donne un exemple, quand il parle du droit des habitants d'une commune à l'eau d'une source appartenant à autrui ; il en est de même du droit de parcours. Enfin, les usages des communes dans les forêts offrent de nouvelles applications de cette sorte de droit. Dans ces cas et autres semblables, on peut voir un droit d'usage, non cependant un droit d'usage personnel, une sorte d'usufruit restreint, et nécessairement temporaire, mais un droit d'usage réel, perpétuel, concédé à la communauté tout entière, en tant qu'occupant un certain territoire.

Il importe de se bien fixer sur la nature de ces droits d'usage qui appartiennent aux communautés d'habitants ; là, il se présente une cause de confusion analogue à celle qui s'offre lorsqu'on veut déterminer la nature du droit des communes sur les biens communaux. Il y a, en effet, dans les deux cas, exercice d'un droit individuel pour chacun des habitants ; mais il faut se garder d'en conclure que c'est sur la tête de chacun d'eux que réside le droit lui-même ; l'universalité seule en est investie. Dans le premier cas, la commune laisse à ses habitants la jouissance en nature d'un fonds qui lui appartient ; dans le second, elle leur laisse cette même jouissance sur le fonds d'autrui, grevé envers son territoire d'une servitude d'usage. La différence est donc plus dans le droit de la commune que dans le droit de ses habitants. L'analogie est même si grande entre les deux cas, qu'à une certaine époque, le mot *usages* fut employé indifféremment pour désigner le droit aux communaux et les droits d'usages des communes (1). C'est qu'à s'en tenir aux faits extérieurs, l'exercice du droit est le même et appartient aux mêmes personnes, les domiciliés; mais, il y a ce point de dissemblance que, dans l'usage proprement dit, les habitants épuisent, en quelque sorte, par leur jouissance, tout le droit de la commune, tandis que, dans la jouissance des communaux, ils n'exercent qu'une partie du droit de la commune, à qui reste toujours le fond du droit.

Il est si vrai que les droits d'usage appartiennent à la commune elle-même et non à ses habitants, que ceux-ci peuvent avoir individuellement sur les mêmes fonds des droits exactement semblables, en vertu de titres qui leur sont propres. Les deux droits s'exercent alors simultanément sans se confondre et la perte de l'un n'entraîne pas celle de l'autre. Les servitudes réelles sont, en effet, susceptibles d'appartenir, en même temps, à plusieurs sans division. Aussi, doit-on décider que, lorsqu'un droit d'usage communal est prescrit à l'égard de la commune par le non-exercice du droit pendant trente années, cette extinction ne peut nuire à la jouissance individuelle de ce même droit d'usage qui a été conféré par titre à quelqu'un des membres de cette commune, si cette jouissance individuelle n'est pas elle-même éteinte par la prescription.

1° Pour parler d'abord de l'espèce prévue par l'art. 643 : en règle générale, celui qui a une source dans son fonds peut en user à sa volonté et, par conséquent, en changer le cours. Mais le propriétaire du fonds inférieur peut avoir acquis le droit de recevoir cette source sur son fonds; et cela, par titre ou par prescription. C'est l'interversion d'une servitude légale et passive, et son remplacement par une servitude active et contraire, résultant du fait de l'homme. Si nous supposons que le propriétaire inférieur soit une commune, elle aura le même droit; mais l'art. 643 lui reconnaît un droit de plus. Elle peut, à toute époque, sans invoquer ni titre ni prescription, exiger le main-

(1) V. ordonn. 1667, art. 12.

tion du cours d'eau au profit de ses habitants, si cette eau leur est nécessaire. Le propriétaire du fonds supérieur, de son côté, pourra réclamer une indemnité. C'est une espèce d'expropriation pour utilité communale, que la loi autorise. Mais au moins faut-il qu'il y ait utilité bien caractérisée : la loi se sert même du mot nécessité. Quant à l'indemnité, elle sera fixée par experts et elle pourra toujours être réclamée, à moins que les habitants n'aient acquis ou prescrit l'usage de la source, conformément au droit commun.

2° L'art. 643 nous a montré un droit de puisage et d'abreuvage. Sous le nom de parcours, nous trouvons un droit de pâturage. A la différence de la servitude précédente, qui s'exerçait sur le fonds d'un particulier, le parcours ne s'exerce que sur le territoire d'une commune; c'est une servitude de territoire à territoire. Nous allons indiquer rapidement comment ce droit s'établit, s'exerce et se perd.

Le parcours est le droit qui appartient aux habitants de deux ou plusieurs communes de conduire, après l'enlèvement des récoltes, leurs bestiaux sur les terrains non clos de leurs circonscriptions respectives ; c'est un droit réciproque, par lequel le territoire de chaque commune est affecté en même temps d'une servitude active et d'une servitude passive. Quant à la vaine pâture qui s'exerce dans les limites d'une même commune entre les divers habitants, nous n'avons pas à en parler. La loi du 28 septembre 1701 s'est occupée du droit de parcours, et l'a désigné par ces mots : « Servitude réciproque de paroisse à paroisse; » mais, la considérant comme contraire aux intérêts de l'agriculture, elle l'abolit en principe. Cependant, il faut remarquer que le législateur de 1701 ne l'abolit que comme servitude légale, pouvant être exigée indépendamment de toute convention; il la maintient comme servitude du fait de l'homme. Dans ce sens, deux modes d'établissement du parcours sont reconnus ; le titre, et une possession autorisée par les lois et coutumes. A l'égard du titre, pas de difficulté ; à l'égard de la possession, on doit se demander si, sous l'empire du Code Napoléon, ce mode d'établissement peut être reconnu ; et nous pensons qu'il faut décider négativement, le parcours n'étant autre chose qu'un droit de pacage classé parmi les servitudes discontinues, dont le caractère exclut l'acquisition par prescription (art. 688 et 691, C. Nap.). Mais, comme la loi n'a point d'effet rétroactif, si la commune peut prouver que, lors de la promulgation du Code Napoléon, sa possession était immémoriale, ou, plus généralement, qu'elle était conforme aux lois et coutumes locales, son droit devra être reconnu (art. 691, *in fine*, C. Nap.).

L'exercice du parcours ne peut avoir lieu que sur les terrains dépouillés de récoltes. Il ne doit consister, en effet, qu'en une *vaine pâture* et non en *grasse* et *vive pâture*, comme celle qui s'exerce sur les communaux. L'art. 9 (tit. 1er, sect. IV) de la loi de 1791, conformément à cette règle, défend d'exercer le parcours sur les prairies artificielles. L'exercice de ce droit pouvant avoir besoin d'être réglé avec quelque détail, ce sont les délibérations du conseil municipal qui s'en occupent (art. 19 (8°), L. 1837); elles doivent être rendues exécutoires par le préfet. Il y a ici, en effet, autre chose que la réglementation d'un droit de jouissance sur les biens communaux; l'intérêt des propriétés particulières d'une commune (1), et l'intérêt collectif d'une autre commune étant engagés, il faut l'intervention d'un supérieur administratif. Les délibérations des conseils municipaux sur le parcours déterminent la manière d'en jouir, fixent les époques de la jouissance et le nombre de têtes de bétail que chacun pourra envoyer, distribuent les diverses espèces de bétail sur les diverses parties du territoire. Le maire, de son côté, exerce son pouvoir de police, dans l'intérêt de la sécurité et de la salubrité publique.

La loi de 1791 a apporté une importante restriction au droit de parcours. C'est un principe fondamental de la propriété que tout propriétaire a le droit de clore son héritage. La servitude légale de parcours, comme celle de vaine pâture, avait porté atteinte à ce droit. La loi de 1791 le rétablit dans son intégrité (2). Même dans le cas où le parcours serait fondé sur un titre, les propriétaires d'héritages peuvent

---

(1) Cette raison suffit pour expliquer pourquoi la vaine pâture n'est également réglée par le conseil municipal que sauf approbation du préfet (art. 19 8°, L. 1837).

(2) Cela est bien certain pour le parcours : pour la vaine pâture il y a plus de difficulté. En effet, l'art. 7 refuse aux particuliers le droit d'échapper à la vaine pâture par la clôture, lorsque ce droit est fondé sur un titre ; la seule ressource serait alors de se racheter à titre d'experts (art. 8). Cependant quelques auteurs, entre autres M. Demolombe, pensent que l'art. 7 ne doit s'entendre que de la vaine pâture établie entre deux particuliers, et non de celle qui règne sur tout le terroir d'une commune.

s'y soustraire par la clôture, et cette clôture ne donne lieu à aucune
indemnité contre eux. La communauté dont l'usage se trouve ainsi
restreint a seulement, dans ce cas, la faculté d'anéantir activement
et passivement le droit de parcours (art. 17, L. de 1791). Si elle n'usait
pas de ce droit, elle pourrait toujours exiger que le bétail de l'habitant
qui s'est clos fût restreint proportionnellement à l'étendue du terrain
qui est soustrait au parcours (art. 648, C. N.; art. 5, 16, L. de 1791).

L'art. 17 vient de nous montrer un premier mode d'extinction du
parcours. Un autre est le cantonnement auquel fait allusion l'art. 8
de la même loi, et dont on parlera ci-après.

Le parcours dont s'occupe la loi de 1791 est réciproque; mais rien
n'empêche qu'une commune établisse cette servitude sans réciprocité.
Ce ne sera plus le parcours proprement dit, ce sera un droit d'usage
qui n'est point prohibé par la loi, un droit de pâturage en vaine pâture.

3° Les communes peuvent être usagères, non-seulement sur des
pâturages, mais encore dans des bois et forêts. Le parcours peut s'exercer
dans des forêts; mais d'autres droits, plus caractérisés, ont été l'objet
de mesures particulières contenues dans le Code forestier.

Remarquons d'abord que les usages forestiers des communes peuvent
s'exercer, soit dans les forêts de l'État, soit dans les bois d'autres communes, soit dans les bois des particuliers.

Dans les forêts de l'État se présentent en premier lieu les affectations à titre particulier. Elles consistent dans le droit, pour le concessionnaire, de se faire délivrer annuellement une certaine quantité de
bois, à titre onéreux ou gratuit. La commune peut, comme tout autre
propriétaire, avoir obtenu une semblable concession; mais ce droit
n'offre pas le caractère de servitude réelle établie au profit de toute la
circonscription communale. Indiquons seulement que, par la section vii du Code forestier, ces affectations, interdites pour l'avenir,
sont restreintes pour le passé, à celles qui, dans l'année de la promulgation de la loi de 1827 ont été reconnues valables par les tribunaux et qui n'ont pas été éteintes depuis par le cantonnement.

Les usages dans les forêts sont de diverses natures : les uns consistent
à y prendre du bois, les autres à y conduire le bétail. Tous ces droits,
qui remontent à une haute antiquité, avaient été la source d'abus, et

l'ordonnance de 1669 avait dû les abroger en grande partie et les prohiber pour l'avenir. Néanmoins ils s'étaient maintenus. Deux lois, du 28 ventôse an XI et du 14 ventôse an XII, témoignent de nouveaux efforts, en ce sens, en invitant les usagers à produire leurs titres dans un certain délai, sous peine de déchéance; mais l'application de ces lois traîna en longueur et, en 1827, des instances à ce sujet étaient encore ouvertes. Le Code forestier déclara que nul ne serait admis à exercer un droit d'usage quelconque dans les bois de l'État; sinon, ceux dont les droits auraient été, au jour de la promulgation de la loi nouvelle, reconnus fondés par actes du gouvernement, ou par actes judiciaires, ou seraient déclarés tels à la suite d'actions à intenter, au plus tard, dans le délai de deux ans. Pour l'avenir, ajoute l'art. 62, aucune concession, d'aucune nature, ne pourra être faite sous quelque prétexte que ce soit. Il n'existerait donc, d'après cette loi, de droits d'usages pour les communes dans les forêts de l'État que ceux dont les titres auraient été reconnus valables dans les délais fixés par l'art. 61, et qui n'auraient pas été éteints par le gouvernement, conformément aux art. 63 et 64. On s'est demandé cependant si des droits d'usages dans les forêts ne pourraient pas résulter de la prescription? En nous plaçant dans l'hypothèse où la délivrance aurait été régulièrement faite, chaque année, suivant les formes du Code forestier, nous admettrions volontiers qu'une possession de trente ans continue pourrait donner naissance à une prescription acquisitive de droits d'usage. Car on ne saurait voir dans une prise de bois, dans un pacage, renouvelés chaque année à ces conditions, un acte de simple tolérance; et nous serions d'autant plus à l'aise, pour décider ainsi, que l'art. 636 du Code Napoléon semble écarter l'induction que l'on pourrait tirer de l'art. 688 pour le pacage, en disant que les usages dans les bois et forêts sont soumis à des règles particulières (1). Mais si les formes de délivrance n'ont pas été suivies, il n'y a plus possession suffisante pour fonder une prescription, ou plutôt il y a une suite de délits impuissante à fonder aucun droit. Ajoutons d'ailleurs qu'il faut, pour que la question se présente, se placer avant la promulgation du Code forestier; car une prescription qui n'est que la présomption d'un titre d'acqui-

---

(1) M. Troplong, Prescript., p. 304 et suiv.

sition, ne saurait avoir plus d'effet que le titre lui-même; et nous avons vu que, depuis 1827, il y a prohibition d'établir de nouveaux droits d'usage dans les bois de l'État.

Quelques mots, maintenant, sur l'exercice de ces droits d'usage : il est réglé par le Code forestier. Quant au droit de prendre du bois, l'art. 79 porte que les usagers qui auront droit à des livraisons de bois ne pourront prendre ces bois qu'après que la délivrance leur en aura été faite par les agents forestiers. Cependant le titre constitutif d'usage pourrait porter autorisation expresse de prendre du bois sans délivrance préalable. Si les bois de chauffage se délivrent par coupes, l'exploitation en sera faite par un entrepreneur spécial, nommé par la commune et agréé par l'administration forestière. Les usagers n'auront, alors, en aucun cas, le droit d'abattre eux-mêmes les bois ou de les partager sur pied, sous peine de confiscation. Les entrepreneurs de l'exploitation des coupes délivrées aux usagers se conformeront à ce qui est prescrit aux adjudicataires pour l'usance et la vidange des ventes; ils seront soumis à la même responsabilité (sect. IV). Mais ce qu'il y a de remarquable, c'est que les communes usagères seront garantes solidaires des condamnations prononcées contre eux.

Toutefois, si l'exploitation est soumise aux règles de l'administration forestière, le partage de la coupe et l'attribution des lots sont réservés au corps municipal. Pour les bois de chauffage, c'est le conseil municipal qui arrête la liste des ayants droit; c'est le maire, assisté de délégués du conseil municipal, qui, lorsque l'entière exploitation de la coupe est achevée, et alors seulement, procède à la formation des lots, lesquels sont tirés au sort. Pour le bois de construction, c'est le maire, assisté de même, qui fait la visite des bâtiments des usagers, et dresse un état des bois nécessaires aux réparations et constructions. Le conseil municipal détermine ensuite la quantité afférente à chacun, d'après la délivrance totale fixée par l'administration forestière.

Il est interdit aux usagers de vendre ou d'échanger les bois qui leur sont délivrés, et de les employer à aucune autre destination que celle pour laquelle le droit d'usage a été accordé. L'emploi des bois de construction doit être fait dans un délai de deux ans, lequel peut être prorogé par l'administration forestière; mais à l'expiration du temps fixé elle peut disposer des arbres non employés. Les usagers doivent payer les frais d'exploitation de la coupe; doivent-ils payer l'impôt foncier? Tout usager, d'après l'art. 635 du C. Nap., doit contribuer aux charges. Mais les forêts de l'État ayant été affranchies de l'impôt foncier (L. du 19 ventôse an IX), il en résulte que les communes usagères n'auront rien à payer. Toutefois, cet affranchissement ne profite pas aux communes usagères qui, par leur titre, avaient été assujéties expressément à payer la contribution : cette contribution étant alors comme une partie de leur prix, elles devront toujours en acquitter le montant, non plus à titre d'impôt et à la régie des contributions, mais à celle des domaines et comme charge de leur acquisition.

L'exercice des droits de pacage, de panage, de glandée et de paisson est l'objet d'une réglementation minutieuse. La durée de la glandée et du panage ne peut excéder trois mois. L'époque de l'ouverture est fixée, chaque année, par l'administration forestière. Les droits de pâturage et de panage ne peuvent s'exercer que dans les cantons déclarés défensables par l'administration forestière, sauf le recours au conseil de préfecture. L'administration forestière porte à la connaissance des communes usagères les cantons déclarés défensables. Elle détermine le nombre de bêtes qui seront admises au pâturage et les chemins par lesquels les bestiaux devront passer. Les bestiaux de chaque commune ou section porteront une marque distinctive, seront munis de clochettes, et réunis sous la conduite d'un pâtre commun. Le droit de pacage ne peut s'appliquer à certaines espèces d'animaux (chèvres, brebis, moutons), et, dans les espèces admises, aux bêtes qui sont l'objet d'un commerce de la part de l'usager.

En se soumettant à ces règles, les autorités municipales peuvent déterminer entre les habitants l'exercice de ces droits d'usage. Quand l'administration forestière a indiqué l'époque de l'ouverture des droits d'usage, fixé les cantons défensables et le nombre des bestiaux admis au pâturage, le maire doit en faire la publication dans la commune usagère. Il procédera à la nomination des pâtres communs. Enfin, le conseil municipal déterminera, pour chacun des ayants droit, le nombre de têtes de bétail qui seront envoyées au pâturage.

Quels sont les modes d'extinction de ces divers droits d'usage?

Pour les droits d'usage en bois, c'est le cantonnement, c'est-à-dire, la conversion du droit d'usage sur le tout en un droit de propriété sur une partie. Avant le Code forestier, le cantonnement pouvait être demandé par la commune usagère aussi bien que par l'Etat ; mais, aux termes des art. 58 et 63 de ce Code, le cantonnement est exclusivement attribué à l'Etat. Il est réglé de gré à gré et, en cas de contestation, par les tribunaux. La loi n'ayant pas fixé de base de calcul, il s'ensuit que les tribunaux ont toute liberté d'appréciation pour déterminer quelle est la portion de pleine propriété qui sera l'équitable représentation du droit d'usage qu'il s'agit d'éteindre.

Les droits d'usage relatifs à la nourriture des bestiaux ne sont pas susceptibles de s'éteindre par le cantonnement, mais ils peuvent être rachetés moyennant des indemnités qui seront réglées de gré à gré ou, en cas de contestation, par les tribunaux (art. 64). Cependant le Code forestier n'ayant statué que pour les forêts, le cantonnement reste applicable au droit de pâturage dans les prairies. On appliquera la loi du 28 août 1792 (art. 5). C'est ainsi que nous avons indiqué plus haut le cantonnement, comme mode d'extinction de la servitude de parcours. L'Etat, en principe, peut toujours requérir le rachat des droits de pâturage dans les forêts. Cependant l'art. 64 (2°) fait exception pour le cas où l'exercice de ces droits est devenu d'une absolue nécessité pour les habitants de la commune. Pour établir cette nécessité, si elle est contestée, les parties se pourvoiront devant le conseil de préfecture qui, après une enquête *de commodo et incommodo*, statuera, sauf recours au Conseil d'Etat. Ajoutons que l'administration, tout en maintenant les droits d'usage, soit de bois, soit de pâturage, dans les forêts de l'Etat, pourra toujours les réduire suivant l'état et la possibilité des forêts, sauf réclamation de la commune au conseil de préfecture. C'est là un mode d'extinction partiel.

Un autre mode d'extinction des servitudes, qui est de droit commun, est le non-usage. La commune qui reste trente ans sans faire acte de jouissance perd son droit. Mais la circonstance que quelques-uns des habitants ont négligé pendant trente ans de prendre part aux usages, ne leur fait pas perdre le leur, pas plus qu'il ne restreint celui de la commune. La jouissance des uns a conservé celle des autres. De même, la reconnaissance faite au profit d'un seul des habitants du droit de la commune conserve à celle-ci, partant à tous les habitants, le droit qui était en péril de prescription. On doit dire aussi que l'exer-

cice du droit d'usage sur une partie de la forêt conserve les droits de
la communauté sur les autres parties, car la servitude d'usage est indivisible.

La confusion fait perdre aussi à la commune le droit d'usage qui lui
appartient. Si c'est elle qui devient propriétaire de la forêt de l'État,
le droit de ses habitants devient un droit de jouissance sur un bois
communal.

Peu de mots suffiront au sujet des droits d'usage que peut avoir la
commune sur les bois d'autres communes et sur ceux des particuliers.
Les bois des communes, susceptibles d'aménagement, sont soumis par
le titre vi de la loi de 1827 au régime forestier. Les droits d'usage dans
ces bois seront, par suite, soumis aux mêmes règles que les droits
d'usage dans les bois de l'État. Cependant il résulte des art. 61 et 112
combinés que la constatation des droits d'usage sur les bois des communes n'a pas été limitée à un délai déterminé, comme elle l'a été à
l'égard des bois de l'État. Mais la prohibition d'établir de nouveaux
droits d'usage existe pour les uns comme pour les autres. L'exercice
des usages dans les bois des communes est aussi, à quelques égards,
moins entravé. Ainsi, il n'est point défendu aux usagers de vendre ou
échanger les bois qui leur sont délivrés et de les employer à une autre
destination que celle pour laquelle le droit d'usage est accordé ; il ne
leur est point imposé d'employer les bois de construction dans un délai
de deux ans. Les règles sont, à cet égard, les mêmes que pour la jouissance des habitants dans les bois communaux (art. 112).

En quelques points, l'exercice des droits d'usage dans les bois des
particuliers diffère de l'exercice de ceux que nous avons vus dans les
bois de l'État. Ainsi le propriétaire désignera lui-même les chemins
par lesquels les bestiaux devront passer, l'époque de l'ouverture de la
glandée, le nombre de bestiaux qui seront admis au pâturage ; il ex-
ploitera lui-même la coupe sans qu'il soit nécessaire que la commune
fasse choix d'un entrepreneur et le fasse agréer. Il aura, du reste, le
droit de s'affranchir de tous droits d'usage en bois par le cantonnement et des droits de pâturage par une indemnité. Les ayants
droit pourront vendre leurs bois et en faire emploi à leur gré. La commune usagère devra payer l'impôt foncier. Enfin, les simples particuliers restent libres de constituer de nouveaux droits d'usage dans

leurs bois. C'est à ce point de vue surtout qu'il y a intérêt à savoir si ces droits peuvent s'acquérir par prescription.

II. USUFRUIT. — La constitution d'usufruit au profit d'une commune peut être faite à titre gratuit ou à titre onéreux. Elle peut aussi résulter d'une vente faite sous réserve d'usufruit. En sens inverse, les fonds de la commune peuvent être grevés d'usufruit : c'est ce qui se produira surtout en matière de legs faits à des communes.

Pour l'acquisition de l'usufruit, il faut aux communes les mêmes mesures protectrices que pour l'acquisition de la propriété. Pour son extinction, il y a ceci de remarquable que la loi est obligée de fixer un terme. Si l'usufruit constitué au profit de la commune est limité d'avance à un certain temps, on s'en tiendra à l'acte constitutif; mais si aucun terme d'extinction n'a été indiqué, comme il s'agit d'un usufruitier qui ne meurt pas, et que l'usufruit serait dès lors établi à perpétuité, ce qui est contraire à sa nature, l'art. 619 du Code Napoléon lui donne une durée invariable de trente ans.

Un autre droit réel est l'hypothèque ; mais comme il n'est que l'accessoire des créances qu'il garantit, et qu'il est fondé sur l'idée de nantissement, nous en parlerons à l'occasion des créances de la commune et du contrat de nantissement.

SECTION II.

Droits personnels.

Après avoir vu la commune propriétaire et investie de droits réels, nous avons à la suivre dans ses rapports naissant d'obligations, c'est-à-dire à l'étudier comme créancière et débitrice. Ces qualités dérivent, pour elle, comme pour tous, de contrats, quasi-contrats, délits et quasi-délits.

§ 1er. — Contrats.

Voici, à cet égard, quelques principes généraux. Les conventions faites dans les formes légales sont obligatoires pour et contre la commune. Nous avons vu que la forme notariée n'est pas généralement exigée pour ses contrats. Mais si aucune solennité n'est habituellement requise, le consentement exprimé par ses mandataires, le conseil municipal et le maire, ne suffit pourtant pas pour l'obliger. Il faut qu'il soit corroboré par l'autorité administrative, laquelle est investie d'une tutelle supérieure dont nous avons déjà vu de nombreuses applications. La commune est donc rangée parmi les incapables. L'autorisation dont elle a besoin ne doit pas être donnée d'une manière générale. Il faut qu'elle vienne l'habiliter spécialement pour chaque acte. Le défaut d'autorisation n'entraîne qu'une nullité relative. Il en est de la commune comme des autres incapables que mentionne l'article 1125 du Code Napoléon : elle seule peut attaquer les engagements qu'elle a contractés, et les personnes capables avec lesquelles elle a contracté ne peuvent opposer son incapacité pour se délier de leurs obligations. Le caractère d'une nullité relative est de comporter une ratification et d'être temporaire. Au premier point de vue, l'acte entaché de nullité peut, sans contredit, être ratifié, mais à la condition que la commune soit munie de l'autorisation nécessaire qui lui avait manqué la première fois. Au second point de vue, la prescription de dix ans de l'action en nullité dont traite l'art. 1304, ne nous paraît pas pouvoir être admise ; car de quel instant la ferait-on courir ? L'état de capacité qui en est le point de départ ordinaire n'a jamais lieu pour la commune. Aussi croyons-nous qu'il faut s'en tenir à la prescription de trente ans, dont le point de départ sera la convention même ; car la prescription court contre la commune à toute époque. Les autres règles de la validité des conventions, relatives au consentement, à la cause, à l'objet, s'appliquent sans difficulté aux contrats des communes.

Quant à l'effet de ces contrats, il peut être double : il peut ou transporter la propriété ou créer seulement des obligations. Nous avons suffisamment parlé du premier de ces effets. Nous n'avons plus qu'à considérer les contrats en eux-mêmes et comme productifs d'obligation.

I. VENTE. — A l'égard des choses indéterminées, par opposition aux corps certains, la vente ne crée que des obligations. Mais les formalités indiquées par l'art. 46 de la loi de 1837 sont toujours exigées pour la vente ou l'achat, quel que soit leur objet. Toujours, en effet, le but qui doit être finalement atteint est une translation de propriété. Rappelons aussi que si les choses que la commune veut acheter sont de celles dont le besoin renaît souvent, le mode usité d'achat est celui des adjudications par soumissions cachetées.

Les choses dans le commerce peuvent seules être l'objet d'un contrat de vente. Appliquant cette règle aux communes, nous dirons qu'elles ne peuvent vendre les choses consacrées à un usage public, tant que ces choses ne sont pas entrées, par un déclassement, dans leur patrimoine privé.

Toutes personnes peuvent traiter par vente et achat avec la commune ; mais le Code Napoléon fait une exception expresse dans l'article 1596 pour ses administrateurs. Ils ne peuvent, ni par eux-mêmes, ni par personnes interposées, se rendre acquéreurs des biens confiés à leurs soins. Cette prohibition toutefois ne doit s'entendre que du maire et non des membres du conseil municipal. Elle frappe, en effet, celui qui est chargé de la vente des biens : c'est celui-là qui se trouverait placé entre son intérêt et son devoir, s'il lui était permis d'acheter. Or, dans la commune, c'est le maire qui traite de gré à gré, ou qui procède à l'adjudication ; c'est près de lui que les acquéreurs seraient exposés à recevoir des renseignements d'une vérité suspecte ; mais les membres du conseil municipal ne font que délibérer sur l'opportunité de la vente. Sans doute, leur désir de se rendre acquéreurs pourra les rendre plus faciles pour apprécier et résoudre cette question. Mais n'y aurait-il pas, dans les communes rurales, où les membres du conseil municipal sont souvent seuls en état d'acheter, un plus grand inconvénient à les écarter? En sens inverse, le maire peut jouer, vis-à-vis de la commune, le rôle de vendeur ; seulement, il ne peut alors diriger la délibération du conseil municipal. Un avis du comité de l'intérieur, du 25 février 1824, avait même décidé que, si le vendeur était membre du conseil municipal, il lui était interdit de figurer dans la délibération relative à l'acquisition de son immeuble. Cette légitime préoccupation de sauvegarder l'intérêt communal contre l'intérêt particulier est aujourd'hui consacrée par l'art. 21 de la loi de 1855, qui défend aux membres du conseil municipal (par conséquent aussi au maire) de prendre part aux délibérations relatives aux affaires dans lesquelles ils ont un intérêt, soit en leur nom personnel, soit comme mandataires.

La commune est soumise à toutes les obligations résultant du contrat de vente, et peut se prévaloir de tous les droits qui en découlent.

II. Donations.—Nous avons vu quelles sont les conditions requises pour que les donations soient valablement faites à la commune ou par elle. Par leur accomplissement, elle est non-seulement investie ou dépouillée de la propriété de la chose donnée, mais, en outre, elle est constituée créancière des droits ou débitrice des charges qui ont pu être joints à la donation. Elle peut donc exercer ou doit subir la résolution pour inexécution des conditions. Cette règle prend un intérêt tout particulier en matière de donations faites aux communes, parce que les libéralités leur sont presque toujours faites avec quelques conditions. Les donations faites aux communes sont, comme toutes autres, sujettes à la réduction, si elles excèdent la quotité disponible.

III. Louage. — A ce que nous avons dit de ce contrat, en parlant du mode de jouissance de la commune sur ses biens, il faut ajouter ici que la commune peut affermer non-seulement ses fonds de terre et ses maisons, mais encore un grand nombre de droits, tels que droits de chasse et de pêche, droits d'octroi, de halles, de marchés et de péages. En outre, elle peut jouer dans le contrat de louage le rôle inverse, celui de preneur; car elle peut avoir besoin, soit dans l'intérêt public, soit même dans l'intérêt de ses propriétés privées, de louer des bâtiments. Dans ce cas, le maire provoque, de la part du conseil municipal, une délibération qu'un arrêté du préfet rend exécutoire, quelle que soit la durée du bail (décret du 25 mars 1852, tab. A, 44).

Le louage d'ouvrage trouve aussi son application. La commune a besoin d'agents salariés inférieurs. Elle a besoin d'ouvriers et d'entrepreneurs. En matière de travaux communaux, la première condition exigée est une délibération du conseil municipal (L. 1837, art. 19, 6°). Cependant, en cas d'urgence, le maire peut faire exécuter les travaux de réparation. La délibération du conseil municipal sur les constructions, reconstructions et autres travaux, ne sera exécutoire que sur approbation du préfet. Celui-ci devra être éclairé par la production de projets et devis : d'après l'art. 45 de la loi de 1837, l'approbation des projets et devis n'appartenait au préfet que lorsque la dépense était inférieure à 30,000 fr.; aujourd'hui le préfet est compétent dans tous les cas (décret du 25 mars 1852, tab. A, 49).

Au maire, qui soumet au conseil municipal et au préfet les projets et devis, revient aussi le soin de dresser un cahier des charges, dans lequel sont déterminés la nature et l'importance des garanties que les entrepreneurs auront à produire, soit pour être admis aux adjudications, soit pour répondre de l'exécution de leurs engagements. Il procède ensuite à l'adjudication au rabais des travaux. Cette adjudication se fait ordinairement par soumissions cachetées : l'art. 16 de la loi de 1837 est encore applicable ici. Enfin le procès-verbal d'adjudication, dressé par le maire, doit être approuvé par le préfet.

Par exception, l'adjudication n'est pas exigée dans quelques circonstances ; ainsi, le maire pourra traiter de gré à gré lorsque la dépense des travaux n'excédera pas trois mille francs, sauf approbation par le préfet, aux termes de l'ordonnance du 14 novembre 1837. La même ordonnance cite d'autres cas de marchés faits de gré à gré, mais avec l'autorisation du ministre ; le décret de 1852 y a substitué celle du préfet. Il s'agit, dans ces cas, de travaux dont l'exécution n'est pas à la portée de tout le monde, ou pour lesquels il ne s'est présenté aucune offre acceptable, ou qui sont tellement urgents, que les délais de l'adjudication seraient préjudiciables (art. 2).

Si le travail intéresse plusieurs communes, les conseils municipaux seront spécialement appelés à délibérer sur leurs intérêts respectifs et sur la part de dépense que chacune devra supporter. Leurs délibérations seront soumises à l'approbation du préfet (L. 1837, art. 72), qui, en cas de désaccord entre les conseils municipaux, s'éclairera des avis des conseils généraux et d'arrondissement. Si les communes sont situées dans des départements différents, il sera statué par un acte du chef de l'État.

IV. Prêt. — Le contrat de prêt est, pour les communes, un moyen de tirer parti de leurs capitaux et de se procurer des ressources en cas de besoin. La loi de 1837 ne s'occupe pas, à la vérité, des prêts faits par les communes ; mais on trouve dans d'autres documents, notamment dans un avis du conseil d'État du 9 août 1838, la règle que c'est à l'État et au Trésor que les communes doivent prêter. Aucun placement ne peut avoir lieu sans que le conseil municipal ait été appelé à en délibérer, et sans que sa délibération ait été dûment approuvée. Les placements se font ensuite par l'intermédiaire du receveur général.

Les emprunts à faire par les communes sont réglés par les art. 41 et 42 de la loi de 1837. Dès la législation de 1789 (1), on trouve le principe de la nécessité d'une autorisation législative pour les emprunts des communes; mais la loi du 15 mai 1818 (art. 43) introduisit une distinction et une modification à cette règle. L'intervention législative ne fut plus exigée que pour les emprunts des communes ayant plus de cent mille francs de r enu; dans l'intervalle des sessions, et pour des cas urgents, une ord ance royale put même autoriser les emprunts de ces communes j qu'à concurrence du quart de leurs revenus. Cette disposition a passé dans la loi de 1837. Aux termes de cette loi (art. 41), aucun emprunt ne pourra être autorisé que par décret du chef de l'État, pour les communes ayant moins de cent mille francs de revenu, et par une loi, s'il s'agit d'une commune ayant un revenu supérieur. Néanmoins, en cas d'urgence, et dans l'intervalle des sessions, un décret du chef de l'État pourra autoriser les communes dont les revenus excèdent cent mille francs à contracter un emprunt jusqu'à concurrence du quart de leurs revenus.

Une autre garantie résulte encore de l'adjonction au conseil municipal des plus imposés, pour la délibération relative à l'emprunt (2). Les plus imposés doivent être en nombre égal à celui des membres en exercice. Cette composition spéciale du conseil municipal s'explique par la considération que les plus imposés devant, plus que tous autres, contribuer au remboursement de l'emprunt, ont un intérêt majeur à en discuter l'opportunité.

Le décret du 25 mars 1852 (Tab. A, 37 et t) décentralisant la matière des emprunts, avait attribué au préfet le droit de les autoriser lorsque le terme du remboursement n'excèderait pas dix ans, et lorsque ce remboursement pourrait avoir lieu au moyen des ressources ordinaires de la commune, ou même au moyen d'une imposition

---

(1) 14 déc. 1789; 22 déc. 1789; 7 février et 5 août 1791.
(2) Cela n'a lieu cependant que dans les communes dont les revenus sont inférieurs à 100,000 fr.

extraordinaire, dont la création serait dans la compétence des préfets. Mais la loi du 10 juin 1853 a abrogé, dans son art. 4, le décret de 1852 sur ce point, et a remis en vigueur la loi de 1837.

Pour obtenir l'autorisation d'emprunter, la délibération du conseil municipal doit énoncer les conditions de l'emprunt, c'est-à-dire le taux de l'intérêt, le mode et les termes de remboursement, ainsi que les ressources à l'aide desquelles la commune se propose d'y pourvoir. L'état des dettes de la commune et le budget pour l'exercice courant doivent être également mis sous les yeux de l'autorité. Enfin, l'indication des charges, auxquelles l'emprunt a pour but de subvenir, doit être faite ; à ce dossier est joint l'avis du préfet et celui du sous-préfet. L'autorité peut alors statuer en connaissance de cause.

Lorsque l'emprunt est autorisé, deux manières de le réaliser sont possibles : la commune peut procéder par adjudication avec publicité et concurrence, ou bien traiter de gré à gré avec la caisse des dépôts et consignations. Le terme de remboursement, dans ce dernier cas, ne peut excéder douze années. L'emprunt doit être fait à l'époque indiquée. Toute prorogation d'emprunt constitue une obligation nouvelle qui demande une autorisation spéciale.

V. TRANSACTION. — COMPROMIS. — La transaction touche de près à l'aliénation. Aussi le Code Napoléon exige-t-il pour transiger la même capacité que pour aliéner (art. 467). Appliquant cette règle aux communes, le Code Napoléon aurait dû imposer aux communes pour transiger l'autorisation législative, conformément aux lois de 1791 et 1797. Mais nous avons indiqué la tendance du gouvernement consulaire et impérial à modifier cette forme et à y substituer un décret du gouvernement. Spécialement pour les transactions, un arrêté du 21 frimaire de l'an XII, avait, très-peu de temps avant la promulgation du Code, exigé l'autorisation du chef de l'État. C'est en ce sens que dut statuer l'art. 2045 du Code Napoléon. Mais, depuis lors, la loi de 1837 ayant réglé à nouveau le droit d'autoriser les aliénations, fut amenée à déroger au Code Napoléon. Aussi retrouve-t-on dans l'art. 59 l'application aux transactions des règles auxquelles étaient soumises, à cette époque, les aliénations, avec les mêmes distinctions entre l'ordonnance royale et l'arrêté préfec-

toral, suivant la nature et la valeur des objets de la transaction. Aujour-
d'hui le décret du 25 mars 1852 attribue au préfet, dans tous les cas,
le droit d'autoriser les transactions des communes. (Tab. A, 43).

L'arrêté du 21 frimaire de l'an XII voulait que la délibération du
conseil municipal, en matière de transaction, fût prise sur une consultation donnée par trois jurisconsultes désignés par le préfet du département. Cette exigence, analogue à celle de l'art. 467, C. N., pour les
mineurs, n'a pas reparu dans la loi de 1837 ; mais il n'en faut pas
conclure qu'elle n'existe plus. Le maintien de cette disposition résulte
positivement de la discussion à la Chambre des députés ; et des décisions ministérielles l'ont conservée dans la pratique. Il résulte également du débat devant la Chambre que les règles tracées doivent s'appliquer à toutes transactions. Le projet portait : « transactions sur procès, » mais ces mots ont disparu sur l'observation que les transactions
concernant des contestations à naître devaient être soumises aux mêmes
règles.

L'autorisation de l'administration habilite la commune à transiger,
mais, en la rendant capable, elle la fait entrer dans le droit commun.
La transaction pourra donc être attaquée par la commune pour cause
d'erreur dans la personne ou sur l'objet de la contestation ; de même
pour dol ou violence. Les art. 2054 et suivants du Code Napoléon
recevront également leur application, et les tribunaux ordinaires seront
compétents pour connaître des actions en rescision des transactions.

Le compromis diffère de la transaction ; il consiste à remettre à des
arbitres choisis par les parties la solution du litige qui les divise. C'est
une dérogation aux règles de juridiction ordinaires. Or, les incapables
en général, et spécialement les communes, aux termes de l'art. 83 du
Code de procédure, ne peuvent se soustraire à cette juridiction, par
la raison, entre autres, que les causes qui les intéressent sont sujettes
à communication au ministère public. L'art. 1004 du Code de procédure confirme cette prohibition. Un jugement arbitral rendu entre
parties, dont l'une serait une commune, devrait donc être annulé.

Sans nous arrêter au mandat, dont nous nous sommes implicitement
occupé en traitant des autorités municipales, et négligeant d'autres
contrats qui n'exercent qu'une influence secondaire sur la fortune

communale, nous nous bornerons à passer en revue les contrats accessoires dont l'effet est d'assurer l'exécution des engagements.

VI. CAUTIONNEMENT. — NANTISSEMENT. — HYPOTHÈQUE. — Le cautionnement tient, dans les rapports de la commune avec ses débiteurs et ses créanciers, sa place ordinaire. Nous trouvons en outre ce mot employé, dans un sens détourné, pour désigner les sommes consignées par les comptables pour garantie de leur gestion. Nous le rencontrons encore dans un sens spécial, pour désigner les dépôts en garantie faits par les adjudicataires (art. 5, ordonnance du 14 nov. 1837). Ces espèces de cautionnement ayant surtout les caractères du nantissement nous conduisent à parler de ce contrat.

Les obligations contractées envers la commune sont souvent garanties par une constitution de gage. Toutes les fois que la commune, procédant par adjudication, fait une vente, passe un bail ou un marché, les cahiers des charges déterminent quelles seront les garanties que les adjudicataires auront à produire. Quelquefois une somme doit être déposée, même avant l'adjudication, par les concurrents, pour avoir droit d'être admis aux enchères. Le but de ce versement provisoire est d'écarter de prime abord les enchères qui ne seraient pas sérieuses et, en tout cas, de répondre des résultats de la folle enchère. Mais le plus souvent le dépôt d'une garantie n'est exigé que de celui qui s'est rendu adjudicataire. Il se forme alors un véritable contrat de nantissement, garantissant une obligation déjà existante. L'objet du gage peut, suivant sa nature, être versé dans la caisse municipale ou être remis au receveur général. Au surplus, la commune, traitant de gré à gré, peut stipuler un gage, et elle peut également être amenée à en donner un pour assurer l'exécution de ses propres obligations. Mais il faut que cette constitution de gage par la commune ait été approuvée, comme condition du contrat, par l'autorité chargée d'homologuer les délibérations municipales.

Lorsque les adjudicataires, en cas de marchés ou de baux, sont tenus par les cahiers des charges de fournir des garanties, celles-ci peuvent consister en hypothèques. Il faut alors, de toute nécessité, que l'acte d'adjudication soit reçu par un notaire, la forme authentique étant indispensable à la constitution de l'hypothèque. Une hypothèque conventionnelle peut encore être consentie au profit de la commune par un débiteur traitant de gré à gré avec le maire dûment autorisé à contracter, mais toujours à condition d'observer les formes de l'art. 2127 du Code Nap. La disposition exorbitante de l'art. 14 (tit. ii) de la loi du 28 octobre 1790 donnant aux actes passés, sans le ministère des notaires, par les administrateurs des biens nationaux, la force d'emporter hypothèque, ne saurait, alors même qu'on la reconnaîtrait en vigueur, être étendue aux actes passés par le maire.

Indépendamment des hypothèques conventionnelles, la commune peut avoir une hypothèque judiciaire sur les biens d'un débiteur, suivant les règles du droit commun. Enfin, l'art. 2121 du C. N. lui attribue une hypothèque légale sur les biens des receveurs et administrateurs comptables. Nous remarquerons, sur cet article, que tous les administrateurs de la commune ne sont pas frappés par l'hypothèque légale, mais seulement ceux qui ont un maniement de fonds, à titre de receveur ou de payeur. Le maire, qui ne fait qu'ordonnancer les dépenses, n'en peut être atteint (1). Il suit de là aussi que les communes n'ont pas d'hypothèque légale sur les biens des fermiers de l'octroi, pour les sommes dont ceux-ci sont débiteurs envers elles. En effet, ils sont débiteurs en vertu d'un contrat de bail, et ne sauraient être qualifiés comptables. Cette hypothèque légale n'étant pas de celles qui sont dispensées d'inscription, n'aura rang que du jour où l'inscription aura été prise. C'est au receveur municipal qu'est imposé le devoir de la prendre : à son défaut, le maire pourrait la prendre, à titre d'acte conservatoire.

Si la commune avait à consentir une hypothèque sur un de ses immeubles, il n'est pas douteux qu'il faudrait exiger les mêmes autorisations que pour aliéner. C'est la règle ordinaire pour les incapables. La mainlevée d'hypothèque est aussi considérée comme une aliénation. Ni le maire, ni le conseil municipal, ne peuvent seuls donner mainlevée d'une hypothèque appartenant à la commune. Une ordonnance du 15 juillet 1840 porte que toutes délibérations des conseils

_____

(1) V. L. du 5 sept. 1807 (art. 7).

municipaux, ayant pour objet d'autoriser les maires à donner mainlevée des hypothèques inscrites au profit des communes, seront exécutoires sur arrêté du préfet en conseil de préfecture. Cette décision
se trouve aujourd'hui en pleine conformité avec les règles d'aliénation modifiées par le décret du 25 mars 1852. Le conservateur devra,
par conséquent, pour opérer la radiation, exiger la présentation de
l'acte de mainlevée consentie par le maire, une expédition authentique de la délibération du conseil municipal et de l'arrêté du préfet.

§ 2. — Quasi-contrats.

Les quasi-contrats ne supposent pas une convention ; ils résultent
d'un fait indépendant de l'intention de s'obliger, et il semble naturel
que la commune soit soumise à leurs conséquences comme les autres
personnes. Aussi ne se présente-t-il pas de difficulté pour lui appliquer
les règles du payement de l'indû. On ne saurait nier non plus qu'elle
ne se trouve obligée par l'état d'indivision et par l'acceptation d'un
legs. Mais il y a quelque difficulté relativement à la gestion d'affaires. La
commune, en effet, a des mandataires chargés expressément d'agir pour
elle, et ces mandataires ne sont jamais censés lui faire défaut. Comment
donc un tiers pourrait-il venir s'immiscer dans les affaires de la cité,
sous prétexte de les gérer? Cependant, prenons garde que les mandataires légaux de la commune peuvent être négligents, et que, si un
tiers, pour lui éviter les conséquences de cette négligence, a fait exécuter pour elle un travail urgent, ou plus généralement fait une dépense nécessaire, sans laquelle le patrimoine commun eût souffert un
grave dommage, il est raisonnable que la commune soit obligée envers
lui. Restera, il est vrai, à apprécier la nécessité de la dépense; car si
elle a été seulement utile, si elle n'a procuré qu'une amélioration, il y
aurait danger à admettre que la commune fût obligée de rendre le
gérant indemne. En précisant davantage, nous dirions que s'il s'agit
d'actes conservatoires et d'urgence, tels que ceux que le maire peut
faire de sa propre autorité, les principes ordinaires de la gestion d'affaire s'appliqueront; que, quant aux actes de la nature de ceux qui
exigent une délibération du conseil municipal, ils s'appliqueront
encore, si ces actes entraînent une dépense obligatoire qui, à défaut

de l'initiative du conseil municipal , eût été inscrite d'office au budget
par le préfet. Mais du moment qu'il ne s'agira que d'une dépense purement facultative, comme sont en général les améliorations, le tiers
qui l'aura faite pour la commune, devra être repoussé dans son action contre elle. Décider autrement serait donner aux communes le
moyen d'échapper aux dispositions protectrices de la loi ; en éludant
l'incapacité dont elles sont frappées. Elles ne seront donc tenues, en ce
cas, que par l'application de la règle qu'on ne peut s'enrichir aux
dépens d'autrui, ce qui n'emporte aucune nécessité d'autorisation.

§ 3. — Délits et quasi-délits.

Mettons d'abord hors de question un point qui ne prête pas à discussion, à savoir que la commune est responsable, sur ses biens, des
faits nuisibles imputables à ses agents et accomplis par eux dans l'exercice de leurs fonctions. La commune, ainsi que tout autre commettant,
est responsable des dommages causés par ses préposés; c'est ainsi que
l'art. 72 (fin) du Code forestier rend les communes usagères responsables des condamnations pécuniaires prononcées contre les pâtres
communs pour délits forestiers dans les bois de l'État. De même, aux
termes de l'art. 82 de la même loi, les communes usagères sont soli-
dairement responsables des condamnations prononcées contre les entrepreneurs de l'exploitation des coupes de bois. La négligence des
agents municipaux retombe encore sur la commune, si, par suite du
mauvais état d'un chemin, un voyageur a été obligé de déclore une
propriété. La loi du 28 septembre 1791, art. 41, met en effet le dommage aux frais de la commune. Enfin, celle-ci devrait encore une indemnité, si un dommage avait été causé par la ruine d'un bâtiment,
arrivée par suite de défaut d'entretien ou vice de construction (article
1386, C. N.). Dans tous ces cas, la commune est coupable d'imprudence et de négligence.

On a dû se demander dans quelle mesure la commune serait responsable des actes de son maire. Il faut distinguer entre les actes
pour lesquels celui-ci est le représentant de la commune, et ceux dans
lesquels il est le représentant de l'autorité administrative supérieure
ou de l'autorité judiciaire. Ce n'est que pour les premiers qu'il peut
être question d'une responsabilité communale. Dans ces limites, il ne

saurait y avoir difficulté, lorsque le maire a agi en vertu d'une délibération du conseil municipal. Mais lorsqu'il agit en vertu de son
pouvoir propre, comme lorsqu'il exerce la police municipale, doit-il
encore engager la responsabilité de la commune? Un arrêt de cassation,
du 19 avril 1836 (1), l'a jugé affirmativement et bien jugé selon nous.
Mais il faut reconnaître qu'aujourd'hui, avec les règles admises pour
la nomination du maire, il serait peut-être un peu sévère de rendre
la commune responsable d'actes faits par un mandataire qu'elle n'a
pas choisi. Que si l'acte illicite a été fait par le maire en dehors de ses
attributions, la commune ne peut être tenue à aucune responsabilité ;
elle la rejette tout entière sur le maire. Mais si la commune, dans la
même hypothèse, ratifiait l'acte ou en profitait, elle serait indubitable-
ment responsable.

Sans insister davantage sur cette espèce de responsabilité, qui est
celle du droit commun (art. 1384, C. N.), nous devons en envisager
une autre, toute particulière à la commune, et qui tient essentiellement
à son existence collective.

Cette responsabilité a sa source dans l'idée que les membres d'une
communauté territoriale peuvent et doivent exercer une certaine surveillance sur leur territoire, et sont maîtres d'empêcher, sinon les délits
individuels qui se cachent, au moins ceux qui s'accomplissent à force
ouverte et par des rassemblements tumultueux. Si un délit de cette
nature a été commis dans une commune, il y a présomption que les
habitants de la commune sont en faute : voilà le principe admis et développé par le décret du 10 vendémiaire an IV. Ce décret a été vivement attaqué, notamment par Toullier (2). Rendu dans des temps de
troubles, il porte l'empreinte des tristes nécessités qu'amènent les ré-
volutions. Nous ne chercherons pas à le justifier, ni à examiner si son
principe est conforme ou non aux règles de l'imputabilité civile et pénale. Il fut, sans doute, commandé par les circonstances, et il n'est
peut-être pas encore inutile aujourd'hui. Quoi qu'il en soit, une jurisprudence à peu près constante décide que ce décret, n'ayant été abrogé

---

(1) Sir.-Devill. 37, 1, 163.
(2) Tome 11, nᵒˢ 238 et suiv.

par aucune loi formelle, est encore en vigueur. La seule question qui
se discute est celle de savoir s'il est applicable à la ville de Paris. La
Cour de cassation tient pour la négative, en se fondant sur ce qu'à
Paris, siège du gouvernement, la responsabilité ne peut tomber que
sur lui. Les titres 1, 4 et 5 de ce décret offrent seuls de l'intérêt. Les
autres contiennent des mesures préventives qui sont abrogées.

L'article unique du titre 1ᵉʳ va incontestablement plus loin dans ses
termes que dans son esprit. Il porte que « tous citoyens habitant la
même commune sont garants civilement des attentats commis sur le
territoire de la commune, soit envers les personnes, soit contre les
propriétés. » Mais les autres articles de la loi font suffisamment voir
qu'elle ne s'applique qu'aux attentats commis par des attroupements
et des rassemblements. L'art. 1ᵉʳ du titre IV pose mieux le principe :
« Chaque commune est responsable des délits commis à force ouverte
ou par violence sur son territoire, par des attroupements ou rassemblements armés ou non armés ». La loi ne détermine nulle part ce
qu'il faut entendre par attroupements et rassemblements, et quel nombre de personnes est nécessaire pour les constituer. Nous pensons que
le vague de la loi autorise les tribunaux à garder leur liberté d'appréciation, et à ne prendre pour règles fixes ni les décisions de lois analogues, ni les monuments de jurisprudence antérieure (1).

Les délits doivent avoir été commis à force ouverte ou par violence,
mais peu importe leur nature; pillage, incendie, meurtre, etc. Il n'importe pas davantage qu'ils aient atteint des personnes ou des propriétés,
des meubles ou des immeubles.

Une autre condition, que semble exiger l'art. 1ᵉʳ, serait que le délit
fût commis sur le territoire de la commune ; mais il résulte de l'art. 3
que les communes sont responsables même des délits commis sur un
territoire autre que le leur, quand les attroupements ont été formés en
tout ou en partie par leurs habitants. Il n'est pas non plus nécessaire,
en sens inverse, pour soumettre la commune à la responsabilité, que
le délit ait été commis par ses habitants. La pensée de la loi, que la

---

(1) Ou la loi romaine, 4, § 3. ff; *vi bon. rapt.*, qui exigeait dix à quinze personnes.

commune doit veiller à la police de son territoire, trouve en effet son application, lors même que les auteurs des troubles lui sont étrangers. Les art. 2, 3 et 5 combinés ne permettent pas d'en douter. On a même décidé que les dommages causés dans la répression par les agents de la force publique, appelés pour apaiser les troubles, donnaient lieu à cette responsabilité (cassat., 13 avril 1812).

Il paraît résulter des termes de l'art. 5 que, pour que la commune, théâtre de délits, puisse échapper à toute responsabilité, il faut qu'elle prouve deux choses : 1° que les rassemblements ont été formés d'individus étrangers à son territoire; 2° qu'elle a pris toutes les mesures qui étaient en son pouvoir, à l'effet de prévenir les délits ou d'en faire connaître les auteurs. On devrait donc conclure de là que, si les délits ont été commis par les habitants de la commune, il n'y a pour elle aucun moyen d'échapper à la responsabilité, et que la preuve de mesures prises pour prévenir les troubles serait en vain apportée. Une jurisprudence, sinon unanime, au moins imposante, l'avait décidé ainsi, conformément à l'opinion des auteurs. Cependant, un arrêt de la Cour de cassation, du 15 mai 1841, a décidé que la commune n'était pas déchue du droit de faire valoir l'excuse tirée de sa vigilance, parce que le rassemblement était formé de ses habitants.

L'excuse que peut alléguer la commune est déterminée par la loi, et on ne doit pas lui en substituer une autre, sous prétexte de force majeure. Ainsi, nous n'admettrions pas que la commune pût se prétendre déchargée, en invoquant la désorganisation de sa municipalité, car la faute que l'on recherche n'est pas celle de la municipalité, mais celle de la commune elle-même. C'est précisément parce que les autorités légales ne sont pas présumées assez fortes, que la communauté tout entière est appelée à sa propre défense et responsable de son inertie. Une autre question est celle-ci : Faut-il, pour l'application du décret de vendémiaire, tenir compte des causes du délit et des circonstances? Faut-il, par une sorte d'atténuation à laquelle on est parfois disposé, en matière appelée politique, le déclarer inapplicable lorsque les coupables n'ont causé les désastres privés qu'en poursuivant un but révolutionnaire? On s'est appuyé, pour soutenir cette opinion, sur l'intitulé du décret : « Police intérieure des communes. » On a dit que le décret, ne s'occupant que de la répression et de la réparation des attentats commis contre les personnes et les propriétés, n'a point trait aux insurrections dirigées contre le gouvernement; que, dans ce cas, les personnes et les propriétés ne sont plus attaquées d'une manière directe. Mais n'est-ce pas, sous prétexte de rester fidèle au titre de la loi, détourner son application des cas pour lesquels elle est surtout nécessaire, et pour lesquels elle a été faite? Si le décret de vendémiaire ne devait être invoqué qu'en temps de calme politique, les autorités seraient-elles, comme il arrive, trop faibles pour maintenir le bon ordre? N'est-ce pas d'une époque de dissensions que cette loi est sortie, et, dans notre état de civilisation, les attroupements criminels seraient-ils tant à craindre, s'ils n'étaient formés et grossis par l'esprit révolutionnaire? D'ailleurs, l'intitulé de la loi, même en ce sens, reste parfaitement exact : c'est toujours une police intérieure qu'exerce la commune, puisqu'elle ne doit veiller que sur les délits commis dans les limites de son territoire, ou par ses habitants. La cause des désastres nous semble donc indifférente.

Les art. 7 et 8 prévoient le cas où des ponts auraient été rompus, des routes coupées ou interceptées par des abattis d'arbres ou autrement. Les réparations seront faites aux frais de la commune; toutefois elle pourra échapper à la responsabilité, en justifiant qu'elle avait résisté à la destruction des ponts et routes, ou qu'elle avait pris toutes les mesures pour prévenir l'événement, ou encore en désignant les auteurs, provocateurs et complices du délit, tous étrangers à la commune. Les art. 9 à 12, sans avoir été expressément abrogés, ont aujourd'hui perdu leur intérêt. Nous ne nous y arrêterons pas.

L'action en responsabilité doit appartenir à tous ceux qui ont souffert du dommage causé. Nous ne croyons pas qu'il y ait lieu de distinguer entre les délits qui ont atteint les propriétés et ceux qui ont atteint les personnes. L'art. 6, qui se place dans cette dernière hypothèse, ne donne, il est vrai, l'action qu'à la veuve et aux enfants de la victime; mais il ne faut voir là, selon nous, qu'une expression impropre qui n'empêche pas les autres héritiers d'avoir un droit semblable. Il n'est point nécessaire que la partie lésée ait eu sa résidence dans la commune où le rassemblement a eu lieu. L'attaque contre un passant, même étranger, donnerait ouverture à l'action.

Voyons les conséquences de cette responsabilité. Elle entraîne une réparation pénale et une réparation civile. Celle-ci se subdivise en restitution et dommages-intérêts. La réparation pénale, l'amende, n'est prononcée que lorsque les coupables sont habitants de la commune. Au contraire, la réparation civile est toujours due. Son premier effet est la restitution en nature des objets pillés, quand elle est possible, ou leur prix calculé sur le pied du double de leur valeur au jour du pillage. Pour les choses fongibles, la restitution en nature n'est pas exigée, et le double de la valeur n'est pas dû ; mais s'il s'agit de corps certains, le plaignant ne peut être, en aucun cas, obligé de se contenter de choses semblables. Il ne pourra même être forcé de s'en tenir à une restitution en nature, si les choses sont détériorées. Le second objet consiste dans les dommages et intérêts, qui ne peuvent être inférieurs à la valeur des choses enlevées ou pillées. Par conséquent la réparation civile pourra monter quelquefois jusqu'au triple de la valeur de la chose.

Contre qui l'action en responsabilité est-elle dirigée ? C'est d'abord contre la commune sur le territoire de laquelle les faits dommageables se sont accomplis. Mais il peut se faire que les habitants de plusieurs communes y aient participé : toutes sont alors responsables ; et la partie lésée n'est pas obligée de diviser son action. Elle peut assigner, pour le tout, la commune sur le territoire de laquelle a été commis le méfait. Mais lorsque celle-ci aura payé, elle aura son recours et, par suite, il y aura lieu à répartition. Quelle base devra-t-on prendre ? Il serait inadmissible de procéder par division égale. Ce qu'il faut déterminer d'abord, c'est le degré de culpabilité de chaque commune. On peut dire, en ce sens, que cette culpabilité résulte du nombre et de la culpabilité des délinquants qui lui appartiennent, en même temps que de la considération des efforts qu'elle a faits ou n'a pas faits pour s'opposer aux attentats. Mais le degré de culpabilité relative des communes responsables précisé, il faut faire encore entrer en ligne de compte le chiffre de la population et la richesse respective de ces communes, évaluée d'après la somme des contributions ; c'est le vrai moyen de proportionner la peine au délit. Cependant, en l'absence de tout texte, on doit reconnaître (1) qu'une répartition différente ne don-

---

(1) Cassat. 14 janvier 1852. Sir.-Devill. 52, 1, 101.

nerait pas ouverture à cassation, si elle était faite par les tribunaux, juges de l'action exercée divisément contre les communes, ou appelés à faire la répartition par suite de recours des communes entre elles. Une sous-répartition doit se faire ensuite entre les habitants de chaque commune, par les soins de l'autorité administrative.

La loi de vendémiaire a tracé la procédure à suivre pour son application. Lorsqu'un délit aura été commis dans les conditions qu'elle prévoit, les officiers municipaux seront tenus de le faire constater sommairement dans les vingt-quatre heures et d'en adresser procès-verbal, sous trois jours au plus tard, au procureur impérial. Le tribunal civil devra statuer, dans les dix jours qui suivront l'envoi des procès-verbaux et fixer le montant de la réparation et des dommages et intérêts. Il y a là une dérogation au droit commun. En effet, le ministère public, en général, intervient dans les questions civiles, non par voie d'action directe, mais par voie de réquisition et comme partie jointe. Ici, au contraire, il agit directement dans l'intérêt de la partie lésée, pour faire prononcer à son profit les réparations accordées par la loi. En outre, les formes et délais sont singulièrement abrégés et il est statué sans que la commune soit assignée. De ce qu'on est en présence d'une procédure exceptionnelle, il faut conclure qu'on doit se renfermer dans les termes de la loi. Par une application, peut-être exagérée de cette idée, on hésitait à se conformer à cette procédure sommaire, dans le cas où le procès verbal n'était pas émané des officiers municipaux. Mais un avis du conseil d'Etat du 5 floréal an XIII, autorise une interprétation plus large. Il ne considère pas la formalité du procès-verbal des officiers municipaux comme absolument indispensable, et il invoque pour motif que les officiers municipaux par faiblesse, ménagement, et même par intérêt personnel, se dispensent presque toujours de dresser le procès-verbal des délits qui entraînent la responsabilité de leur commune. Les agents de l'administration, ayant pouvoir de dresser procès-verbal, tels que les employés des contributions indirectes et des douanes, ont, d'après cet avis, et outre les officiers de police judiciaire, le droit de se substituer à cet égard, aux officiers municipaux.

Le décret ne parle que de la procédure extraordinaire qui vient d'être indiquée; mais la partie lésée garde néanmoins le droit d'agir par les voies, suivant les formes, et en usant des moyens de preuve ordinaires. Elle peut aussi, quoiqu'elle ne soit pas assignée, intervenir dans l'instance extraordinaire.

Lorsque le jugement portant fixation des dommages et intérêts est rendu, il est renvoyé dans les vingt-quatre heures par le procureur impérial au préfet qui est tenu de le faire parvenir, sous trois jours, à la municipalité. La commune condamnée peut former recours, par opposition ou appel, suivant les cas ; elle a aussi la ressource du pourvoi en cassation.

Aux termes du décret de vendémiaire, l'exécution des condamnations devait être très-rapide : le montant des dommages et intérêts devait être versé dans un délai de dix jours à la caisse du département par la municipalité ; et, pour se procurer des fonds sans retard, les vingt plus forts contribuables de la commune devaient en faire l'avance, sauf leurs recours contre les autres habitants ; cela, sous peine de voir la commune occupée par la force armée. Ce mode rigoureux d'exécution est tombé en désuétude. Aujourd'hui, c'est directement et au moyen d'une contribution extraordinaire qu'on amène la commune à se libérer. Par là, on évite en même temps de faire participer les propriétaires forains à une charge qui doit rester personnelle aux domiciliés, inconvénient qui se présenterait si une portion des biens de la commune était aliénée ou si une contribution additionnelle était ajoutée aux impositions ordinaires. La répartition de la contribution extraordinaire se fait entre ceux qui étaient domiciliés au moment de l'événement et d'après leurs facultés, telles que les indique le rôle. Mais ces habitants, ainsi obligés de payer leur part dans les amendes, restitutions et dommages et intérêts, gardent un recours contre les auteurs et complices des délits ; c'est en faisant preuve de n'avoir point pris part aux délits, qu'ils obtiendront ce recours en garantie.

La dernière question qui se présente est celle de savoir quelle sera la durée de la prescription de l'action en responsabilité contre la commune ? Nous croyons qu'il faut appliquer les art. 637 et suiv. du Code d'instruction criminelle. En règle générale, quand l'action est éteinte par la prescription à l'égard de l'agent direct du crime ou délit, elle ne peut survivre contre une personne civilement responsable, et la raison en est bien connue. Or, le scandale d'une justice impuissante qu'ont voulu éviter nos lois, en renfermant dans le même délai l'action civile et l'action publique, se rencontrerait ici, si on laissait pendant trente ans l'action en responsabilité menacer la commune. On verrait le vrai coupable à l'abri de toute recherche, tandis qu'une tierce personne serait tenue longtemps encore pour son fait, sans pouvoir exercer de recours contre lui. Par suite, nous pensons que la commune ne pourra plus être inquiétée après dix ans s'il s'agit d'un crime, et après trois ans s'il s'agit d'un délit. Ainsi l'a jugé un arrêt de rejet du 14 mars 1853 (1).

SECTION III.

Actions judiciaires.

La loi, en reconnaissant des droits, ne les laisse point dépourvus de sanction, et les tribunaux sont institués pour assurer cette sanction. Nous avons vu la commune assimilée à une personne, au point de vue de ses droits et de ses obligations : nous allons poursuivre cette assimilation, en étudiant les moyens qui lui sont ouverts pour obtenir la réalisation des droits qui lui appartiennent, ou qui sont ouverts contre elle pour la contraindre à l'accomplissement des dettes et charges auxquelles elle est soumise.

Les actions judiciaires qui intéressent les communes, appellent encore l'intervention d'une autorité supérieure. Il a été reconnu, depuis longtemps, qu'il y aurait imprudence à laisser les communes ou leurs représentants juger seuls de l'utilité des instances à introduire ou de la défense à y faire. L'édit d'avril 1683 défendait aux communautés et à leurs maires, échevins, etc., d'intenter aucune instance, sans avoir obtenu le consentement des habitants dans une assemblée générale, « dont l'acte de délibération devait être confirmé et autorisé par une permission, par écrit, du commissaire départi en la généralité ». Il ajoutait : « Défendons aussi aux créanciers desdites communautés d'intenter contre elles, en la personne des maires, échevins, etc., au-

---

(1) V. aussi, en ce sens, M. Sourdat, *Traité général de la responsabilité*, tome II, p. 389 et suiv.

cune action, qu'après qu'ils en auront obtenu la permission, par écrit desdits commissaires départis…, à peine de nullité des procédures ». Ces injonctions servirent de règle jusqu'en 1789 (1). Les art. 54 et 56 du décret du 14 décembre 1789 exigèrent la convocation du conseil général de la commune, et sa délibération approuvée par l'administration ou le directoire de département, quand il s'agirait de procès à intenter, dans tous les cas, et même à soutenir, lorsque le fond du droit était contesté. La loi du 29 vendémiaire an v (art. 3), au temps des administrations municipales de canton, consacra la même nécessité d'autorisation, pour demander et pour défendre, et même, avec plus de généralité, pour le cas de défense (2), que la loi précédente. Enfin, la loi du 28 pluviôse de l'an viii (art. 4) a fait entrer dans la compétence des conseils de préfecture les autorisations de plaider à donner aux communes. C'est du principe admis par toutes ces lois, et de l'application qu'en avait faite en dernier lieu la loi de l'an viii, que la loi de 1837 (art. 49 et suiv.) s'est inspirée.

A cette époque, la nécessité de l'autorisation fut admise sans difficulté pour le cas où la commune, par l'entremise de son représentant, voudrait introduire une instance; mais de vives discussions s'engagèrent au sujet de la nécessité de l'autorisation à fin de défendre. Les choses, en effet, n'en étaient pas restées, à cet égard, au point où les avait mises la loi de l'an v. En l'an x (17 vendém.), un arrêté des consuls avait repris le système de l'édit de 1683, et défendu aux créanciers d'intenter aucune action contre les communes sans autorisation; seulement un avis du conseil d'État, du 3 juillet 1808 (3), avait décidé que cette nécessité n'était imposée qu'aux créanciers, et non à ceux qui intentaient une action tendante à un droit réel. La commune, d'ailleurs, ne restait pas moins obligée, dans tous les cas, à la nécessité d'une autorisation pour défendre. Dans les sessions successives, où fut discutée la loi définitivement votée en 1837, on fut assez généralement

---

(1) La disposition de l'édit de 1683, quant à la commune demanderesse, avait été renouvelée par deux déclarations des 2 août 1687 et 2 octobre 1703.

(2) La loi de l'an V portait que les officiers municipaux ne pourraient *suivre* aucune action sans autorisation préalable de l'administration centrale du département.

(3) Quelques recueils lui donnent la date de 1806.

d'accord pour reconnaître que celui qui se portait demandeur contre la commune ne pouvait être obligé de se munir d'une autorisation, qui semblait un empiétement de l'administration sur le pouvoir judiciaire. Mais, le système de l'an x abandonné, on se divisa sur le point de savoir s'il ne fallait pas aller plus loin et soustraire la commune défenderesse à toute exigence d'autorisation. Les uns disaient que la défense, étant de droit naturel, doit être libre; que le refus d'autoriser la commune aurait pour conséquence contre elle une condamnation par défaut presque infaillible, au lieu d'une sentence contradictoire qui pourrait lui être favorable : il semblait qu'une intervention purement officieuse de l'administration protégerait suffisamment les intérêts de la commune. D'autres répondaient que la demande n'est pas moins de droit naturel que la défense, et que, du moment où l'on reconnaissait la nécessité d'une tutelle, il fallait la conserver entière; on ajoutait qu'il était aussi dangereux de laisser les conseils municipaux juges du bon droit de la commune, lorsqu'il s'agissait de repousser une prétention, que lorsqu'il s'agissait d'en élever une. Cette dernière opinion prévalut, et le conseil de préfecture fut appelé par la nouvelle loi à donner les autorisations de plaider, sans distinguer quel rôle aurait la commune au procès.

Toutefois, l'administration supérieure ne s'est réservé qu'un rôle de protection contre l'inexpérience et les entraînements de l'administration locale. La commune n'est pas annihilée. C'est le maire qui est chargé de la représenter, soit en demandant, soit en défendant : et, comme le consentement des membres de la communauté doit être donné, pour qu'une action puisse être intentée, c'est aujourd'hui le conseil municipal, représentant la commune, qui est, de toute nécessité et dans tous les cas, appelé à délibérer sur cet objet. Le maire ne devra-t-il demander l'autorisation du conseil de préfecture qu'après une délibération municipale favorable? En d'autres termes, le conseil de préfecture peut-il, par une délibération contraire à celle du conseil municipal, laquelle porte refus, contraindre la commune à intenter une action? Indépendamment des arguments qu'on peut tirer de l'ancienne jurisprudence, un tel droit nous semblerait contraire à l'idée d'une sage tutelle administrative. C'est aux communes que doit appartenir et qu'appartient, en général, l'initiative des actes qui les intéressent. Le gouvernement peut refuser d'autoriser les mesures qu'elles veulent prendre, mais il ne peut, à moins d'un texte précis, leur en imposer qu'elles ne veulent pas. Ce texte existe pour le cas où la commune est défenderesse. L'art. 52, dans cette hypothèse, dit en effet que « la délibération du conseil municipal sera transmise, dans tous les cas, au conseil de préfecture, qui décidera si la commune doit être autorisée à ester en jugement »; et, pour donner un sens à cet article, il faut bien reconnaître que le conseil de préfecture peut autoriser la commune à défendre, nonobstant le refus du conseil municipal. C'est d'ailleurs ainsi que l'article a été entendu dans la discussion. Mais on ne saurait en tirer un argument d'analogie pour le cas d'action à intenter. Effectivement, la situation n'est pas la même; et la commune, menacée de poursuites qui entraîneraient contre elle une condamnation par défaut, a pu paraître devoir être tirée de son inaction dommageable, sans qu'il en faille nécessairement conclure que l'autorité supérieure se soit réservé le droit de lui dicter sa ligne de conduite dans tous les cas.

Mais, en admettant que le conseil de préfecture ait le droit d'autoriser, malgré le refus du conseil municipal, la commune à ester en justice comme demanderesse ou comme défenderesse, quels seront les effets de cette autorisation ? Le maire sera-t-il obligé de se conformer à l'autorisation ? En s'y conformant, nonobstant le dissentiment du conseil municipal, engagera-t-il la commune? S'il ne veut pas agir, le préfet pourra-t-il agir à sa place? Toutes ces questions peuvent se réduire à une seule : L'autorisation du conseil de préfecture lie-t-elle la commune? Nous ne le pensons pas. Une autorisation n'est pas un ordre. L'autorisation sera, pour la commune, un motif de détermination ; pour le conseil municipal, la cause d'un nouvel examen et peut-être d'un retour d'opinion. Mais si le conseil persiste, le maire ne pourra agir valablement (L. de 1837, art. 19-10°), et le préfet n'aura aucun titre, pas même dans l'article 15 de la loi de 1837, pour s'immiscer à des affaires qu'il doit surveiller, mais non diriger (1). Toutefois, à défaut du maire, un simple membre de la communauté pourra, à certaines conditions, exercer l'action autorisée par le conseil de pré-

---

(1) V. M. Reverchon (des Autorisations de plaider), ch. III, sect. 1re.

fecture; mais ce droit n'est pas spécial au cas qui nous occupe, c'est une règle posée en termes généraux dans l'art. 49.

On a cru devoir, en effet, déroger au principe qui donne au maire l'exercice des actions de la commune, pour le cas où un contribuable, inscrit au rôle, voudrait exercer les actions qu'il croirait appartenir à la commune ; mais, pour user de cette faculté, il faut avoir obtenu l'autorisation du conseil de préfecture. Il faut aussi que la commune, préalablement appelée à délibérer, ait refusé ou négligé d'exercer l'action dont il s'agit. Il n'est point d'ailleurs nécessaire que le contribuable soit habitant. Son intérêt à agir est suffisamment justifié par son inscription au rôle.

Seulement, c'est toujours à ses frais et risques qu'il agit : La commune, porte l'art. 49, est mise en cause, et la décision qui intervient a effet à son égard. Si donc le procès est perdu, c'est la commune qui le perd ; mais le contribuable est tenu de l'indemniser des frais et dépens. Lorsque le procès a été gagné par lui, faudra-t-il dire que les frais resteront néanmoins à sa charge exclusive, s'il ne peut les recouvrer sur l'adversaire de la commune ? Il ne nous paraît pas impossible d'admettre, malgré la rédaction absolue de la loi, que la commune devrait alors contribuer au remboursement de ces frais, non par application des règles ordinaires de la gestion d'affaires, mais en proportion du profit qu'elle a effectivement tiré du procès.

Voyons dans quels cas, selon quelles formes, les conseils de préfecture sont appelés à se prononcer.

Le principe posé par l'art. 49 est que : « nulle commune ne peut introduire une action en justice, sans être autorisée par le conseil de préfecture ».

Il est hors de doute que, si le débat doit être jugé par le conseil de préfecture, statuant en matière contentieuse, il serait bien superflu d'exiger une autorisation émanant précisément de ce conseil. Il n'y a pas plus lieu à autorisation, dans ce cas, qu'à préliminaire de conciliation, quand une affaire est de la compétence des juges de paix. Mais il faut généraliser cette solution et l'étendre aux autres juridictions administratives. Devant elles, en effet, le danger d'aventurer un procès est moindre, parce que les frais sont peu considérables. D'ailleurs, il y aurait presque toujours une question de hiérarchie qui rendrait choquait l'autorisation du conseil de préfecture. On doit donc admettre qu'en juridiction administrative, la délibération du conseil municipal sera le seul préalable exigé.

En ce qui touche les tribunaux de l'ordre judiciaire, il faut remarquer, en premier lieu, que la loi de 1837 n'exige l'autorisation que pour *introduire* une action; d'où la conséquence que les divers incidents d'un procès sont compris dans l'autorisation primitive. Ainsi, nous admettrions qu'une demande en reprise d'instance n'exige pas une autorisation nouvelle. Mais ce qui n'est qu'un incident, eu égard au procès considéré dans son ensemble, peut être, au regard de la commune, un véritable commencement d'instance. Une demande en intervention, par exemple, faite par une commune, doit être autorisée par le conseil de préfecture. Pour les demandes reconventionnelles, il y a lieu de distinguer si la reconvention a sa source dans le principe même de l'action qui est intentée contre la commune ; elle n'est alors qu'un moyen de défense qui ne nécessite aucune autorisation nouvelle : si, au contraire, elle a sa source en dehors du fait qui a servi de cause à l'assignation, c'est réellement une instance distincte dans laquelle la commune, renversant son attitude primitive, a besoin d'une nouvelle autorisation.

L'autorisation donnée pour plaider au premier degré de juridiction ne s'étend pas au second. Le motif de cette disposition est sage : le conseil de préfecture peut trouver, dans le débat qui a eu lieu, de nouveaux renseignements ; et, s'il revient sur son premier sentiment, il est juste qu'il puisse épargner à la commune de nouveaux frais. Mais un changement de tribunal n'est pas un changement de juridiction ; et un renvoi pour cause de parenté ou alliance, pour incompétence *ratione personæ*, n'imposerait pas à la commune la nécessité de recourir de nouveau au conseil de préfecture.

Une question plus grave est de savoir si la commune peut, sans autorisation nouvelle, se pourvoir en cassation. La Cour de cassation n'est pas un degré de juridiction ; aussi le texte de la loi semblerait emporter une solution négative. Mais la discussion à la Chambre des députés sur ce point est tellement formelle, l'utilité de cette autorisation nouvelle tellement incontestable, qu'il nous semble difficile de ne se point rallier à la jurisprudence affirmative du Conseil d'État et de la Cour de cassation.

Nous admettons aussi que la commune doit être autorisée pour se porter partie civile en matière criminelle et pour intenter une poursuite correctionnelle.

Dans tous ces cas, le maire, lorsque la délibération du conseil municipal a été prise, doit en transmettre expédition au sous-préfet, avec les pièces qui peuvent éclairer le conseil de préfecture.

Si nous supposons la commune défenderesse, l'autorisation ne sera pas demandée aussi directement. D'après l'art. 51, le préfet, averti par un mémoire, que le demandeur est obligé de lui adresser, invite les autorités de la commune à se prononcer sur ce qu'elle entend faire. La délibération, quel qu'en soit le résultat, doit être transmise au conseil de préfecture qui donne ou refuse son autorisation. Toute personne qui veut agir est tenue d'adresser au préfet le mémoire dans lequel sont expliqués les motifs de sa réclamation. La loi de 1837 n'a point reproduit la distinction qu'autorisait l'arrêté de l'an x entre les actions réelles et les actions personnelles; donc, peu importe l'objet de la demande. Peu importe aussi la qualité du demandeur, individu ou communauté : une commune, avant d'intenter son action contre une autre commune, doit déposer le mémoire explicatif de l'art. 51.

On décide généralement, en se fondant sur le texte de l'art. 49 de la loi de 1837 et sur la jurisprudence antérieure et postérieure à cette loi, qu'une nouvelle autorisation n'est pas nécessaire lorsque la commune, qui a gagné son procès en première instance, est traduite en appel : la solution doit être la même pour le pourvoi en cassation. Mais il est incontestable que si, défenderesse primitivement, une commune, après la perte de son procès, veut appeler ou se pourvoir, elle devra, comme demanderesse, requérir une nouvelle autorisation.

La question a été soulevée de savoir si, dans le cas de l'action en responsabilité créée par la loi de vendémiaire an iv, le demandeur contre la commune devrait procéder par dépôt du mémoire, et provoquer ainsi une autorisation. S'il s'agit d'une action intentée, suivant les formes du droit commun, p   'a partie lésée, il n'existe pas de motif pour écarter l'application d.   rincipe général qui est l'autorisation. Mais si l'action est intentée par le ministère public par les voies spéciales que nous avons vues ; la difficulté se présente de concilier les formes relativement lentes de l'autorisation avec les délais abrégés du décret ; et nous croyons qu'en présence de cette procédure tout exceptionnelle, il faut déroger ici à la règle de l'autorisation. En généralisant la question, on peut se demander si la nécessité de l'autorisation subsiste lorsque la commune est citée par le ministère public comme civilement responsable en matière criminelle ordinaire. Il nous paraît que le besoin de célérité, la satisfaction à donner à l'intérêt public, et les garanties offertes par le caractère spécial du demandeur, sont des raisons suffisantes pour s'éloigner de la règle, laquelle reste d'ailleurs pleinement applicable au cas où l'action est exercée par une partie privée.

A côté du principe, la loi de 1837 a posé quelques exceptions. Le maire, d'abord, peut intenter toute action possessoire ou y défendre sans autorisation préalable. Il ne faut pas prendre ces mots à la lettre, pour en conclure que le maire a simplement le droit de devancer l'autorisation ; ce qui ne serait que l'application d'une règle générale. On a voulu plus, et, à raison de la célérité que requièrent les actions possessoires, on les a dispensées entièrement de l'autorisation. C'est là, du reste, une innovation à la législation antérieure. L'art. 55 ajoute que le maire peut, de même, faire tous autres actes conservatoires ou interruptifs des déchéances. L'art. 63 indique une autre exception, à propos des recettes municipales dont le recouvrement s'effectue sur des états dressés par le maire. Si, dans ce cas, il est formé opposition devant les tribunaux ordinaires, la commune peut y défendre sans autorisation du conseil de préfecture.

Pour pouvoir accomplir consciencieusement l'œuvre de protection que leur défère la loi, les conseils de préfecture sont obligés d'examiner, dans une certaine mesure, le fond des questions. Afin de les mieux éclairer, les anciens édits exigeaient qu'une consultation de trois jurisconsultes leur fût soumise. Mais la loi de 1837 est muette sur ce point, et, si l'on doit encore reconnaître que l'avis des jurisconsultes est utile et que les conseils de préfecture feront sagement d'y recourir, on ne saurait du moins en faire une obligation impérieuse. La mission du conseil de préfecture étant d'apprécier les chances de succès de l'action à intenter par la commune, il s'ensuit qu'il peut scinder la demande, lorsqu'elle contient plusieurs chefs, et donner son autorisation sur les uns et non sur les autres. Il peut aussi diviser son autorisation quant aux parties que la commune demande à actionner. Les mêmes droits lui appartiennent, lorsque la commune doit être défenderesse; celle-ci ne peut plaider que sur les points et contre les adversaires déterminés par l'autorisation.

La décision du conseil de préfecture, lorsqu'il refuse l'autorisation, doit être motivée (art. 53). En effet, il s'agit d'éclairer la commune et non de la conduire en aveugle. Son intérêt à connaître les motifs du refus est capital, tant pour estimer si elle doit se pourvoir devant le conseil d'État contre la décision du conseil de préfecture, et si le refus est péremptoire ou temporaire, que pour apprécier si, des faits ou documents nouveaux se produisant ou se découvrant, elle ne pourra pas obtenir une autre décision du conseil : et ces raisons sont assurément assez graves pour dominer la crainte que l'autorité administrative, par les motifs de son arrêté, n'empiète sur les droits et n'influe sur les décisions de l'autorité judiciaire.

Lorsque la commune est demanderesse, la loi n'a fixé au conseil de préfecture aucun délai pour statuer. Au contraire, lorsqu'elle est défenderesse, il doit statuer dans un délai de deux mois. Le point de départ est la date du récépissé donné par le préfet du mémoire qui expose les motifs de la réclamation. Si ce délai s'écoule sans que le conseil de préfecture ait pris parti, le tiers peut passer outre, et son action est dès lors recevable. Mais le conseil de préfecture a-t-il alors perdu le droit de statuer sur l'autorisation? Cette autorisation tardive peut encore, à notre avis, être utile, parce que, si le jugement n'est pas rendu, la commune pourra engager un débat contradictoire, et si le tribunal l'a condamnée par défaut, elle pourra former opposition. Cela doit suffire pour faire reconnaître au conseil de préfecture le droit de donner son autorisation, même après les délais.

L'arrêté du conseil de préfecture, portant refus d'autorisation, peut être rétracté par lui sur un nouvel examen de l'affaire, lorsque des faits nouveaux lui sont apportés. En outre, la décision n'est pas en dernier ressort. La commune a le droit de se pourvoir contre le refus d'autorisation devant le conseil d'État; le contribuable agissant pour elle aurait le même droit. Mais ni les tiers, lors même qu'ils y auraient intérêt, ni le préfet, ni le ministre de l'intérieur, au nom de la commune, n'auraient qualité pour le faire. Pour ce pourvoi, il n'y a pas à suivre les formes du contentieux; il sera introduit et jugé en la forme administrative. A peine de déchéance, il devra avoir lieu dans le délai de trois mois, à dater de la notification de l'arrêté du conseil de préfecture.

Mais le maire n'est pas obligé, pour intenter l'action, d'attendre que le conseil de préfecture ou le conseil d'État ait prononcé. Investi du droit de faire les actes conservatoires, il peut faire une citation, un appel. Il en est autrement pour l'adversaire de la commune lorsque celle-ci doit défendre à une action. Aux termes bien formels de l'art. 54, l'action ne pourra être intentée contre elle qu'après la décision du conseil de préfecture ou l'expiration du délai de deux mois.

Il nous reste à voir quel est l'effet du défaut d'autorisation. C'est en faveur de la commune qu'a été introduite la nécessité d'une autorisation; c'est donc elle qui peut s'en prévaloir. L'art. 481 du Code de procédure lui donne le moyen de la requête civile, dans le cas où elle n'a pas été valablement défendue, et la jurisprudence admet que, dans la même hypothèse, le pourvoi en cassation lui est ouvert. Mais l'adversaire de la commune, qui l'a laissée plaider sans réclamation, ne pourrait se faire une arme contre elle du défaut d'autorisation. La nullité est ici relative.

Aux dispositions que nous venons d'examiner, la loi de 1837 a ajouté quelques règles spéciales pour les sections de communes. Elle suppose qu'une portion de la commune, ayant des droits distincts de la commune entière, se trouve dans le cas d'intenter ou de soutenir contre celle-ci une action judiciaire; et elle décide qu'il sera formé pour la section une commission syndicale de trois ou cinq membres choisis par le préfet parmi les électeurs municipaux et, à leur défaut, parmi les citoyens les plus imposés. Cette commission élit l'un de ses membres pour suivre l'action. Remarquons que, lorsque la section de commune agit contre un particulier ou une commune autre que celle dont elle fait partie, il n'est pas nécessaire de recourir à une commission syndicale : le maire et le Conseil municipal restent ses représentants. La loi n'avait à prévoir que le cas où ceux-ci étant, dans le procès, représentants de la commune, ne pouvaient en même temps représenter la section qui se constituait son adversaire (art. 56).

Les sections ne peuvent introduire une action en justice qu'autant qu'elles y ont été autorisées par le conseil de préfecture, de la même manière que les communes elles-mêmes (art. 49). On suit aussi les mêmes règles pour la section défenderesse. La différence avec la commune entière ne consiste, pour la section, que dans la désignation de ses représentants. On a cependant admis que le contribuable n'aurait pas, dans la section qui agit contre la commune, le droit que lui confère ordinairement l'art. 49. Cet article, a-t-on dit, quoiqu'il vise le cas des actions d'une section, ne cadre pas avec l'hypothèse d'une commission syndicale, dont la loi ne s'est occupée que dans des dispositions postérieures.

Si, maintenant, au lieu de placer une section en face de la commune, nous supposons deux sections en procès, il y aura lieu à nommer deux commissions syndicales. Enfin la section, qui aura obtenu une condamnation contre la commune ou contre une autre section, ne sera point passible des charges ou contributions imposées pour l'acquittement des frais et dommages et intérêts qui résultent du fait du procès. Il en sera de même à l'égard d'un particulier qui aurait plaidé et gagné son procès contre une commune ou une section (art. 57 et 58).

La commune autorisée à plaider peut-elle se désister soit de la procédure, soit de sa prétention? peut-elle acquiescer à la demande de son adversaire? Evidemment, ces actes sont de ceux qui peuvent altérer gravement la fortune communale. Le désistement de la seule procédure peut, lui-même, avoir cet effet, car, disparaissant la procédure, disparaissent aussi les actes interruptifs de prescription et, par suite, le droit lui-même. Il serait donc contraire à toutes les règles que nous avons vues appliquées aux communes de leur laisser ici une pleine liberté d'action (1). Sans doute, il est difficile d'exiger, au moins dans tous les cas, que le conseil de préfecture, autorisant l'exercice d'une action, autorise en même temps, et d'une manière expresse, le droit

(1) Cass., 5 mars 1815. Sir.-Devill. 15, 1, 430.

de s'en désister; mais comme, d'autre part, ce droit ne saurait résulter du pouvoir général donné au maire de prendre telles conclusions qu'il appartiendra, nous inclinons à penser que c'est à l'administration même, au préfet, que la commune devra s'adresser. On peut argumenter, en ce sens, de ce qui a lieu pour les transactions.

Les voies d'exécution contre les communes ne sont pas exactement les mêmes que contre les particuliers. En effet, pour que le payement puisse être fait par elles, il faut qu'il soit porté comme dépense au budget et que le maire délivre un mandat pour la faire acquitter. Mais la situation des créanciers n'est pas compromise, car les dettes exigibles sont portées au budget comme dépenses obligatoires (art. 30-21°), que l'autorité peut suppléer en cas d'omission, et qui peuvent donner lieu à une contribution extraordinaire. Enfin, à défaut de toute ressource, l'art. 46, innovant sur la législation antérieure, permet aux créanciers porteurs de titres exécutoires, d'obtenir du gouvernement (par ordonnance royale, sous la loi de 1837, par arrêté du préfet, aujourd'hui), l'autorisation de faire vendre les biens mobiliers et immobiliers de la commune, autres que ceux qui servent à un usage public. L'arrêté détermine les formes de la vente.

SECTION IV.

Finances de la commune.

En étudiant les éléments de la fortune des communes, nous avons, jusqu'ici, cherché surtout son analogie avec celle des particuliers; mais nous devons envisager, à son tour, une autre source de richesse communale qui résulte de charges imposées aux membres de la corporation.

En première ligne se place la part revenant aux communes dans le produit de l'impôt. C'est à l'État qu'est dû l'impôt; mais, de même que, dans le grand rôle de protection qu'il remplit, l'État se décharge d'une partie de sa surveillance sur les administrations locales, de même il est juste que des ressources soient affectées à celles-ci dans une certaine mesure. Aussi, chaque année, la loi de finances fait-elle entrer dans le budget général un certain nombre de centimes additionnels au principal des quatre contributions directes, pour les affecter aux dépenses ordinaires des communes. La loi du 15 mai 1818 (art. 31), fait voir que ces centimes additionnels sont toujours ajoutés pour les communes, à l'exception de celles qui auraient déclaré, par l'organe de leurs conseils municipaux, que cette contribution leur est inutile. La commune se trouve avoir droit ainsi à une part, non seulement dans les impôts de répartition, mais encore dans l'impôt des patentes qui est un impôt de quotité. Outre les centimes ordinaires, les communes profitent encore de centimes additionnels spéciaux que le conseil général a le droit de voter, dans chaque département (L. du 10 mai 1838, art. 10), quand ils sont affectés par des lois générales à certaines branches du service public. Il en est ainsi notamment pour l'entretien des chemins vicinaux.

A la différence de l'impôt direct, les contributions indirectes entrent, sans défalcation, dans les coffres de l'État. Mais la commune a, de son chef, un avantage équivalent, celui d'établir un octroi pour lever des droits d'entrée sur les objets de consommation. Deux moyens s'offrent à elle pour en réaliser le produit : ou préposer un régisseur, ou donner à bail à un fermier. Souvent, aussi, l'administration des contributions indirectes se charge de la perception des droits d'octroi, et en tient compte à la commune. Outre ces impositions, les villes peuvent être autorisées à lever certaines taxes, telles que les permis de stationnement sur la voie publique, dans les ports, rivières et autres lieux publics, les péages, les droits de pesage, mesurage et jaugeage, les droits de voirie, les taxes de pavage, sur les chiens, etc. Elles sont aussi autorisées à lever des droits sur l'expédition des actes administratifs et de l'État civil. Des lois et décrets accordent enfin aux communes une certaine part dans le produit des amendes prononcées par les tribunaux de simple police et de police correctionnelle (L. 1837, art. 31), et dans le prix des permis de chasse, à certaines conditions (L. 3 mai 1844, art. 5).

Enfin, si ces ressources sont insuffisantes, la commune peut être autorisée à faire peser sur ses membres une contribution extraordinaire. Celle-ci a lieu par une addition de centimes extraordinaires aux contributions directes. Les conseils municipaux sont appelés à les voter, mais, en outre, la loi de 1837 exige que, dans les communes dont les revenus sont inférieurs à cent mille francs; les plus imposés, en nombre égal à celui des membres du conseil municipal, délibèrent avec lui. L'autorisation doit, aux termes de la même loi, émaner du préfet, lorsque la commune a moins de cent mille francs de revenu, et du chef de l'Etat, s'il s'agit d'une commune ayant un revenu supérieur; et même, s'il s'agit de faire face à une dépense non obligatoire, mais facultative, il faut un décret ou une loi, suivant la même distinction. Le décret du 25 mars 1852 (Tab. A, 36 et s.), avait dérogé à ces règles, qui ont été rétablies par la loi du 10 juin 1853 (art. 4).

Il nous sera facile, maintenant, de composer l'actif du budget de la commune. Si aux impôts et taxes *ordinaires*, que nous avons indiquées énonciativement, nous ajoutons les revenus de tous les biens patrimoniaux; les cotisations imposées pour la jouissance des biens communaux, comme les taxes d'affouage; les sommes que tire la commune de la location de ses halles, marchés, abattoirs, de la concession de certains terrains qui lui appartiennent, nous aurons formé le chapitre de ses recettes ordinaires (L. 1837, art. 31). Si, d'autre part, aux contributions extraordinaires, nous ajoutons les emprunts, le prix des biens aliénés, les dons et legs, le remboursement des capitaux exigibles et des rentes rachetées, le produit des coupes extraordinaires de bois et les autres recettes accidentelles (L. 1837, art. 32), nous aurons formé le chapitre de ses recettes extraordinaires.

Passons aux dépenses. Elles sont de deux natures: on ne les désigne pas, ou plutôt on ne les désigne plus par les mots de dépenses ordinaires et extraordinaires (l'ord. du 6 septembre 1815 employait ces mots), mais par ceux de dépenses obligatoires et facultatives. «A côté du droit de la commune, dit M. Vivien dans son rapport sur la loi de 1837, se trouve le droit général de l'État et l'intérêt de l'avenir dont l'État est aussi le défenseur et le gardien. » L'État peut donc exiger que les fonds de la commune soient appliqués, avant toutes autres dépenses, à celles qui, tant parce qu'elles touchent à la conservation de la commune, que parce qu'elles sont indispensables à l'ensemble d'une bonne administration, ont un intérêt général. Ce sont là les dépenses obligatoires. Les autres peuvent avoir une grande influence sur la prospérité de la commune, mais elles ne sont pas indispensables, et sont dites facultatives. Pour enlever tout arbitraire dans l'appréciation de la nature des dépenses, la loi de 1837 a pris soin d'énumérer les dépenses obligatoires. L'art. 30 donne, en vingt-et-un paragraphes, cette énumération, qu'il termine ainsi : « Toutes dépenses autres que les précédentes sont facultatives ». Cependant, il ne faut pas considérer l'énumération comme rigoureusement limitative. La loi a prévu le plus grand nombre de cas possible, mais elle ne pouvait les prévoir tous ; et elle a eu soin d'ajouter qu'il faudrait considérer généralement comme obligatoires les autres dépenses mises à la charge des communes par une disposition des lois.

Chaque année, il y a lieu, pour le maire, de soumettre au conseil municipal le budget qu'il a préparé sur ces bases. Après le vote du conseil municipal, le budget est définitivement réglé par le préfet. Le décret du 25 mars 1852 a supprimé, à cet égard, la distinction de l'art. 33 de la loi de 1837, qui soumettait à l'approbation royale le budget des villes dont le revenu pouvait être évalué à 100,000 fr., d'après le chiffre des recettes ordinaires des trois dernières années. Aujourd'hui, un décret n'est nécessaire que lorsque les dépenses donnent lieu à des impositions extraordinaires. On a cependant fait observer que, malgré cette disposition du n° 35, Tab. A, du décret, il faudrait laisser au préfet le règlement du budget, même donnant lieu à des contributions extraordinaires, dans les communes dont les revenus sont inférieurs à 100,000 fr. ; car, autrement, le décret de 1852, conçu dans une pensée de décentralisation, irait contre son but.

Le pouvoir de l'autorité administrative, sur le règlement du budget municipal, est étendu : le préfet peut rejeter les dépenses proposées ou les réduire ; mais il n'est pas absolu, et le préfet ne peut introduire de nouvelles dépenses ni augmenter celles qui ont été portées. Cependant, si des dépenses obligatoires ont été omises, il doit les rétablir. C'est la conséquence de la nature de ces dépenses et du droit donné par l'art. 15 au préfet de procéder d'office aux actes que le maire refuse ou néglige de faire, bien qu'ils soient prescrits par la loi. Donc, l'allocation refusée ou omise par le corps municipal, pour une dépense obligatoire, sera inscrite par le préfet. Si une somme allouée à cet effet est insuffisante, elle sera portée au chiffre nécessaire par la même autorité. Dans tous les cas, le conseil municipal sera préalablement appelé à délibérer. Mais il peut se faire que les ressources de la commune soient insuffisantes pour subvenir aux dépenses obligatoires, ainsi inscrites d'office, et qu'il faille recourir à une contribution extraordinaire. Le conseil municipal devra encore délibérer, et son vote sera rendu exécutoire par le préfet ou le chef de l'État, suivant la distinction de l'art. 40 de la loi de 1837, remise en vigueur par la loi du 10 juin 1853. Si le conseil municipal ne la vote pas, la contribution extraordinaire sera établie par décret dans les limites du maximum fixé annuellement par la loi de finances, et par une loi spéciale, si la contribution doit excéder ce maximum (L. 1837, art. 39).

Il est impossible au conseil municipal de prévoir toutes les dépenses qui peuvent devenir nécessaires dans le cours de l'exercice. C'est pourquoi il est autorisé à porter au budget un crédit pour dépenses imprévues. « La somme inscrite pour ce crédit ne pourra être réduite ou rejetée qu'autant que les revenus ordinaires, après avoir satisfait à toutes les dépenses obligatoires, ne permettraient pas d'y faire face, ou qu'elle excéderait le dixième des recettes ordinaires. » Il y a là une innovation. Avant 1837, l'usage existait bien de porter dans les budgets communaux une certaine somme pour dépenses imprévues; mais l'administration avait pleine liberté de la réduire et de la rejeter. C'est ce droit qui est limité aujourd'hui. On a pensé qu'il valait mieux laisser aux autorités municipales un peu plus de latitude, et qu'on y gagnerait d'éviter les fraudes qui se produisaient, lorsque le maire, craignant que les dépenses imprévues qu'il portait ne fussent réduites, indiquait au budget officiel des crédits pour des dépenses qui ne se faisaient pas. Une autre innovation consiste encore en ce que le maire peut employer le montant de ce crédit aux dépenses urgentes sans approbation préalable. Autrefois, il était obligé, pour le moindre travail, de requérir l'autorisation du préfet. La loi de 1837 n'a maintenu cette exigence que dans les chefs-lieux de département et d'arrondissement. Dans les autres communes, il suffit que, sans approbation préalable, le maire informe immédiatement le sous-préfet de l'emploi qu'il fait du crédit, et qu'à la session suivante, il en rende compte au conseil municipal (ibid. art. 37).

Après le budget réglé, des crédits peuvent encore être reconnus nécessaires. Les conseils municipaux en délibèrent, et l'autorisation est donnée par le préfet, dans les communes dont il est appelé à régler le budget, et par le ministre dans les autres. Cependant, en cas d'urgence, les crédits supplémentaires peuvent toujours être approuvés par le préfet (art. 34). Dans le cas où, pour une cause quelconque, le budget d'une commune n'aurait pas été approuvé, avant le commencement de l'exercice, les recettes et dépenses ordinaires continueraient, jusqu'à l'approbation de ce budget, à être faites conformément à celui de l'année précédente (art. 35).

Les budgets sont rendus publics: ils restent déposés à la mairie, où toute personne imposée aux rôles de la commune a droit d'en prendre connaissance. Ils peuvent aussi être imprimés si le conseil municipal a voté la dépense de l'impression; ils le sont de droit dans les communes dont le revenu est de cent mille francs (art. 69).

Lorsque l'état des recettes et des dépenses est ainsi arrêté, c'est au maire qu'il appartient de faire effectuer les recettes et acquitter les dépenses. Mais ce n'est point lui qui a le maniement des fonds. Le receveur municipal, dont les fonctions sont ordinairement exercées par le percepteur des contributions directes (1), est seul chargé, sous sa responsabilité, de poursuivre la rentrée de tous les revenus de la commune et de toutes les sommes qui lui sont dues, ainsi que d'acquitter les dépenses portées au budget. De cette manière, la comptabilité communale repose, à la fois, sur un ordonnateur qui est le maire, et sur un comptable qui est le receveur.

La qualité d'ordonnateur attribue au maire des droits étendus. C'est lui qui estime l'opportunité des dépenses facultatives, qui détermine le chiffre qu'elles atteindront, l'époque où elles auront lieu. Il est chargé d'apprécier les convenances et les besoins de la commune, conformément aux crédits ouverts au budget. Il ordonne le payement des dépenses par délivrance de mandats. Ces mandats doivent être accompagnés des pièces qui établissent la dette et énoncent l'exer-

(1) Ce n'est que dans les communes dont le revenu excède 30,000 fr. que les fonctions de receveur municipal sont confiées, si le conseil municipal le demande, à un receveur spécial, nommé par le préfet dans les communes dont le revenu ne dépasse pas 300,000 fr. et par le chef de l'État dans les autres (art. 65, L. de 1837; art. 5, 13°, D. du 25 mars 1852).

cice et le crédit auxquels la dépense s'applique. A l'égard des recettes, lorsque les lois et règlements n'ont pas prescrit un mode spécial de recouvrement, elles s'effectuent sur des états dressés par le maire et rendus exécutoires par le visa du sous-préfet. Le débiteur peut y former, opposition, et son opposition sera jugée comme affaire sommaire, lorsque la matière sera de la compétence des tribunaux ordinaires. Nous avons signalé plus haut que la commune n'avait pas besoin d'autorisation pour défendre à cette action. Les états dressés ainsi par le maire n'emportent pas hypothèque judiciaire. S'il s'agit de contributions directes, ou droits qui leur sont assimilés, elles sont recouvrées par le percepteur sur un rôle arrêté par le directeur des contributions directes, rendu exécutoire par le préfet et publié dans chaque commune par le maire. Les contribuables payent sur avertissement et sommations. S'ils se refusent à payer, on procède contre eux par contraintes administratives, lesquelles, aux termes d'un avis du conseil d'État du 25 thermidor an XII, emportent hypothèque judiciaire sur les biens des débiteurs. Les réclamations, demandes en décharge et réduction formées par eux ont été mises dans la compétence des conseils de préfecture par la loi du 28 pluviôse an VIII (art. 4). Quelle que soit la nature du titre exécutoire dont le receveur est porteur, état dressé par le maire, rôle dressé par l'administration des contributions directes, jugement, acte notarié ; les voies de poursuites consistant en commandement, saisie et vente, sont applicables.

Le maire et le receveur doivent tous deux des comptes à la commune; mais le premier, comme ordonnateur, rend un compte d'administration, le second, comme comptable, un compte de valeurs. Le compte du maire est rendu au conseil municipal; il est présenté à la clôture de l'exercice, et avant la délibération du nouveau budget. Il est ensuite définitivement arrêté par le préfet, dans tous les cas où le budget n'a pas donné lieu à des impositions extraordinaires : avant le décret de 1852, on faisait la distinction entre les communes de revenu inférieur ou supérieur à cent mille francs, pour attribuer la connaissance des comptes des maires au préfet, dans les premières, au ministre, dans les secondes. Le compte du receveur est soumis aussi aux délibérations du conseil municipal qui l'entend, débat et arrête; mais sauf règlement définitif par le conseil de préfecture, pour les communes dont le revenu n'excède

pas trente mille francs, et par la cour des comptes pour les autres.
Dans le premier cas, le conseil de préfecture ne statue point, du reste,
en dernier ressort, et le comptable peut appeler devant la cour des
comptes. Les comptes sont publiés à la même manière que les budgets.

Chacun de ces fonctionnaires, maire et receveur, doit se renfermer
dans la limite de ses attributions, sans empiéter sur celles de l'autre.
Le maire ne peut, sous aucun prétexte, s'ingérer dans la perception
des deniers communaux. Il serait, par ce fait, constitué comptable,
comme l'est, d'après l'art. 64, toute personne qui s'immisce dans le
maniement des fonds de la commune. La responsabilité qui frappe le
comptable le frapperait, sans préjudice de l'application des lois pé-
nales contre l'usurpation de fonctions publiques.

Mais, en retour, le maire a un droit exclusif aux fonctions d'ordonnateur. Lui seul peut délivrer des mandats. Les autorités, même supérieures dans la hiérarchie administrative, le sous-préfet, par exemple,
ne le pourraient pas. Cette disposition doit, néanmoins, être combinée
avec la règle qui veut que, lorsque le maire néglige ou refuse de faire
un des actes qui lui sont prescrits par la loi, le préfet puisse y procéder
d'office. Si donc le maire refuse d'ordonnancer une dépense régulièrement autorisée et liquide, il sera prononcé par le préfet en conseil
de préfecture, et l'arrêté du préfet tiendra lieu du mandat du maire
(art. 61).

La responsabilité des comptables est sévèrement garantie. Une hypothèque légale grève leurs biens. Un cautionnement est déposé par eux.
Le payement du reliquat de leur compte, ainsi que toutes restitutions
à faire par suite de ce compte, peut entraîner contre eux la contrainte par
corps, d'après l'art. 126 du C. de proc. La responsabilité du maire,
au contraire, est toute morale. L'hypothèque, la contrainte par corps,
ne le peuvent atteindre que si, par excès de pouvoir, il s'est immiscé
dans les fonctions de comptable.

La matière des budgets et de la comptabilité des communes serait
susceptible de longs développements. Une ordonnance du 31 mai 1838
(Tit. IV, chap. 20), a réglé minutieusement ses détails. Nous ne croyons
pas avoir à en reproduire les dispositions, non plus qu'à insister sur
l'administration financière de la commune. Nous ayons voulu seulement poser les principes de cette partie de la fortune et de la gestion

municipale. C'était le complément nécessaire de notre étude sur la composition du patrimoine des communes.

Ce sera aussi la fin de notre travail. Aussi bien, n'avons-nous plus à revenir sur cette institution qui joue un si grand rôle dans l'administration de la fortune communale, la tutelle administrative. Partout, nous avons rencontré la forte organisation qui lui a été donnée. Le préfet ordinairement, quelquefois le conseil de préfecture, le ministre, le chef de l'État, le pouvoir législatif lui-même, viennent, suivant la nature et la gravité des circonstances, apporter aux communes le concours d'une appréciation prise de plus haut et qui tient plus de compte des intérêts de chacun et de tous. Mais partout aussi, dans la théorie de la loi de 1837, l'initiative est laissée à la commune, et l'intervention du gouvernement ramenée au droit de contrôler et de redresser des actes, non de les imposer. C'est que la loi de 1837 n'avait pas seulement pour but d'organiser la tutelle administrative. « Diminuer des précautions devenues superflues, briser des entraves dont l'utilité n'était plus évidente, accroître par là le mouvement et la vie des institutions municipales, » voilà quel était, suivant les paroles du rapporteur de la loi devant la Chambre des pairs, le but vers lequel il fallait marcher, C'était une tentative de décentralisation, non de la décentralisation qui change la personne de l'administrateur, en laissant subsister le principe de l'administration, mais de celle qui, sans retirer au pouvoir central l'autorité dont il a besoin, et sans attaquer l'unité politique de l'État, tend néanmoins à donner quelque liberté d'action aux communautés d'habitants.

CONCLUSION. — Si, de l'ensemble de nos institutions communales, on reporte ses regards vers les institutions municipales de l'empire romain, on est frappé, sans chercher toutefois un parallèle inutile, de certains traits et de certains caractères communs qu'on y rencontre. Une représentation sortie du sein de l'association et chargée de délibérer sur ses affaires; des magistrats, membres de la cité, appelés à la gestion de ses intérêts privés; toutes autorités fonctionnant sous la surveillance tutélaire du pouvoir central, et administrant un patrimoine exclu-

sivement propre à la communauté : voilà des règles que les lois romaines
nous ont fait voir longtemps respectées et suivies, et qui revivent dans
les lois de 1831 et de 1837. Cette analogie n'est-elle qu'apparente et
fortuite? Ou bien faut-il reporter jusque dans le vieux droit des municipes la source de nos institutions communales? Il y aurait témérité,
sans doute, à voir dans les communes actuelles l'emblème fidèle, la reproduction exclusive et directe des municipes de Rome. Le mouvement
qui, au moyen-âge, fut le signal de l'affranchissement des communes,
revendique une large place dans l'histoire municipale de la France.
Mais il ne serait peut-être pas plus exact d'arrêter les origines de cette
histoire au grand épisode du xii° siècle. Le Bas-Empire avait assurément
exercé sur les cités romaines une influence funeste : la tutelle du pouvoir suprême avait changé de but et de moyens, et l'indépendance
locale avait plié devant elle. Mais les germes que le régime municipal
romain avait profondément enracinés parmi les populations ne furent
point étouffés. Loin de là, ils se retrouvèrent assez forts pour résister
à l'invasion barbare; et, malgré les envahissements de la féodalité, le
jour où une jeune société chercha des inspirations dans les souvenirs
de l'ancienne civilisation, ils purent apporter un utile concours à l'ère
nouvelle qui se fondait. Depuis lors, les libertés municipales régénérées
ont vaillamment soutenu la lutte contre leurs divers ennemis, et, se
perpétuant à travers d'autres épreuves, elles ont donné ce grand enseignement que l'effacement momentané d'une institution vraie n'est
point son abolition éternelle, et que les grandes idées puisent en elles-
mêmes la force de survivre à leurs revers.

POSITIONS.

DROIT ROMAIN.

I. L'usufruit constitué au profit d'une cité durait cent ans, *nec obstat* L. 68, pr. ff., *ad legem Falcidiam*.

II. Ceux qui, dans les cités romaines, étaient nommés à une même charge, sans division d'attributions, n'étaient garants les uns des autres que subsidiairement, et après discussion du magistrat qui les avait désignés. Il n'y avait pas à distinguer, sur ce point, entre les charges dites *honores* et celles dites *munera*.

III. Les cités pouvaient se prévaloir du bénéfice de la *restitutio in integrum*, lors même que l'acte, qu'il s'agissait de faire tomber, émanait de leur propre initiative, et non de celle de leurs fonctionnaires.

IV. Les cités pouvaient être tenues *ex delicto*, même sans avoir profité du fait dommageable.

V. Les actions noxales n'étaient pas nécessairement arbitraires.

VI. La femme ne pouvait, en général, renoncer au sénatusconsulte Velléien.

VII. On ne pouvait, en promettant pour soi et ses héritiers, mettre la dette tout entière à la charge exclusive de l'un de ces héritiers; *nec obstat* L. 33, ff., *de pactis*.

DROIT FRANÇAIS.

I. La demande en délivrance d'un legs par le maire d'une commune, après acceptation provisoire, fait courir les intérêts au profit de la commune, quoique l'autorisation d'accepter n'intervienne que postérieurement.

II. La commune dont l'affaire a été gérée n'est pas soumise, sans distinction, aux règles de la gestion d'affaires.

III. Le droit des habitants sur les communaux n'est pas un droit réel.

IV. Les droits d'usage dans les forêts peuvent s'acquérir par prescription ; mais il y a des distinctions à faire.

V. Pour défendre à l'action en responsabilité du décret de vendémiaire an IV, la commune n'est point toujours soumise à la règle de l'autorisation préalable.

VI. La prescription à laquelle fait allusion l'art. 643 du Code Napoléon est une prescription acquisitive et non libératoire.

VII. Les sociétés civiles ne sont pas, en principe, des personnes morales.

VIII. L'inexécution des charges d'une donation attribue au donateur le droit de révocation, mais non le droit de poursuivre l'exécution contre le donataire.

IX. Les actes régulièrement faits par le tuteur d'un mineur non émancipé ne sont pas rescindables pour cause de lésion.

X. L'immeuble dotal devient prescriptible, à partir de la séparation de biens, mais avec certaines distinctions.

DROIT CRIMINEL.

I. L'art. 326 du Code Napoléon ne doit pas être étendu à toutes les questions qui touchent à l'état des personnes.

II. L'action en responsabilité dirigée contre la commune, en vertu du décret du 10 vendémiaire an IV, se prescrit par le même laps de temps que l'action publique dirigée contre les auteurs et complices du délit qui a été commis.

DROIT DES GENS.

I. Le droit de jouissance sur les communaux appartient aux étrangers qui ont obtenu l'autorisation d'établir leur domicile en France.

II. La capacité d'adopter et d'être adopté, conformément aux lois françaises, n'appartient pas aux étrangers.

HISTOIRE DU DROIT.

I. La Gaule avait joui, sous l'empire romain, du régime municipal.

II. L'origine des biens communaux ne doit être cherchée exclusivement ni dans des concessions nouvelles faites par les seigneurs féodaux, ni dans des restitutions faites par eux.

Vu par le Président de la thèse.
PERREYVE.

Vu par le Doyen,
C. A. PELLAT.

Permis d'imprimer :
Le vice-Recteur de l'Académie,
CAYX.

www.ingramcontent.com/pod-product-compliance
Lightning Source LLC
Chambersburg PA
CBHW071703200326
41519CB00012BA/2613